CHEFS-D'ŒUVRE

DE

P. CORNEILLE.

AVEC

UNE HISTOIRE ABRÉGÉE DU THÉATRE FRANÇAIS
UNE BIOGRAPHIE DE L'AUTEUR
ET UN CHOIX DE NOTES DE DIVERS COMMENTATEURS

PAR

M. D. SAUCIÉ

AGRÉGÉ DE L'UNIVERSITÉ
PROFESSEUR DE RHÉTORIQUE AU LYCÉE DE TOURS

TOURS

ALFRED MAME ET FILS

ÉDITEURS

BIBLIOTHÈQUE

DE LA

JEUNESSE CHRÉTIENNE

APPROUVÉE

PAR Mgr L'ARCHEVÊQUE DE TOURS

1re SÉRIE IN-8°

PROPRIÉTÉ DES ÉDITEURS

PAULINE.

Je vois, je sais, je crois, je suis désabusée....
Je suis chrétienne enfin.

CHEFS-D'ŒUVRE
DE
P. CORNEILLE

publiés

PAR M. D. SAUCIÉ.

AUGUSTE.
Prête, sans me troubler, l'oreille à mes discours.

Tours
A. MAME & C.ⁱᵉ
ÉDITEURS.

CHEFS-D'ŒUVRE

DE

P. CORNEILLE

AVEC

UNE HISTOIRE ABRÉGÉE DU THÉATRE FRANÇAIS
UNE BIOGRAPHIE DE L'AUTEUR
ET UN CHOIX DE NOTES DE DIVERS COMMENTATEURS

PAR

M. D. SAUCIÉ

AGRÉGÉ DE L'UNIVERSITÉ
PROFESSEUR DE RHÉTORIQUE AU LYCÉE DE TOURS

NOUVELLE ÉDITION

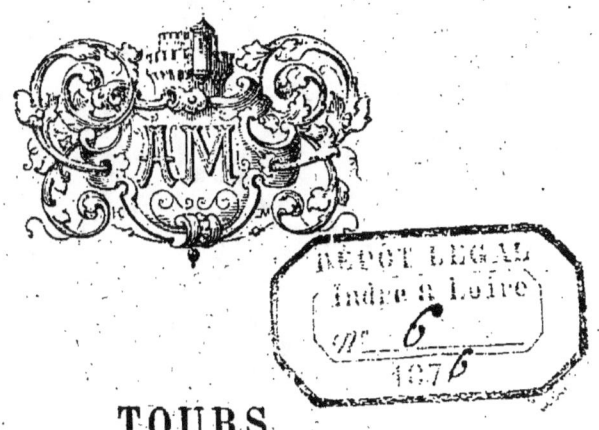

TOURS
ALFRED MAME ET FILS, ÉDITEURS

M DCCC LXXV

NOTICE

I

LE THÉATRE FRANÇAIS AVANT CORNEILLE

> Chez nos dévots aïeux le théâtre abhorré
> Fut longtemps dans la France un plaisir ignoré.
> De pèlerins, dit-on, une troupe grossière
> En public à Paris y monta la première,
> Et, sottement zélée en sa simplicité,
> Joua les saints, la Vierge et Dieu, par piété[1].

Telle est l'opinion du xviie siècle sur l'origine du théâtre français. De nos jours, la critique, moins crédule, a creusé plus avant dans les ruines du passé, et à force de recherches elle a découvert que le génie dramatique ne s'est point, comme on se l'imagine, réveillé subitement au xiie ou au xive siècle d'un long sommeil de sept à huit cents ans, mais qu'il a toujours existé sans interruption du i^{er} siècle jusqu'à nos jours, et qu'il n'a fait que changer seulement, avec le temps, de langage, d'allure et

---

[1] Boileau, *Art poétique.*

d'interprètes[1]. Quoi qu'il en soit, on convient généralement que c'est à dater de ces pèlerins dont parle Boileau, c'est-à-dire dans les premières années du xve siècle, que le théâtre prit en France une sorte de consistance. Depuis longtemps ces pèlerins jouaient des *mystères* à Paris et dans la banlieue, lorsqu'ils furent menacés d'interdiction par le prévôt. « Le roi Charles VI, mélanco-
« lique et fort ennuyé, vint, pour juger l'affaire, voir
« une de leurs représentations. Il fut amusé, et, par
« reconnaissance, il autorisa (en 1402) la confrérie dra-
« matique. Voilà le monument le plus ancien d'une sorte
« de constitution régulière donnée au théâtre, *dans la*
« *prévôté et vicomté de Paris*[2]. »

A côté de ces premiers acteurs connus sous le nom de *Confrères de la Passion*, on vit bientôt se former deux autres associations non moins célèbres, les *Clercs de la Basoche* et les *Enfants sans souscy*. Ces trois sociétés contemporaines et rivales avaient chacune leur caractère et leurs attributions distinctes, qu'il est important de constater.

Les *Confrères de la Passion* jouissaient du privilége exclusif de jouer les mystères. On appelait ainsi certaines pièces divisées en journées et extraites de l'Ancien ou du Nouveau Testament. « Or, en France, dit l'abbé d'Aubi-
« gnac, la comédie a commencé par quelques pratiques
« de piété, étant jouées dans les temples et ne repré-
« sentant que des histoires saintes. » Il ne faut pas s'en étonner, ces histoires étaient les objets les plus familiers au peuple, qui ne lisait point ; et comme elles l'édifiaient à l'église, il aimait à les retrouver au spectacle. « Mais,
« continue le même auteur, elle (la comédie) dégénéra
« bientôt en satires autant contraires à l'honnêteté des

---

[1] M. Magnin, *les Origines du théâtre moderne*.
[2] M. Villemain, *Tableau de la littérature au moyen âge.*

« mœurs qu'à la pureté de la religion. » Cette licence finit par provoquer de la part du parlement un arrêt faisant défense aux *Confrères de la Passion* de représenter désormais des pièces tirées de l'Écriture sainte.

Mais où le théâtre surtout se donnait carrière, c'était dans les pièces jouées par les *Clercs de la Basoche* et les *Enfants sans souscy*. Les Basochiens ne jouaient guère que trois ou quatre fois par an, dans les fêtes et les cérémonies, comme les entrées des rois, etc. Les pièces qu'ils représentaient s'appelaient *moralités*, parce qu'elles se composaient d'allégories morales. C'étaient, en quelque sorte, des préceptes de bonne conduite mis en scène. Au premier rang et comme muses inspiratrices figuraient la Foi, l'Espérance et la Charité; ensuite venaient des personnages de toute espèce. Ainsi la moralité du *bien-advisé et mal-advisé* a pour acteurs, d'un côté, d'abord Dieu et ses anges, et de l'autre Satan et ses démons; on voit déjà qu'il s'agit d'une lutte : ensuite, Franche-Volonté, Raison, Foy, Contrition, Enfermeté, Humilité, Tendresse, Dysance, Rébellion, Folie, Vaine-Gloire, Désespérance, Povreté, Malle-Meschance, Larrecin, Honte, Confession, Pénitence, Prudence, Honneur, Fortune, Malle-Fin. Ce sont les vices et les vertus entre lesquels doit avoir lieu le débat; et il s'agit de bien choisir ses guides pour ne pas arriver à Malle-Fin. Malheureusement les acteurs de ces moralités respectaient fort peu la morale, si bien qu'en 1470 un arrêt du parlement leur défendit de continuer leurs jeux. Mais Louis XII rétablit tous les théâtres, et permit aux acteurs d'exercer leurs satires contre toutes les personnes de son royaume, sans s'excepter lui-même. Les Basochiens profitèrent largement de cette liberté : ils osèrent imprimer sur leurs masques les traits des personnages qu'ils attaquaient; et le parlement fut encore obligé d'intervenir.

Les *Enfants sans souscy,* qui formaient la troisième

société d'acteurs, et avec qui les *Confrères de la Passion* ne tardèrent pas à faire alliance, étaient des jeunes gens oisifs qui se donnaient la mission de reprendre la sottise des hommes, et dont le chef se faisait appeler avec orgueil le prince des sots. De là le nom de *sotties* donné à leurs pièces, qui du reste avaient beaucoup de rapport avec les moralités, et mettaient comme elles en scène des personnages allégoriques, le Monde, Abuz, Sot-Dissolu, Sot-Glorieux, Sot-Corrompu, Sot-Trompeur, Sot-Ignorant, Sotte-Folle. Les *Enfants sans souscy* représentaient leurs pièces à la halle. Voici l'annonce de leur spectacle telle qu'ils la faisaient crier :

> Sots lunatiques, sots étourdis, sots sages,
> Sots des villes, sots des châteaux, sots des villages,
> Sots amoureux, sots privez, sots sauvages,
> Sots vieux, sots nouveaux, et sots de tous âges,
> Sots barbares, étranges et gentils,
> Sots raisonnables, sots pervers, sots rétifs,
> Votre prince, sans nulles intervalles,
> Le mardi gras jouera ses jeux aux halles.

Les mystères, les moralités, les sotties ou farces, tels sont les trois éléments dramatiques d'où sortiront plus tard la tragédie et la comédie véritables. Du reste, dans toutes ces compositions qui ont survécu au xv° siècle, dans les mystères surtout, on est trop heureux « lors-« qu'on rencontre quelque chose qui n'est que médiocre « avec un peu de naturel. C'est un fatigant chaos de « barbarie[1] ». Dans les deux autres genres, c'est-à-dire dans les pièces profanes, où l'esprit français est plus à l'aise, on trouve parfois de vives saillies, de gaies et piquantes parodies, et même une pièce entière que l'art du xviii° siècle a bien pu rajeunir en l'habillant d'un

---

[1] M. Villemain, *Tableau de la littérature au moyen âge*.

autre langage, mais dont il n'a pu faire oublier l'original, nous voulons parler de *l'Avocat Pathelin*. C'est le chef-d'œuvre du genre, la farce par excellence ; et ce monument est d'autant plus précieux que c'est moins peut-être l'ouvrage d'un homme que d'un siècle. « Qui a fait l'avo-
« cat Pathelin ? c'est tout le monde, sans doute, comme
« tant de malins fabliaux sans auteur connu, comme tant
« d'épigrammes, tant de bons mots sans maîtres : c'est,
« pour ainsi dire, l'œuvre de l'esprit français, de la con-
« versation courante du pays[1]. »

L'époque de la renaissance, en ressuscitant les modèles de l'antiquité, porta un coup mortel à la littérature du moyen âge. On se jeta avec avidité sur les chefs-d'œuvre de la Grèce et de Rome ; on s'empressa de les imiter ou plutôt de les traduire ; on se traîna lourdement derrière le génie en voulant suivre son vol ; et, pour s'en rapprocher davantage, s'il était possible, on lui emprunta sa langue, c'est-à-dire qu'on se mit à en calquer servilement les formes, à *parler grec et latin en français,* au point souvent de devenir inintelligible. Ce violent retour vers le passé ne pouvait manquer d'entraîner le théâtre. On se contenta d'abord de mettre en vers plus ou moins français quelques tragédies grecques ; bientôt on traita d'autres sujets en retenant seulement des Grecs leurs prologues et leurs chœurs ; les pièces n'en valurent guère mieux ; mais c'était un pas de fait dans une nouvelle voie, et au risque d'y marcher longtemps encore en trébuchant et au hasard, on aimait mieux cette incertitude que de rentrer dans l'extravagance et la barbarie d'où l'on venait de sortir.

Jodelle fut le premier qui osa s'aventurer ainsi sur les traces des Grecs, et résolut de bannir du théâtre les mystères et les moralités. Sa tentative eut le plus grand

---

[1] M. Villemain, *Tableau de la littérature au moyen âge.*

succès ; la représentation de sa *Cléopâtre* fut un triomphe ; le roi Henri II, qui y assista, fit donner à l'auteur cinq cents écus de son épargne, *d'autant*, dit Pasquier, *que c'étoit chose nouvelle et très belle et très rare*. Jodelle, qui se sentait en veine, ne s'arrêta pas en si beau chemin ; et, pour moissonner à la fois tous les lauriers du théâtre, il fit une comédie en cinq actes et en vers intitulée *Eugène*, en sorte que Ronsard crut pouvoir s'écrier dans son enthousiasme :

> Jodelle le premier, d'une plainte hardie,
> Françoisement chanta la grecque tragédie,
> Puis, en changeant de ton, chanta devant nos rois
> La jeune comédie en langage françois,
> Et si bien les sonna, que Sophocle et Ménandre,
> Tant fussent-ils savants, y eussent pu apprendre.

C'était flatter un peu ce pauvre Jodelle ; mais Ronsard, qui se croyait l'héritier d'Homère et de Pindare, ne pensait pas être trop généreux en laissant à un autre les rôles de Sophocle et de Ménandre. Jodelle, d'ailleurs, faisait partie de la fameuse *Pléiade*, et par conséquent était l'un des satellites dont Ronsard était l'astre. Quoi qu'il en soit, cet exemple ne fut pas perdu ; on continua de restaurer tant bien que mal la tragédie antique ; et sous ce rapport Jodelle rendit au théâtre un service éminent.

A l'école de Jodelle, si l'on peut dire ainsi, se rattachent Gabriel Bounym et Jean de la Taille. Gabriel Bounym, dans sa tragédie de *la Sultane*, mit sur la scène des Turcs, chose *nouvelle* aussi et *rare*, car ils jurent par Jupiter et par Vulcain. On voit que nous sommes encore loin de *Bajazet*.

Jean de la Taille, dans son monologue des *Corrivaux*, la première en date de nos comédies en prose, acheva l'œuvre commencée par Jodelle, et donna le coup de grâce aux mystères et aux moralités, c'est-à-dire, ainsi qu'il

s'exprime, à ces « badineries et sottises qui, comme
« amères épiceries, ne font que corrompre le goût de
« notre langue ».

On vit paraître ensuite Robert Garnier. Sans s'élever
bien haut, Garnier surpassa les auteurs dramatiques de
son temps. Il ne sait ce que c'est que la pureté et l'élégance du style, ni que de parler un langage naturel. Il
prend l'emphase pour la noblesse, la jactance pour la
grandeur ; il mêle tous les tons, depuis celui de l'ode et
de l'épopée jusqu'à celui de l'églogue ; il n'a aucune idée
des convenances de mœurs et de caractères. A défaut du
génie des Grecs, il affecte d'imiter leur simplicité de
plan, et n'arrive tout au plus qu'à faire des pièces vides
d'action. Ce sont là, comme on voit, d'assez graves reproches ; mais enfin Garnier a donné au théâtre plus de
régularité ; il a quelques scènes touchantes, et de temps
en temps des vers bien frappés. On sent, en le lisant, que
la langue tragique commence à se former.

Après avoir cité Garnier, il est inutile de parler de ses
rivaux au théâtre, qui ont tous ses défauts sans une seule
de ses qualités, et nous pouvons passer tout de suite
au commencement du XVIIe siècle. Celui qui l'ouvre est
Alexandre Hardy, si connu en son temps pour le *poëte
dramatique* par excellence, qu'il ne signait pas même
ses pièces sur l'affiche. Il avait une facilité prodigieuse ;
deux mille vers ne lui coûtaient que vingt-quatre heures ;
et l'on porte à huit cents le nombre des tragédies qu'il
a composées. Heureusement pour ses lecteurs, il n'en
reste que quarante et une. Encore peut-on, sans trop de
scrupule, se dispenser de les lire ; car si elles ont un peu
plus d'intérêt que les autres pièces de la même époque,
en revanche elles sont toutes d'une conduite très-défectueuse, et la versification en est fort peu châtiée ; on n'y
trouve pas même cette poésie telle quelle des écrivains de
la Pléiade.

Mayret n'eut pas la fécondité de Hardy; mais sa gloire fut peut-être aussi grande, et surtout plus durable. Sa *Sophonisbe* eut un succès éclatant, qui balança celui de Corneille lui-même lorsque dans sa vieillesse il traita le même sujet. Ce n'est pas que la pièce de Mayret soit un chef-d'œuvre; on y trouve fréquemment de ces pointes et de ces antithèses qui étaient dans le goût du temps; les bienséances aussi y sont peu respectées; mais elle renferme des beautés jusqu'alors inconnues; les caractères ont une certaine énergie, et le style atteint parfois à la noblesse.

Voilà les principaux poëtes dramatiques qui précédèrent Corneille. Parcourons maintenant la liste de ceux qui furent ses contemporains. Au premier rang par son talent, comme par son caractère, se place Rotrou. Plus jeune que Corneille de quelques années, il le précéda néanmoins dans la carrière dramatique, et celui-ci l'appelait son père; mais le fils ne tarda pas à laisser le père derrière lui. Rotrou le reconnut, et n'en fut point jaloux; de son côté, Corneille conserva toujours pour Rotrou une profonde vénération; et il n'y eut jamais entre ces deux hommes qu'un échange de grandes pensées et de nobles sentiments.

Quoique Rotrou soit mort jeune, victime, comme on sait, de son généreux dévouement, il eut le temps d'écrire pour le théâtre une quarantaine de pièces, dont plusieurs annoncent un talent supérieur. *L'Hypocondriaque*, *Hercule mourant*, *Laure persécutée*, *don Bernard de Cabrère* eurent, à des titres divers, un succès remarquable. *Le Véritable Saint-Genest* ne démentit pas ces premiers essais, et mérita surtout d'être applaudi par un éloge de Corneille, qui, pour être là singulièrement placé, n'en montre pas moins toute la générosité d'âme de Rotrou. Mais c'est par sa tragédie de *Venceslas* que Rotrou mit le comble à sa réputation. C'est la seule de ses pièces qui soit restée au théâtre ; elle a des beautés que le temps n'a point effacées ; l'impétuosité de Ladislas, la vigueur du caractère de Venceslas, la beauté des sentiments de Cassandre, font de cet ouvrage une œuvre remarquable. Il est vrai que, lorsque *Venceslas* parut, il y avait déjà dix-huit ans que Corneille avait donné *le Cid*, et le rôle de Chimène n'avait pas été inutile à celui de Cassandre.

Après le généreux ami de Corneille vient un de ses plus ardents détracteurs, celui qui osa s'attaquer au *Cid* pour plaire à Richelieu ; nous voulons parler de Georges Scudéry, vrai matamore qui traite ses lecteurs d'autant plus cavalièrement qu'il est plus mauvais poëte. « La « poésie, dit-il dans sa préface de *Lygdamon,* sa pre- « mière pièce, me tient lieu de divertissement agréable « et non d'occupation sérieuse ; si je rime, ce n'est qu'a- « lors que je ne sais que faire ; je n'ai pour but en ce « travail que le seul désir de me contenter ; car, bien « loin d'être mercenaire, l'imprimeur et les comédiens « témoigneront que je ne leur ai pas vendu ce qu'ils ne « pouvaient payer. » Scudéry devait au moins se contenter de cette gloire qu'il se donnait de ses mains, et ne pas essayer de ravir à Corneille celle qui lui revenait si justement.

Du Ryer n'eut de commun avec Scudéry que de n'être pas un grand poëte. C'est pourtant, avec Rotrou, celui qui se rapproche le plus de Corneille. Son *Scévole* et son *Thémistocle* ont des beautés réelles ; les sentiments n'y manquent pas de noblesse, ni le style d'énergie. Sa tragédie d'*Alcyonnée* eut beaucoup de succès ; c'est là que se trouve ce vers si connu que M. de Larochefoucauld appliquait à Mme de Longueville :

J'ai fait la guerre aux rois, je l'aurais faite aux dieux.

Du Ryer vécut et mourut pauvre. Il était aux gages

d'un libraire qui lui achetait ses vers à la centaine, quatre francs le cent les grands, et deux francs les petits. Telle était alors la misère des gens de lettres qui n'adressaient pas leurs dédicaces à la cour ou aux hommes de finance.

On sait que Richelieu, non content d'être grand ministre, s'avisa un jour aussi de vouloir être poëte. A cet effet, il prit à sa solde *cinq auteurs* chargés de faire des pièces en son nom et de travailler sous son inspiration. Ces cinq auteurs étaient d'abord Rotrou et Corneille, qui eurent le malheur d'être jugés dignes de cet honneur, puis Bois-Robert, Colletet et Claude de l'Estoile.

C'était un singulier personnage que Bois-Robert. Sans importance par son talent, il essaya de s'en donner par sa position; il se fit le premier laquais de Richelieu, et, à vrai dire, il avait pour ce métier toutes les qualités requises, étant, ainsi qu'on peut l'être, rampant, bas, lâche et vil; avec cela, insolent au plus haut point, mais sachant couvrir ses insolences du voile de la plaisanterie. Si heureusement doué du génie de son état, ce courtisan de bas étage sut tellement s'avancer dans l'esprit du cardinal et s'en rendre maître, qu'avec ses faveurs il le força encore de lui accorder son estime. Mais tout cela ne put couvrir la misère de Bois-Robert comme poëte. Nous avons de lui plusieurs pièces qu'il regardait ou qu'il voulait faire regarder comme bonnes, *l'Inconnue, les Trois Orontes, les Généreux Ennemis :* elles ne valent absolument rien; et il fallait être Bois-Robert ou Richelieu pour s'en faire accroire là-dessus.

Nous ne faisons qu'indiquer en passant, dans cette liste rapide, le poëte Benserade, plus connu par son fameux sonnet que par ses pièces de théâtre. Après avoir composé quelques tragédies dans sa jeunesse, il fit un grand nombre de ballets; il était né pour ce genre galant, fort en vogue alors; il avait l'art de faire ressortir les qualités, et quelquefois les défauts des grands seigneurs qui jouaient des rôles dans ces sortes de fêtes, en confondant les acteurs avec le personnage qu'ils représentaient. La pointe domine trop dans les vers de Benserade; elle les ravale souvent à l'insipidité du calembour. Leur plus grand mérite est d'avoir enrichi leur auteur, ce qui arrive rarement aux vers.

Desmarets, bien supérieur pour la versification aux auteurs que nous avons cités plus haut, est connu par une *Aspasie*, et surtout par sa comédie des *Visionnaires*. Mais ce n'est cependant encore qu'une médiocrité de plus à ajouter à celles qui précèdent.

Tristan-l'Hermite fit jouer sa tragédie de *Marianne* l'année même où parut *le Cid* : malgré cette terrible concurrence, elle eut un prodigieux succès, dû bien moins, il est vrai, à la valeur réelle de la pièce qu'au talent du célèbre acteur Mondory, chargé du rôle d'Hérode. Cyrano de Bergerac, dans son *Voyage de la lune*, appelle Tristan-l'Hermite *le seul poëte, le seul philosophe, le seul homme libre*. Il paraît qu'à l'âge de treize ans Tristan-l'Hermite avait été obligé de fuir son pays pour avoir tué en duel un garde du corps. Cyrano, qui était un grand bretteur, louait le duelliste sous le couvert du poëte; il n'y a que ce moyen d'expliquer un pareil enthousiasme, qui autrement paraîtrait ironique.

La Calprenède, aussi vain que Scudéry sans être meilleur poëte, est moins connu par ses pièces de théâtre que par ses romans pleins de ces grands coups d'épée que Mme de Sévigné aimait tant. Cependant il a eu aussi, comme auteur dramatique, une assez grande réputation et qui s'est conservée longtemps. Thomas Corneille le traitait encore d'*incomparable*, en lui empruntant son *Comte d'Essex*, et Pierre Corneille l'estimait beaucoup. Le grand Corneille s'est trompé quelquefois dans ses jugements sur les autres.

Pujet de la Serre est le premier qui, parmi ce déluge

de vers qui inondait le théâtre, ait osé hasarder sur la scène une tragédie en prose, intitulée *Thomas Morus*. Il y eut pour cette nouveauté une véritable fureur d'enthousiasme : les portes du théâtre furent enfoncées, tant la foule s'y porta avec violence : quatre portiers furent tués. La Serre en fut tout enorgueilli. « Je le céderai à « M. de Corneille, disait-il, quand il aura fait tuer cinq « portiers en un jour. » Malgré cette gloire homicide qu'il eut en son temps, la Serre n'est plus guère connu que par les vers satiriques de Boileau.

Colletet, cette autre victime de Despréaux, était académicien et faisait partie des cinq auteurs. Avec ces beaux titres, il ne fut un grand poëte qu'aux yeux de Richelieu. On rapporte que, lorsqu'il présenta au cardinal le *Monologue des Tuileries*, celui-ci s'arrêta particulièrement sur la description où l'on voit

> La cane s'humecter de la bourbe de l'eau, etc.,

et donna au poëte cinquante pistoles pour ce seul passage : ajoutant que *le roi n'était pas assez riche pour payer tout le reste*. La misère de Colletet est plus renommée que ses pièces.

Boyer a beaucoup écrit, et n'a rien laissé de bon. Il avait composé une tragédie de *Judith*. On sait l'épigramme de Racine sur

> . . . . Ce pauvre Holopherne,
> Si méchamment mis à mort par Judith.

Racine poursuivit Boyer jusqu'après sa mort. « Pour « nouvelles académiques, écrit-il à son fils (Jean-Bap- « tiste), je vous dirai que le pauvre Boyer mourut avant- « hier, âgé de quatre-vingt-trois ou quatre-vingt-quatre « ans, à ce qu'on dit. On prétend qu'il a fait plus de « cinq cent mille vers en sa vie ; et je le crois, parce qu'il « ne faisait autre chose. Si c'était la mode de brûler les

« morts, comme parmi les Romains, on aurait pu lui
« faire les mêmes funérailles qu'à ce Cassius Parmensis,
« à qui il ne fallait d'autre bûcher que ses ouvrages, dont
« on fit un bon feu. »

Scarron avait bien plus d'esprit que toutes ces vanités que nous avons vues; mais, peu scrupuleux sur les moyens de faire rire, pourvu qu'il réussît, il n'a suivi aucune règle, aucune méthode. Il débuta au théâtre par les *Boutades du Capitan Matamore*, en un acte, et en vers de huit syllabes sur la seule rime en *ment*. Ce n'est là que du grotesque; mais dans le reste de son répertoire il est souvent grossier. Quoi qu'il en soit, on rencontre çà et là des traits amusants et vraiment comiques dans son *Jodelet maître et valet*, *Jodelet duelliste*, *don Japhet d'Arménie*, etc.

Claude de l'Estoile n'est connu que comme un des *cinq auteurs*, et pour avoir été spécialement chargé d'examiner la versification du *Cid*.

Voilà en quelles mains le théâtre se trouvait chez nous au commencement du xviie siècle. En même temps il subissait la double influence de l'Espagne et de l'Italie. A l'Italie il empruntait les pointes, les *concetti*, les métaphores burlesques; à l'Espagne, les intrigues romanesques, les fanfaronnades, le décousu de l'action. C'est dans ces circonstances que parut celui qu'on peut appeler le véritable père de la tragédie en France.

2

II

PIERRE CORNEILLE[1]

Pierre Corneille naquit à Rouen, en 1606, de Pierre Corneille, maître des eaux et forêts en la vicomté de Rouen, et de Marthe le Pesant de Boisguibert. Élevé à Rouen, chez les jésuites, pour qui il conserva toujours une vive reconnaissance, il se livra, en sortant du collége, aux graves études du barreau ; il paraît même que ses parents lui obtinrent en 1627 des lettres patentes de dispenses d'âge pour exercer les fonctions d'avocat ; mais il profita peu de cette faveur. Une circonstance particulière lui ayant révélé tout à coup son talent pour la poésie, il renonça au barreau et se tourna vers la carrière dramatique. Il débuta par une comédie intitulée *Mélite, ou les Fausses Lettres,* qui fut représentée en 1629. Le vieux dramaturge Hardy, à qui Corneille l'envoya comme à celui qui régnait alors au théâtre, jugea que c'était *une assez jolie farce.* Quant au public, un peu surpris de ne plus retrouver là ses valets bouffons, ses parasites et ses docteurs, il demeura quelque temps incertain ; mais à la réflexion il reconnut la supériorité de cette pièce sur celles qui l'avaient précédée, et alors il applaudit franchement. « *Mélite,* disait plus tard Corneille, fut mon coup

---

[1] Nous avons emprunté à l'*Histoire de la vie et des ouvrages de Corneille,* par M. Taschereau, une partie des faits contenus dans cette notice.

« d'essai, et elle n'a garde d'être dans les règles, puisque
« je ne savais pas alors qu'il y en eût. Je n'avais pour
« guides qu'un peu de sens commun, avec les exemples
« de feu Hardy[1], dont la veine était plus féconde que
« polie, et de quelques modernes qui commençaient à se
« produire, et qui n'étaient pas plus réguliers que lui...
« Ce sens commun, qui était toute ma règle, m'avait fait
« trouver l'unité d'action, et m'avait donné assez d'aver-
« sion pour cet horrible déréglement qui mettait Paris,
« Rome et Constantinople sur le même théâtre, pour
« réduire le mien dans une seule ville[2]. » Ainsi, dès la
première pièce de Corneille, nous trouvons des principes
d'économie dramatique. *Le sens commun, qui était toute
sa règle*, lui a fait découvrir l'unité d'action et l'unité de
lieu; et bientôt, en allant à Paris voir le succès de *Mélite*,
il apprendra qu'il y a une troisième unité, l'unité de
temps, qu'il ne convient de négliger non plus que les
deux autres. *Mélite*, à tout prendre, et jugée absolument,
est une mauvaise pièce; mais comparée à ce qu'on avait
fait jusqu'alors, c'est un chef-d'œuvre, en ce sens qu'on
n'y trouve déjà plus la bizarrerie extravagante ni la révoltante grossièreté des drames de cette époque.

A *Mélite* succéda *Clitandre, ou l'Innocence délivrée*,
qu'on joua en 1631 sous le titre de tragi-comédie. « On
« appelait ainsi, dit Fontenelle, un genre mêlé où l'on
« mettait un assez mauvais tragique avec du comique
« qui ne valait guère mieux. » *Clitandre* ne justifie que
trop bien cette définition; c'est un ensemble monstrueux
où Corneille paye largement tribut à son siècle, et dans
lequel la bienséance même souffre plus d'une atteinte.
Hâtons-nous d'ajouter qu'à partir de *Clitandre*, Corneille rompt définitivement avec cette poésie licencieuse

---

[1] Mort en 1630.
[2] Examen de *Mélite*.

indigne d'un si beau génie et de tout écrivain qui se respecte.

Clitandre fut suivie de près par *la Veuve, ou le Traître puni*, représentée en 1633 avec un grand succès. Ce n'est encore que la troisième production de notre auteur; mais déjà, par une intrigue plus raisonnable, par un style plus franc, tout imparfaite qu'elle est, elle s'élève au-dessus des autres pièces qui encombraient alors le théâtre, de toute la hauteur dont Corneille s'élèvera bientôt au-dessus de lui-même. Aussi fut-elle accueillie par un véritable concert de louanges. Scudéry tout le premier s'écria emphatiquement :

> Le soleil est levé; retirez-vous, étoiles.

Un pareil éloge, et d'un tel panégyriste, ne tire pas à conséquence; mais ce qui dut flatter Corneille et lui donner quelque confiance en son génie naissant, ce fut de s'entendre dire par Rotrou, dont la belle âme était au-dessus de l'envie :

> Juge de ton mérite, à qui rien n'est égal,
> Par la confession de ton propre rival.

Après *la Veuve* vinrent, en 1634, *la Galerie du Palais, ou l'Amie rivale*, puis *la Suivante*. On fit à ces comédies comme à leurs aînées un accueil favorable, et c'était justice, car on y trouve quelques défauts de moins et quelques qualités de plus. Il n'en est pas de même de *la Place Royale*, qui parut en 1635. C'est un ouvrage mauvais de tout point, c'est une chute au lieu d'un progrès. Quoique Corneille eût quitté le barreau pour le théâtre, il avait été pourvu en 1629 de la charge d'avocat du roi à la table de marbre, et de premier avocat à l'amirauté de Rouen. En cette qualité, il fut chargé de complimenter Louis XIII et Richelieu lors d'un voyage qu'ils firent dans cette ville en 1634. Il le fit en vers latins. Il paraît que Richelieu trouva la pièce de son goût; car quelque temps après il admit Corneille au nombre des *cinq auteurs*. Le grand poëte, qui s'ignorait encore, se plia comme les autres à cet humble métier de faiseur de vers aux gages du grand homme, Mécène d'un nouveau genre; et il s'en acquitta assez bien ou plutôt assez mal pour n'avoir pas laissé trace de son passage dans les œuvres sorties de cette fabrique étrange. Quoi qu'il en soit, comme il ne se sentait point *cet esprit de suite*, c'est-à-dire d'obéissance passive que demandait le ministre-poëte, et qu'il prenait quelquefois la liberté de ne pas trouver bon ce qui était mauvais, il crut devoir renoncer à l'honneur qu'on lui avait fait, et, prétextant que sa charge et des affaires d'intérêt le rappelaient à Rouen, il abandonna pour quelque temps un travail qui lui attira sans doute plus d'ennemis qu'il ne lui valut de gloire.

Jusqu'ici nous n'avons vu dans Corneille que le poëte comique; *Médée*, représentée en 1635, nous le montre sous un nouveau jour, dans un genre plus noble, avec un talent plus élevé, en un mot, comme *le père de la tragédie*. Ce n'est pas que *Médée* soit sans défauts, et Corneille est le premier à le reconnaître; mais ses défauts appartiennent au siècle, et ses beautés à l'auteur. Elle fut néanmoins froidement accueillie, sans doute à cause des longues déclamations qui s'y trouvent comme dans la pièce de Sénèque, et que le sujet malheureusement rendait inévitables.

En revanche on applaudit avec transport *l'Illusion*, composition extravagante, bien au-dessous de *Médée*, et qui a seulement l'avantage d'un style moins défectueux, et d'un personnage nouveau, Matamore, imité du *Miles gloriosus* de Plaute, et du capitan du théâtre espagnol. *L'Illusion*, « cet étrange monstre, » comme l'appela depuis l'auteur lui-même, fut représentée en 1636. Ne dirait-on pas que le génie de Corneille a voulu déjouer toutes les prévisions et se couvrir d'un voile d'autant plus impénétrable que nous sommes plus près, et pour ainsi dire, à la veille du jour où il va briller d'un si grand éclat?

Ce fut, en effet, en cette même année 1636 qu'eut lieu le fait suivant, bien simple en lui-même, mais bien fécond en résultats. M. de Châlon, secrétaire des commandements de la reine mère, avait quitté la cour et s'était retiré à Rouen dans sa vieillesse. Corneille, que flattait le succès de ses premières pièces, vint le voir. « Monsieur, lui dit M. de Châlon après l'avoir loué sur son « esprit et sur ses talents, le genre de comique que vous « embrassez ne peut vous procurer qu'une gloire passa- « gère. Vous trouverez dans les Espagnols des sujets « qui, traités dans notre goût, par des mains comme « les vôtres, produiront de grands effets; apprenez leur « langue, elle est aisée; je m'offre de vous montrer ce « que j'en sais, et jusqu'à ce que vous soyez en état de « lire par vous-même, de vous traduire quelques endroits « de Guillem de Castro[1]. » Corneille profita de l'avis, et fit *le Cid.*

A l'apparition de ce chef-d'œuvre, la France entière n'eut pas assez d'éloges. On admira cette simple grandeur, ces énergiques beautés, la force de l'intrigue unie à la noblesse des caractères et à la vigueur du style, les sentiments héroïques, et enfin cet art dramatique dont on n'avait point vu d'exemples. L'enthousiasme fut tel, que dans plusieurs provinces il était passé en proverbe de dire : « Beau comme *le Cid.* » L'auteur reçut des félicitations du roi et de la reine; on accorda à son père des lettres de noblesse; la gloire de Corneille se répandit

---

1. *Recherches sur le théâtre de France*, par M. de Beauchamps.

jusque chez les nations étrangères, et *le Cid* fut traduit dans presque toutes les langues de l'Europe.

Ce prodigieux triomphe ne pouvait manquer de soulever la cabale envieuse des Bois-Robert, des Scudéry, des Mairet, des Claveret, dont il faisait encore mieux ressortir la médiocrité. Ils se déchaînèrent contre la nouvelle pièce par de misérables *parodies* ou des *observations* ridicules. Corneille daigna répondre à ces lâches attaques; mais il le fit du ton du génie qui a conscience de lui-même, et moins pour se défendre contre ses ennemis que pour leur marquer son mépris. Je sais, dit-il, dans son *Excuse à Ariste*,

Je sais ce que je vaux, et crois ce qu'on m'en dit.

Le procès toutefois ne se termina pas là; ce fut toute une polémique littéraire. A la fin, Scudéry en appela à l'Académie. Richelieu, secrètement jaloux de la gloire de Corneille, vit avec plaisir cette démarche, qui lui donnait l'occasion de poursuivre et le moyen, à ce qu'il croyait, de terrasser son rival. L'Académie hésita à se charger de ce jugement, d'autant que Corneille ne le demandait point, et sachant bien d'ailleurs qu'il fallait mécontenter l'un des deux partis; c'est-à-dire le cardinal ou toute la France; mais Richelieu leva cette difficulté : « Faites sa« voir à ces messieurs, dit-il à un de ses amis, que je le « désire, et que je les aimerai comme ils m'aimeront. » Le moyen de résister à une telle invitation? La compagnie s'empressa donc de nommer des commissaires, et cinq mois après les *Sentiments de l'Académie sur le Cid* furent livrés à l'impression. Scudéry triompha; Corneille fut mécontent. Un instant il eut la pensée de répondre; puis il y renonça brusquement, craignant[1] d'of-

---

[1] Corneille recevait chaque année du cardinal une pension de cinq cents écus, qui en valaient quinze cents d'aujourd'hui.

fenser celui qui récompensait comme ministre l'auteur dont il était jaloux comme poëte; si bien qu'il consentit à rentrer dans la société des *cinq auteurs*, et à prendre part encore pour un cinquième d'inspiration aux pièces du cardinal.

Après un silence de trois ans, qu'il jugea nécessaire pour laisser se calmer l'orage, Corneille rentra au théâtre, en 1639, sa tragédie d'*Horace* en main; et comme s'il eût oublié la persécution du *Cid*, ou plutôt peut-être parce qu'il ne s'en souvenait que trop, ce fut à Richelieu lui-même qu'il dédia son nouvel ouvrage, espérant sans doute par cet hommage apaiser en lui le courroux du poëte, et surtout s'assurer la continuation des libéralités du ministre. Tant de prudence n'était pas inutile : à peine la pièce fut-elle imprimée, qu'on répandit le bruit qu'il allait paraître de nouvelles observations sur cette tragédie. Corneille n'eut pas de peine à reconnaître dans le coup qui le menaçait la main de l'envieux cardinal et celle du personnage mystérieux qui avait déjà figuré dans le complot contre *le Cid*. « Horace, « écrivit-il dans cette occasion à un de ses amis, fut « condamné par les diumvirs; mais il fut absous par le « peuple. » L'auteur des observations annoncées garda le silence.

L'année même où parut *Horace*, *Cinna* lui succéda. Ce fut pour Corneille un nouveau triomphe, mais si incontestable, si mérité, si spontanément accordé, que l'envie ne songea pas même à en ternir l'éclat. L'enthousiasme fut universel, et, pour comble de gloire, le grand Condé, alors âgé de vingt ans, pleura lorsqu'il entendit Auguste dire :

Soyons amis, Cinna, c'est moi qui t'en convie.

Plus tard, cette belle situation agit si vivement sur l'âme de Louis XIV lui-même, qu'elle faillit désarmer sa

vengeance. « Le chevalier de Rohan avait conspiré contre
« l'État, et le roi refusa constamment sa grâce. Cepen-
« dant, la veille du jour où le chevalier devait être
« exécuté, ce prince vit représenter *Cinna*, et il en
« fut si touché, qu'il avoua depuis que, si l'on eût
« saisi cet instant pour lui parler de nouveau en faveur
« du condamné, il n'eût pu demeurer plus longtemps
« inflexible [1]. »

Peu avant ce succès, Corneille perdit son père, et devint dès lors l'unique soutien de sa mère et de sa famille. C'est là un fait, surtout si l'on songe qu'il était l'aîné de sept enfants, qui commande l'indulgence à ceux qui seraient tentés de ne voir que basse flatterie ou âpre amour du gain dans quelques-unes de ses épîtres dédicatoires. Corneille était fils et frère avant d'être auteur, et il aimait mieux prendre un ton plus humble et se résigner parfois à *ce je ne sais quoi d'abaissement*, que de fermer pour des êtres qui lui étaient chers une source de gratifications nécessaires à leur subsistance.

Un an après la mort de son père, en 1640, Corneille épousa Marie de Lempérière, fille de Matthieu de Lempérière, lieutenant général des Andelys en Normandie. Dans la suite, Thomas Corneille épousa Marguerite, sœur cadette de Marie. Le lendemain du mariage de Corneille, on écrivit à Paris qu'il était mort. Il avait seulement été fort malade, en sorte que Ménage, qui s'était empressé de déplorer sa mort en vers latins, se vit obligé peu de jours après de chanter sa résurrection. L'année 1640 vit paraître *Polyeucte*, c'est-à-dire encore un chef-d'œuvre. Avant de présenter sa tragédie au théâtre, l'auteur voulut la lire à l'hôtel de Rambouillet, souverain tribunal des affaires d'esprit en ce temps-là. « La pièce [2], dit

[1] *Anecdotes dramatiques.*
[2] *Vie de Corneille.*

« Fontenelle, fut applaudie autant que le demandaient
« la bienséance et la grande réputation que l'auteur
« avait déjà ; mais quelques jours après Voiture vint
« trouver Corneille, et prit des tours fort délicats pour
« lui dire que *Polyeucte* n'avait pas réussi comme
« il pensait, que surtout le christianisme avait infini-
« ment déplu. Corneille, alarmé, voulut retirer la pièce
« d'entre les mains des comédiens qui l'apprenaient ;
« mais enfin il la leur laissa, sur la parole d'un d'entre
« eux qui n'y jouait point parce qu'il était trop mauvais
« acteur. Était-ce à un comédien à juger mieux que tout
« l'hôtel de Rambouillet ? » Richelieu ne fut pas encore
cette fois favorable à la bonne cause ; mais l'auteur
trouva, comme pour *Horace* et *le Cid*, de quoi s'en consoler dans les applaudissements du parterre, et surtout
dans le jugement de Boileau, qui, bien qu'il ne connût
rien, disait-il, au-dessus des trois premiers actes d'*Horace*, et qu'il n'eût pas de termes assez forts pour exalter
Cinna, regardait *Polyeucte* comme le chef-d'œuvre de
Corneille.

Malgré son peu de succès à l'hôtel de Rambouillet, où
sans doute on le mettait au-dessous de Voiture, Corneille,
grâce à sa grande réputation, fut admis, en 1641, à con-
courir avec les poëtes chargés de composer *la Guirlande
de Julie*[1]. Il ne tarda pas à s'apercevoir qu'il n'avait pas,
comme il disait lorsqu'il allait à la cour, le mérite de ce
pays-là. Il se hâta de retourner dans un pays dont il avait
un peu plus le mérite, c'est-à-dire au théâtre, et fit en
1642 *la Mort de Pompée*. Le défaut de cette pièce, con-

---

[1] M. de Montausier recherchait en mariage Julie d'Angennes. Voulant, un premier jour de l'an, lui faire une galanterie, « il fit peindre séparément en
« miniature toutes les plus belles fleurs, sur des morceaux de vélin de la même
« grandeur. Il fit ménager au bas de chaque figure assez d'espaces pour y faire
« écrire un madrigal sur le sujet de la fleur qui y était peinte, et à la gloire de
« Julie... Il fit ensuite relier tout cela magnifiquement. » C'est ce qu'on appela
la Guirlande de Julie.

traire à celui de bien d'autres, est d'avoir trop de héros, et, par la multiplicité des rôles importants, de partager nécessairement l'intérêt. Toutefois il ne faudrait pas croire Voltaire sur parole, lorsqu'il affirme que ce n'est pas une tragédie : ce n'est pas une tragédie à la manière du xviii° siècle et suivant la formule : *Frapper fort plutôt que juste*, c'est-à-dire une tragédie qui trouble et bouleverse le cœur ; c'est une tragédie qui élève l'âme par le sentiment de l'admiration, et la passionne par le spectacle de nobles et héroïques caractères. C'est dans *la Mort de Pompée* que se montre principalement cette différence que Corneille accordait à la hardiesse et à la vigueur de Lucain sur le doux et le fini de Virgile.

On se rappelle que, dans la comédie, Corneille en était encore à *l'Illusion*, « cet odieux monstre ; » de là, sans transition, il s'élève en 1642 à la comédie du *Menteur* ; du même coup, la bonne comédie est créée, et la voie préparée à Molière. « Oui, mon cher Despréaux, disait
« celui-ci à Boileau, je dois beaucoup au *Menteur*.
« Lorsqu'il parut, j'avais bien envie d'écrire ; mais j'é-
« tais incertain de ce que j'écrirais : mes idées étaient
« confuses, cet ouvrage vint les fixer. Le dialogue me
« fit voir comment causaient les honnêtes gens... Enfin,
« sans *le Menteur*, j'aurais sans doute fait quelques
« pièces d'intrigue, *l'Étourdi*, *le Dépit amoureux* ;
« mais peut-être n'aurais-je jamais fait *le Misan-*
« *thrope*[1]. » La modestie de Molière s'exagérait probablement sa dette ; mais c'est du moins un beau témoignage rendu au mérite de cette excellente comédie du *Menteur*.

Le sujet du *Menteur*, comme celui du *Cid*, est emprunté au théâtre espagnol : ainsi c'est à l'Espagne que

---

1 *L'Esprit du grand Corneille.*

nous devons notre première tragédie et notre première comédie.

La *Suite du Menteur*, donnée en 1649, fut moins heureuse. Elle échoua complétement, malgré une intrigue intéressante et un style qui n'est pas sans agrément. Des défauts essentiels refroidirent le public.

Ici doit se placer un fait que nous voudrions pouvoir passer sous silence. Richelieu était mort en 1642; Louis XIII n'avait pas tardé à le suivre. Corneille, se voyant libre de toute contrainte, voulut se donner contre le persécuteur du *Cid* le plaisir d'une vengeance bien peu généreuse et bien peu digne de lui. Il fit à la mémoire du cardinal un sonnet injurieux où il lui reprochait son ambition, son orgueil, sa haine et son avarice. Il aurait dû se souvenir que si ce ministre-roi l'avait persécuté, il l'avait aussi comblé de ses largesses; et que dans tous les cas, « si on ne doit aux morts que la vérité[1], » il vaut mieux garder le silence que de s'exposer à être ingrat.

« En 1644, Corneille allait faire représenter *Rodo-
« gune*, à laquelle il travaillait depuis un an, lorsqu'il
« vit annoncer une tragédie du même titre, et où il re-
« trouvait plusieurs situations de la sienne. Sa surprise
« fut grande d'abord; mais bientôt il se rappela qu'il
« avait confié le plan de sa pièce à un de ses amis. Ce-
« lui-ci en avait fait part à un certain poëte diplomate
« nommé Gilbert. Mais comme ces renseignements fur-
« tifs étaient incomplets, le plagiaire confondit Rodo-
« gune avec Cléopâtre, et mit sur le compte de la
« première tout ce que Corneille faisait dire et faire à
« l'autre[2]. »

Celui-ci ne dit rien d'une si indigne trahison, et se

---

[1] Voltaire, 1re *Lettre sur l'Œdipe*.
[2] V. Fontenelle, *Vie de Corneille*.

contenta d'en appeler au public en lui offrant la véritable
Rodogune, dont le succès fut complet; il ne pouvait y en
avoir de plus doux pour l'auteur, à en juger par ce qu'il
dit dans l'examen de cette pièce : « On m'a souvent fait
« une question à la cour, quel était celui de mes poëmes
« que j'estimais le plus, et j'ai trouvé tous ceux qui me
« l'ont faite si prévenus en faveur de *Cinna* ou du *Cid*,
« que je n'ai jamais osé déclarer toute la tendresse que
« j'ai toujours eue pour celui-ci (*Rodogune*), à qui
« j'aurais donné volontiers mon suffrage, si je n'avais
« craint de manquer en quelque sorte au respect que je
« devais à ceux que je voyais pencher d'un autre côté. »
Heureusement Corneille se charge lui-même d'expliquer
cette préférence et non de la justifier. « Cette préfé-
« rence, ajoute-t-il, est peut-être en moi un effet de
« ces inclinations aveugles qu'ont beaucoup de pères
« pour quelques-uns de leurs enfants plus que pour les
« autres; peut-être y entre-t-il un peu d'amour-propre,
« en ce que cette tragédie me semble un peu plus à moi
« que celles qui l'ont précédée. » L'année d'après (1645),
Corneille eut la douleur de voir tomber complétement sa
tragédie de *Théodore*, quoiqu'on y rencontre quelques
beaux vers et des rôles qui ne manquent ni d'intérêt ni
de vie. C'était l'effet naturel de la délicatesse qu'il avait
lui-même inspirée au public, qui ne pouvait plus s'accommoder de certaines situations du martyre de Théodore.

Le 14 octobre de la même année, l'auteur du *Cid* et
de *Cinna* fut consolé de cet échec par une distinction qui
lui était bien due sans doute, mais qu'il ne croyait peut-
être pas pouvoir espérer. Louis XIV, encore enfant, lui
écrivit une lettre où il le priait au nom de la reine régente
de mettre en abrégé les glorieuses actions du feu roi.
« Je juge, était-il dit dans cette lettre, par ce que vous
« avez accoutumé de faire, que vous réussirez dans cette

« entreprise, et que, pour éterniser la mémoire de votre
« roi, vous prendrez plaisir d'éterniser le zèle que vous
« avez pour sa gloire. » Malgré cette invitation flatteuse, Corneille n'eut pas lieu de se louer d'avoir entrepris de traiter la partie poétique des *Triomphes de
Louis le Juste, treizième du nom, roi de France et de
Navarre*. Il est vrai que le cadre étroit où on l'obligeait
de se renfermer n'était pas favorable au développement
de son génie.

Depuis deux ans Corneille sollicitait l'honneur d'être
reçu à l'Académie, sans pouvoir y parvenir. En 1644
on lui avait préféré M. de Salomon, alors avocat général
du grand conseil; en 1646, ce fut du Ryer qui l'emporta
sur lui. La raison de ces préférences, c'est que Corneille,
faisant son séjour à Rouen, ne pouvait presque jamais
se trouver aux assemblées et faire la fonction d'académicien. Il lui fallut disposer ses affaires de manière à
pouvoir passer une partie de l'année à Paris. A cette condition, il vit s'ouvrir pour lui les portes de l'Académie le
22 janvier 1647. Son discours de réception, qu'il aurait
dû, comme Racine fit du sien, prononcer à voix basse et
retrancher de ses œuvres, est aussi mauvais qu'il pouvait
l'être.

Le nouvel académicien ne s'endormit pas sur ses lauriers; il venait à peine d'entrer dans l'assemblée des
Quarante, qu'il donna au public *Héraclius*. C'est une
pièce qui a été fort diversement jugée; Pellegrin l'appelait le désespoir des auteurs tragiques, et Boileau la nommait un logogriphe. Il faut convenir que la situation en
est très-embarrassée, et cet embarras n'échappa ni aux
spectateurs ni à l'auteur lui-même. Quoi qu'il en soit,
elle eut un grand succès. On sait que Caldéron composa
également alors une pièce sur le même sujet. On s'est
demandé quel était l'inventeur, de Corneille ou de lui;
et certains ont voulu insinuer que notre auteur était le

copiste. La loyauté de Corneille ne permet aucun doute
à cet égard. On peut, il nous semble, le croire sur parole ;
or voici ce qu'il écrit de son *Héraclius* : « C'est un heu-
« reux original dont il s'est fait beaucoup de belles co-
« pies dès qu'il a paru. » Une telle affirmation faite par
un homme tel que Corneille vaut mieux et prouve plus
que tous les arguments.

Signalons en passant la joie que ressentit notre auteur,
cette même année, en voyant débuter, à l'âge où il avait
débuté lui-même, son frère Thomas Corneille, dont *les
Engagements du hasard* furent favorablement accueillis
sur le théâtre de l'hôtel de Bourgogne. Thomas aurait eu,
dit Voltaire, une grande réputation s'il n'avait pas eu de
frère. « Pauvre Thomas, disait Boileau, tes vers, com-
« parés avec ceux de ton frère, font bien voir que tu n'es
« qu'un cadet de Normandie. »

On lit dans une lettre de Conrart à la date du 20 dé-
cembre 1647 : « On préparait force machines au Palais-
« Cardinal pour représenter ce carnaval une comédie en
« musique, dont M. de Corneille a fait les paroles. Il
« avait pris *Andromède* pour sujet, et je crois qu'il l'eût
« mieux traité à notre mode que les Italiens ; mais, de-
« puis la guérison du roi, M. Vincent a dégoûté la reine
« de ces divertissements ; de sorte que tous les ouvrages
« ont cessé. » Ce retard dura trois ans. *Andromède* ne
fut représentée qu'en 1650 ; mais le succès qu'elle eut
dédommagea amplement Corneille. On aurait tort pourtant de s'en prendre d'un si favorable accueil au mérite
littéraire de la pièce. C'est la nouveauté du spectacle, ce
sont les machines qui la firent réussir. « Les machines,
« dit l'auteur lui-même dans son argument, ne sont pas
« dans cette tragédie comme les agréments détachés ;
« elles en font le nœud et le dénoûment, et y sont si
« nécessaires, que vous n'en sauriez retrancher aucune
« que vous ne fassiez tomber tout l'édifice. » *Don Sanche*

d'Aragon, qui succéda à *Andromède,* est un poëme d'une espèce également nouvelle en France ; c'est une comédie héroïque. Cette pièce n'eut pas le succès de la tragédie à machines ; mais elle servit mieux à la véritable gloire de son auteur, qui eut là satisfaction de voir Molière lui-même marcher sur ses traces dans une de ses comédies; et même aujourd'hui *Don Sanche* est estimé pour l'éclat dont il brille et le mouvement qui l'anime. Cette année-là Corneille eut la douleur d'apprendre la mort de Rotrou, qu'il aimait et respectait sincèrement, au point de l'appeler son *père,* et le seul à peu près des poëtes de ce temps qui fût son rival sans être son envieux.

En 1650 parut *Nicomède;* Corneille l'appelle « une
« pièce d'une constitution assez extraordinaire, et la
« vingt et unième qu'il fit voir sur le théâtre, où il avait
« fait réciter quarante mille vers[1] ». *Nicomède* eut un succès de circonstance. « Lorsque Condé et son frère
« avaient été arrêtés, le peuple avait allumé des feux de
« joie; quand ils furent mis en liberté et rentrèrent dans
« Paris, ce même peuple les reçut comme en triomphe;
« et, saisissant avec empressement toutes les occasions de
« témoigner son bonheur de cet élargissement, il se porta
« en foule à *Nicomède,* dont plusieurs vers y fournis-
« saient de faciles applications[2]. » Du reste, le caractère du héros principal de cette tragédie et le ton original et hardi de son dialogue suffisaient pour assurer à *Nicomède* un triomphe éclatant et durable; ce qui le prouve, c'est qu'à sa rentrée au théâtre le fameux acteur Baron s'étant permis d'y changer quelques vers pour en faire disparaître des mots surannés, le parterre révolté rétablit sur-le-champ et tout haut la véritable leçon[3].

Nous ne faisons qu'indiquer ici la traduction de l'*Imi-*

---

[1] Avis au lecteur, en tête de *Nicomède.*
[2] V. Avertissements (par Joly) du théâtre de P. Corneille.
[3] V. *Anecdotes dramatiques.*

tation de Jésus-Christ, dont les premiers chapitres parurent en 1651. Nous y reviendrons plus loin. Parlons maintenant d'un événement dramatique qui affligea profondément le cœur de Corneille, nous voulons dire la chute de sa tragédie de *Pertharite,* représentée en 1653[1]. « Cette
« chute du grand Corneille, écrit Fontenelle, peut être
« mise parmi les exemples les plus remarquables des vi-
« cissitudes du monde, et Bélisaire demandant l'aumône
« n'est pas plus étonnant. » Corneille avoue dans son Examen, écrit dix ans après la pièce, qu'il n'en parle presque pas, pour *s'épargner le chagrin de s'en ressouvenir.* Sa douleur, en effet, fut si forte, que le découragement s'empara de lui, et qu'il résolut de renoncer au théâtre, s'apercevant qu'il devenait *trop vieux pour être encore à la mode.* Il est vrai qu'il restreint ensuite cette résolution, et qu'il ajoute : « Elle n'est pas si forte qu'elle
« ne se puisse rompre; » mais enfin son dernier mot est :
« Il y a grande apparence que j'en resterai là[2]. »

Non, sans doute, Corneille n'était pas *trop vieux pour être encore à la mode,* puisqu'il n'avait encore que quarante-sept ans; mais son génie, épuisé par tant de productions, commençait à lui faire défaut, et pour sa gloire il eût bien fait d'*en rester là* et de suivre le précepte d'Horace :

> Solve senescentem mature sanus equum, ne
> Peccet ad extremum ridendus, et ilia ducat.

Ce qu'il nous reste à parcourir de ses œuvres ne servira qu'à prouver combien, malgré le découragement que nous venons de voir, il s'abusait encore sur ses forces poétiques.

---

[1] *Vie de Corneille.*
[2] Avis au lecteur, en tête de *Pertharite.*

On a vu que Pierre et Thomas Corneille avaient épousé les deux sœurs; cette double union avait encore resserré entre les deux frères les liens d'une amitié déjà bien étroite :

> Les deux maisons n'en faisaient qu'une,
> Les clefs, la bourse était commune :
> Les femmes n'étaient jamais deux.
> Tous les vœux étaient unanimes;
> Les enfants confondaient leurs jeux,
> Les pères se prêtaient leurs rimes [1].

C'est surtout après que la chute de *Pertharite* l'eut éloigné du théâtre que Corneille dut sentir tout le prix d'une pareille union, qui seule peut-être fut capable de le consoler de son malheur. Pendant quelque temps il se mit donc à oublier le plus qu'il lui était possible dans cette paisible retraite ses succès et ses revers dramatiques. Il se reprochait d'ailleurs l'emploi tout profane qu'il avait fait jusqu'alors de son génie; car le grand Corneille, comme presque tous les grands hommes du XVIIe siècle, était religieux, et son frère nous apprend qu'il avait l'usage des sacrements, et récita tous les jours le bréviaire romain pendant les trente dernières années de sa vie [2]. Enfin il ne voulut plus consacrer ses veilles qu'à des ouvrages de piété. C'est à cette résolution que nous devons la traduction de l'*Imitation* adressée au pape Alexandre VII. Elle était commencée, ainsi qu'on l'a vu, dès l'an 1651.

Cette première partie obtint un débit si considérable, qu'elle fut trente-deux fois réimprimée. Il est vrai de dire pourtant qu'on lui fit trop d'honneur; car tout le charme de ce livre, *le plus beau qui soit parti de la main d'un*

---

[1] Ducis, *le Ménage des deux Corneille.*
[2] Thomas Corneille, *Dictionnaire universel, géographique et historique,* art. ROUEN.

homme, puisque l'Évangile n'en vient pas[1], a disparu dans la traduction.

La seconde partie parut en 1652, la troisième en 1653, la quatrième en 1654, enfin la cinquième et dernière partie en 1656. Sauf quelques vers çà et là, cette œuvre fait peu d'honneur à Corneille[2].

Cependant le théâtre restait vide depuis la retraite de celui dont le génie suffisait à le remplir tout entier. Le public déplorait cette perte. Fouquet, *non moins surintendant,* selon l'expression de Corneille, *des belles-lettres que des finances,* entreprit de rendre à la scène le beau talent dont elle était veuve. Il parvint, en effet, à triompher de cette résolution *qui se pouvait encore rompre,* et Corneille eut la faiblesse de se laisser engager à plus qu'il ne pouvait désormais tenir. Fouquet lui proposa trois sujets; Corneille choisit *Œdipe,* qu'il traita encore assez bien pour s'attirer des applaudissements à la représentation (1659), mais où nous ne trouvons plus qu'un souvenir presque effacé de ses belles années.

La Toison d'Or, pièce du genre d'*Andromède* et représentée en 1661, renferme des beautés véritables. Son prologue surtout, qui a servi de modèle à tous les prologues des opéras de Quinault, tout en étant plein de flatteries alors en usage, contient des vers qui ont du moins le mérite de l'énergie et du courage, et sont encore par là dignes du grand Corneille. Il y avait de la hardiesse, devant un prince fier, ambitieux et guerrier, à faire tenir à la France personnifiée le langage sui-

---

[1] Fontenelle, *Vie de Corneille.*

[2] Telle était l'estime qu'on avait pour la traduction de l'*Imitation,* il y a encore peu d'années. On est revenu sur un jugement si légèrement porté, et l'on a reconnu que cette traduction renfermait, au milieu de trop nombreuses platitudes, des beautés du premier ordre, des pages entières dignes de Corneille.

(Note des Éditeurs.)

vant, où il semble que l'on entende des accents prophétiques :

> A vaincre si longtemps mes forces s'affaiblissent.
> L'État est florissant, mais les peuples gémissent ;
> Leurs membres décharnés courbent sous mes hauts faits,
> Et la gloire du trône accable mes sujets.

A propos de la mise en scène de *Sertorius* que l'on préparait alors (en 1662), Corneille écrivait à l'abbé de Pure : « Je ne crois pas avoir écrit rien de mieux. » On ne conçoit pas qu'il ait pu un instant comparer cette tragédie au *Cid* ou à *Cinna*. Toutefois *Sertorius* n'est pas sans mérite ; on y trouve des beautés du premier ordre, et qui lui assignent un rang élevé dans le théâtre de Corneille après ses chefs-d'œuvre. C'est cette tragédie qui faisait dire à Turenne : « Où donc Corneille a-t-il appris l'art de « la guerre ? »

Sophonisbe, représentée en 1663, sans procurer beaucoup de gloire à Corneille, excita contre lui de vives inimitiés. On était encore engoué de la *Sophonisbe* de Mairet, depuis 1629, qu'elle avait paru, et malgré l'emphase et le faux en tous genres qui la remplissent, vices dont le public, ce semble, avait eu le temps de perdre le goût. Corneille eut beau s'appuyer d'exemples pour s'excuser d'avoir osé offrir un autre drame sur ce même sujet, il eut beau dire « qu'il savait bien que la première *Sopho-« nisbe* assurait l'immortalité à son auteur », ces précautions furent inutiles. Il lui fallut encore essuyer les dissertations et les critiques acharnées de Visé et d'Aubignac, qui en prit occasion d'écrire en même temps contre *Sertorius* et *Œdipe*. Mais ces querelles ne s'exerçant plus que sur des pièces médiocres, il est inutile de nous y arrêter. Corneille n'a plus désormais que de grands souvenirs attachés à son nom pour soutenir sa réputation au théâtre ; et ils nuisent, il faut le dire, à la vérité des jugements. Lorsqu'en 1664 on représenta *Othon*, les amis de l'auteur trouvèrent cette nouvelle œuvre *égale ou supérieure à la meilleure des précédentes*[1]. C'est à propos d'*Othon* qu'on entendit dire au maréchal de Gramont que *Corneille est le bréviaire des rois*, et Louvois prétendit qu'il faudrait un parterre composé de ministres d'État pour bien juger cette tragédie. Le fait est que sans être ministre d'État on s'aperçoit aisément qu'*Othon* manque complétement de mouvement et d'action, et que la lecture en est peu attachante.

Ce fut l'année suivante (1665) que Racine vint présenter à Corneille sa seconde tragédie, *Alexandre*, assez exactement modelée sur les compositions de celui qu'il prenait pour juge. Corneille loua son talent pour la poésie, mais lui conseilla de renoncer au genre dramatique. Corneille, sans doute, était de bonne foi; et il n'est pas étonnant qu'il n'ait pas vu dans *Alexandre* le germe d'où devaient sortir un jour *Britannicus* et *Athalie*.

Malgré l'admiration de certains personnages prévenus, *Othon* avait reçu un froid accueil. *Agésilas*, qui le suivit en 1666, fut encore moins bien traité, et n'eut guère le droit de s'en plaindre. On sait l'épigramme de Boileau :

> J'ai vu l'Agésilas!
> Hélas!

Quoique un peu mieux reçu qu'*Agésilas*, *Attila*, représenté en 1667, trouva encore moins grâce devant le satirique. Il s'écria de nouveau :

> Après Agésilas!
> Hélas!
> Mais après Attila,
> Holà!

Voilà où était tombé Corneille. Lui seul, malheureu-

---

[1] Avis au lecteur, en tête d'*Othon*.

sement, ne se doutait pas de sa chute. En voyant, ce qui était vrai, les goûts du parterre changer avec Racine, et les *doucereux* se substituer aux *vieux illustres*, il s'en prenait de sa défaveur à l'envie et à la malignité, au lieu de s'en prendre à sa faiblesse ; il était même devenu sur ce point d'une susceptibilité singulière. Racine ayant dans *les Plaideurs* fait dire par Chicaneau à sa fille, à peu près comme D. Diègue à Rodrigue :

. . . . Viens, mon sang ; viens, ma fille,

et à l'Intimé, faisant le portrait de son père, comme le Cid celui de D. Diègue :

Ses rides sur son front gravaient tous ses exploits ;

« Ne tient-il donc qu'à un jeune homme, s'écriait Cor-
« neille, de venir ainsi tourner en ridicule les vers des
« gens ? » — « L'offense n'était pas grave[1], observe avec
« raison Louis Racine ; mais Corneille n'était pas de bonne
« humeur. »

La circonstance qui bientôt après vint mettre aux prises le génie des deux poëtes n'était pas faite pour les réconcilier. Henriette d'Angleterre avait commandé séparément à Corneille et à Racine une tragédie sur le sujet de Bérénice : chacun d'eux croyait être seul honoré de cette distinction. Quand les pièces furent achevées, Racine, à qui ce genre convenait particulièrement, eut sans peine l'avantage sur son rival ; Corneille en fut douloureusement affecté, et se dit qu'on l'avait voulu prendre pour dupe. Quoi qu'il en soit, sa tragédie de *Tite et Bérénice*, représentée en 1670, n'est remarquable que par l'obscurité et l'embarras du style, et, s'il faut en croire certaine anecdote, cela va si loin, que l'auteur ne s'entendait pas toujours bien lui-même.

[1] *Mémoires de J. Racine.*

On s'étonne que, même dans les années du déclin du grand Corneille, Mme de Sévigné n'ait pas craint de prendre son parti contre Racine. Au sortir de la représentation de *Bajazet,* qu'elle dit, il est vrai, avoir trouvé *beau,* elle écrit à sa fille, comme si elle craignait de compromettre la gloire de Corneille en donnant un mot d'éloge à son rival : « Croyez que jamais rien n'approchera, je ne dis « pas surpassera, je dis que rien n'approchera des divins « endroits de Corneille. » S'il ne s'agissait que des *divins endroits,* cela se conçoit; mais cette préférence ne s'arrête pas là. On se disposait à représenter sa tragédie de *Pulchérie* (1672); Mme de Sévigné se hâta de l'annoncer à l'avance avec enthousiasme : « On reverra dans *Pulchérie,* écrit-elle à sa fille :

.... La main qui crayonna
La mort du grand Pompée et l'âme de Cinna.

« Il faut que tout cède à son génie. » Malgré cet illustre suffrage, *Pulchérie* ne réussit pas.

C'est à la fin de 1674 que fut représentée la dernière pièce de Corneille, intitulée *Suréna.* L'auteur essaie de s'y accommoder au goût nouveau du parterre et de prendre la manière des *doucereux;* mais cet effort ne convenait ni à son âge ni à son tour d'esprit, et *Suréna* n'eut aucun succès. Bien que, cette année même, en entendant dire à Boileau :

Que Corneille..., rallumant son audace,
Soit encor le Corneille et du *Cid* et d'*Horace!*

il se fût écrié avec un douloureux dépit : *Ne le suis-je pas toujours?* il prit le parti de renoncer au théâtre.

Quelques années après, il disait lui-même : « Ma « poésie s'en est allée avec mes dents. » Et il avait raison; car ce n'est plus de la poésie que les vers originaux ou traduits qu'il adressa depuis à Louis XIV. Ainsi Cor-

neille se survécut en quelque sorte, et un homme si sublime finit, dans les derniers mois de sa vie, par tomber dans un état voisin de l'enfance. Il semblait qu'il eût prévu ce triste accident : il avait, quelque temps auparavant, mis ses affaires en ordre, brûlé des papiers qu'il avait toujours tenus secrets, vendu sa maison de Rouen, etc. Malgré cette prudence qu'il avait toujours montrée, il se vit deux jours avant sa mort dans le plus pressant besoin. « Boileau, en apprenant la position
« cruelle de ce vieillard, victime d'un révoltant oubli,
« courut chez le roi offrir le sacrifice de sa propre pen-
« sion, disant qu'il ne pouvait sans honte la toucher,
« tandis qu'à ses derniers moments Corneille était privé
« du nécessaire. Le roi envoya deux cents louis à l'il-
« lustre malade, et ce fut la Chapelle, parent de Boi-
« leau, qui fut chargé de les lui porter[1]. » Deux jours après, dans la nuit du 30 septembre au 1ᵉʳ octobre 1684, Corneille mourut, et cet événement fit si peu d'impression à la cour, que Dangeau se contenta d'écrire dans son journal : « Jeudi 5, on apprit à Chambord la mort du *bonhomme* Corneille. »

[1] *Notes sur l'Éloge de Despréaux.*

LE CID

TRAGÉDIE EN CINQ ACTES

ACTEURS

Don Fernand, premier roi de Castille.
Dona Urraque, infante de Castille.
Don Diègue, père de don Rodrigue.
Don Gomès, comte de Gormas, père de Chimène.
Don Rodrigue, amant de Chimène.
Don Sanche, amoureux de Chimène.
Don Arias, } gentilshommes castillans.
Don Alonse, }
Chimène, fille de don Gomès.
Léonor, gouvernante de l'infante.
Elvire, gouvernante de Chimène.
Un page de l'infante.

La scène est à Séville[1].

[1] La scène se passe tantôt au palais du roi, tantôt dans la maison du comte de Gormas, tantôt dans la ville. L'action a lieu vers la fin du xɪᵉ siècle.

LE CID [*]

ACTE PREMIER

SCÈNE I [1]

CHIMÈNE, ELVIRE

CHIMÈNE
Elvire, m'as-tu fait un rapport bien sincère ?
Ne déguises-tu rien de ce qu'a dit mon père ?
ELVIRE
Tous mes sens en moi-même en sont encor charmés ;
Il estime Rodrigue autant que vous l'aimez ;
Et, si je ne m'abuse à lire dans son âme,
Il vous commandera de répondre à sa flamme.
CHIMÈNE
Dis-moi donc, je te prie, une seconde fois,
Ce qui te fait juger qu'il approuve mon choix :
Apprends-moi de nouveau quel espoir j'en dois prendre ;
Un si charmant discours ne se peut trop entendre ;
Tu ne peux trop promettre aux feux de notre amour
La douce liberté de se montrer au jour.
Que t'a-t-il répondu sur la secrète brigue

---

[*] *Cid* est un surnom de Rodrigue. Il ne le reçoit qu'au quatrième acte.

[1] Dans l'origine, *le Cid* portait le titre de tragi-comédie, et s'ouvrait par une scène entre le comte de Gormas et Elvire, dans laquelle Corneille mettait en dialogue ce que Chimène apprend par le récit de sa suivante ; en changeant la forme de son exposition, l'auteur donna plus de rapidité à son action. (VOLT.)

Que font auprès de toi don Sanche et don Rodrigue?
N'as-tu point trop fait voir quelle inégalité
Entre ces deux amants me penche d'un côté?

ELVIRE

Non : j'ai peint votre cœur dans une indifférence
Qui n'enfle d'aucun d'eux ni n'abat l'espérance,
Et, sans les voir d'un œil trop sévère ou trop doux,
Attend l'ordre d'un père à choisir un époux.
Ce respect l'a ravi ; sa bouche et son visage
M'en ont donné sur l'heure un digne témoignage :
Et, puisqu'il faut encor vous en faire un récit,
Voici d'eux et de vous ce qu'en hâte il m'a dit :
« Elle est dans le devoir ; tous deux sont dignes d'elle,
« Tous deux formés d'un sang noble, vaillant, fidèle,
« Jeunes, mais qui font lire aisément dans leurs yeux
« L'éclatante vertu de leurs braves aïeux.
« Don Rodrigue, surtout, n'a trait en son visage
« Qui d'un homme de cœur ne soit la haute image,
« Et sort d'une maison si féconde en guerriers,
« Qu'ils y prennent naissance au milieu des lauriers.
« La valeur de son père, en son temps sans pareille,
« Tant qu'a duré sa force a passé pour merveille[1] ;
« Ses rides sur son front ont gravé ses exploits[2],
« Et nous disent encor ce qu'il fut autrefois.
« Je me promets du fils ce que j'ai vu du père ;
« Et ma fille, en un mot, peut l'aimer et me plaire. »
Il alloit au conseil, dont l'heure qui pressoit
A tranché ce discours qu'à peine il commençoit ;
Mais à ce peu de mots je crois que sa pensée
Entre vos deux amants n'est pas fort balancée.
Le roi doit à son fils élire un gouverneur,

---

[1] Les premiers qui écrivirent purement, Racine et Boileau, ont proscrit tous ces termes de *merveille, sans pareille, sans seconde, miracles de nos jours, soleil*, etc.; et plus la poésie est devenue difficile, plus elle est belle. (VOLT.)

[2] V. la Notice sur Corneille, page 38.

Et c'est lui que regarde un tel degré d'honneur :
Ce choix n'est pas douteux ; et sa rare vaillance
Ne peut souffrir qu'on craigne aucune concurrence.
Comme ses hauts exploits le rendent sans égal,
Dans un espoir si juste il sera sans rival ;
Et puisque don Rodrigue a résolu son père
Au sortir du conseil à proposer l'affaire,
Je vous laisse à juger s'il prendra bien son temps,
Et si tous vos désirs seront bientôt contents.

CHIMÈNE

Il semble toutefois que mon âme troublée
Refuse cette joie, et s'en trouve accablée.
Un moment donne au sort deux visages divers,
Et dans ce grand bonheur je crains un grand revers.

ELVIRE

Vous verrez cette crainte heureusement déçue.

CHIMÈNE

Allons, quoi qu'il en soit, en attendre l'issue.

SCÈNE II[1]

L'INFANTE, LÉONOR, UN PAGE[2]

L'INFANTE

Page, allez avertir Chimène de ma part
Qu'aujourd'hui pour me voir elle attend un peu tard,
Et que mon amitié se plaint de sa paresse.

---

1 C'est ici un défaut intolérable pour nous. La scène reste vide, les scènes ne sont point liées, l'action est interrompue. (VOLT.)

2 Non-seulement on a retranché ces deux scènes de l'Infante, mais on a supprimé tout son rôle ; et Corneille ne s'était permis cette faute que pour remplir l'étendue malheureusement prescrite à une tragédie. (VOLT.)

SCÈNE III

L'INFANTE, LÉONOR

LÉONOR

Madame, chaque jour même désir vous presse
Et dans son entretien je vous vois chaque jour
Demander en quel point se trouve son amour.

L'INFANTE

Ce n'est pas sans sujet : je l'ai presque forcée
A recevoir les traits dont son âme est blessée.
Elle aime don Rodrigue et le tient de ma main ;
Et par moi don Rodrigue a vaincu son dédain :
Ainsi de ces amants ayant formé les chaînes,
Je dois prendre intérêt à voir finir leurs peines.

LÉONOR

Madame, toutefois, parmi leurs bons succès,
Vous montrez un chagrin qui va jusqu'à l'excès.
Cet amour qui tous deux les comble d'allégresse
Fait-il de ce grand cœur la profonde tristesse?
Et ce grand intérêt que vous prenez pour eux
Vous rend-il malheureuse alors qu'ils sont heureux?
Mais je vais trop avant, et deviens indiscrète.

L'INFANTE

Ma tristesse redouble à la tenir secrète.
Écoute, écoute enfin comme j'ai combattu :
Et, plaignant ma faiblesse, admire ma vertu.
    L'amour est un tyran qui n'épargne personne :
Ce jeune chevalier, cet amant que je donne,
Je l'aime.

LÉONOR

    Vous l'aimez!

L'INFANTE

            Mets la main sur mon cœur ;

Et vois comme il se trouble au nom de son vainqueur,
Comme il le reconnoît.

LÉONOR

Pardonnez-moi, Madame,
Si je sors du respect pour blâmer cette flamme.
Choisir pour votre amant un simple chevalier!
Une grande princesse à ce point s'oublier!
Et que dira le roi? que dira la Castille?
Vous souvenez-vous bien de qui vous êtes fille?

L'INFANTE

Oui, oui, je m'en souviens; et j'épandrai mon sang
Avant que je m'abaisse à démentir mon rang.
Je te répondrois bien que, dans les belles âmes,
Le seul mérite a droit de produire des flammes [1];
Et si ma passion cherchoit à s'excuser,
Mille exemples fameux pourroient l'autoriser :
Mais je n'en veux point suivre où ma gloire s'engage.
Si j'ai beaucoup d'amour, j'ai bien plus de courage;
Un noble orgueil m'apprend qu'étant fille du roi,
Tout autre qu'un monarque est indigne de moi.

Quand je vis que mon cœur ne se pouvoit défendre,
Moi-même je donnai ce que je n'osois prendre;
Je mis, au lieu de moi, Chimène en ces liens,
Et j'allumai leurs feux pour éteindre les miens.
Ne t'étonne donc plus si mon âme gênée
Avec impatience attend leur hyménée;
Tu vois que mon repos en dépend aujourd'hui.
Si l'amour vit d'espoir, il périt avec lui;
C'est un feu qui s'éteint faute de nourriture;
Et, malgré la rigueur de ma triste aventure,
Si Chimène a jamais Rodrigue pour mari,
Mon espérance est morte, et mon esprit guéri.

---

[1] Dans Guillem de Castro, l'infante dit à Rodrigue : « Il n'est pas impossible au bonheur d'égaler des positions inégales, lorsque la noblesse est la même. »

Je souffre cependant un tourment incroyable ;
Jusques à cet hymen Rodrigue m'est aimable ;
Je travaille à le perdre, et le perds à regret,
Et de là prend son cours mon déplaisir secret.
Je suis au désespoir que l'amour me contraigne
A pousser des soupirs pour ce que je dédaigne.
Je sens en deux partis mon esprit divisé :
Si mon courage est haut, mon cœur est embrasé.
Cet hymen m'est fatal ; je le crains et souhaite ;
Je n'ose en espérer qu'une joie imparfaite ;
Ma gloire et mon amour ont pour moi tant d'appas,
Que je meurs s'il s'achève, ou ne s'achève pas.
LÉONOR
Madame, après cela je n'ai rien à vous dire,
Sinon que de vos maux avec vous je soupire :
Je vous blâmois tantôt, je vous plains à présent.
Mais puisque dans un mal si doux et si cuisant
Votre vertu combat et son charme et sa force,
En repousse l'assaut, en rejette l'amorce,
Elle rendra le calme à vos esprits flottants :
Espérez donc tout d'elle et du secours du temps ;
Espérez tout du Ciel : il a trop de justice
Pour laisser la vertu dans un si long supplice.
L'INFANTE
Ma plus douce espérance est de perdre l'espoir.

SCÈNE IV

L'INFANTE, LÉONOR, UN PAGE

LE PAGE
Par vos commandements Chimène vous vient voir.
L'INFANTE, à Léonor.
Allez l'entretenir en cette galerie.
LÉONOR
Voulez-vous demeurer dedans la rêverie?

ACTE I, SCÈNE VI

L'INFANTE

Non, je veux seulement, malgré mon déplaisir,
Remettre mon visage un peu plus à loisir.
Je vous suis.

SCÈNE V

L'INFANTE

Juste Ciel, d'où j'attends mon remède,
Mets enfin quelque borne au mal qui me possède ;
Assure mon repos, assure mon honneur.
Dans le bonheur d'autrui je cherche mon bonheur.
Cet hyménée à trois également importe ;
Rends son effet plus prompt, ou mon âme plus forte.
D'un lien conjugal joindre ces deux amants,
C'est briser tous mes fers et finir mes tourments.
Mais je tarde un peu trop ; allons trouver Chimène,
Et par son entretien soulager notre peine.

SCÈNE VI

LE COMTE, D. DIÈGUE

LE COMTE

Enfin vous l'emportez, et la faveur du roi
Vous élève en un rang qui n'étoit dû qu'à moi [1] ;

---

[1] La dureté, l'impolitesse, les rodomontades du comte sont, à la vérité, intolérables ; mais songez qu'il est puni.

N. B. Aujourd'hui, quand les comédiens représentent cette pièce, ils commencent par cette scène. Il paraît qu'ils ont très-grand tort ; car peut-on s'intéresser à la querelle du comte et de don Diègue, si on n'est pas instruit des amours de leurs enfants ? L'affront que Gormas fait à don Diègue est un coup de théâtre, quand on espère qu'ils vont conclure le mariage de Chimène avec Rodrigue. Ce n'est point jouer *le Cid,* c'est insulter son auteur que de le tronquer ainsi. (VOLT.)

C'est J.-B. Rousseau qui fit ce changement, et qui supprima le rôle de l'Infante. (PALISSOT.)

Il vous fait gouverneur du prince de Castille[1].

D. DIÈGUE

Cette marque d'honneur qu'il met dans ma famille
Montre à tous qu'il est juste, et fait connoître assez
Qu'il sait récompenser les services passés.

LE COMTE

Pour grands que soient les rois, ils sont ce que nous sommes,
Ils peuvent se tromper comme les autres hommes ;
Et ce choix sert de preuve à tous les courtisans
Qu'ils savent mal payer les services présents.

D. DIÈGUE

Ne parlons plus d'un choix dont votre esprit s'irrite ;
La faveur l'a pu faire autant que le mérite ;
Mais on doit ce respect au pouvoir absolu,
De n'examiner rien quand un roi l'a voulu.
A l'honneur qu'il m'a fait ajoutez-en un autre ;
Joignons d'un sacré nœud ma maison à la vôtre ;
Rodrigue aime Chimène, et ce digne sujet
De ses affections est le plus cher objet ;
Consentez-y, Monsieur, et l'acceptez pour gendre.

LE COMTE

A de plus hauts partis Rodrigue doit prétendre ;
Et le nouvel éclat de votre dignité
Lui doit enfler le cœur d'une autre vanité.
Exercez-la, Monsieur, et gouvernez le prince ;
Montrez-lui comme il faut régir une province,
Faire trembler partout les peuples sous sa loi,
Remplir les bons d'amour, et les méchants d'effroi.
Joignez à ces vertus celles d'un capitaine ;

---

[1] Dans l'auteur espagnol, le roi nomme don Diègue gouverneur en présence du comte et de la cour ; cela est encore plus théâtral. Du reste, dans cette scène et dans les suivantes, Corneille suit souvent de très-près son modèle, et plusieurs fois il le traduit littéralement ; mais il n'emprunte rien qu'il n'embellisse, et par conséquent qu'il ne se rende propre.

Montrez-lui comme il faut s'endurcir à la peine¹,
Dans le métier de Mars se rendre sans égal,
Passer les jours entiers et les nuits à cheval,
Reposer tout armé, forcer une muraille,
Et ne devoir qu'à soi le gain d'une bataille.
Instruisez-le d'exemple, et vous ressouvenez
Qu'il faut faire à ses yeux ce que vous enseignez.

D. DIÈGUE

Pour s'instruire d'exemple, en dépit de l'envie,
Il lira seulement l'histoire de ma vie.
Là, dans un long tissu de belles actions,
Il verra comme il faut dompter les nations,
Attaquer une place, ordonner une armée,
Et sur de grands exploits bâtir sa renommée.

LE COMTE

Les exemples vivants ont bien plus de pouvoir;
Un prince dans un livre apprend mal son devoir.
Et qu'a fait, après tout, ce grand nombre d'années,
Que ne puisse égaler une de mes journées?
Si vous fûtes vaillant, je le suis aujourd'hui,
Et ce bras du royaume est le plus ferme appui.
Grenade et l'Aragon tremblent quand ce fer brille;
Mon nom sert de rempart à toute la Castille;
Sans moi vous passeriez bientôt sous d'autres lois,
Et vous auriez bientôt vos ennemis pour rois.
Chaque jour, chaque instant, pour rehausser ma gloire,
Met lauriers sur lauriers, victoire sur victoire.
Le prince, à mes côtés, feroit dans les combats

---

1 Dans l'original, c'est au roi que le comte dit : « Si le vieux Diègue Lainez succombe déjà, accablé sous le poids des ans, pourra-t-il montrer dans sa conduite la force et la sagesse nécessaires? et quand il faudra enseigner au prince les exercices d'un habile chevalier dans les combats et dans les fêtes, pourra-t-il lui donner l'exemple, comme je le fais chaque jour, de rompre une lance en éclats, de mettre un cheval hors d'haleine? » — On sent ici toute la supériorité de Corneille. Chez lui, la jactance du comte a une certaine noblesse. Dans le poëte espagnol, le comte ne fait preuve que d'une basse et lâche jalousie.

L'essai de son courage à l'ombre de mon bras;
Il apprendroit à vaincre en me regardant faire;
Et, pour répondre en hâte à son grand caractère,
Il verroit...

D. DIÈGUE

Je le sais, vous servez bien le roi:
Je vous ai vu combattre et commander sous moi:
Quand l'âge dans mes nerfs a fait couler sa glace,
Votre rare valeur a bien rempli ma place;
Enfin, pour épargner des discours superflus,
Vous êtes aujourd'hui ce qu'autrefois je fus.
Vous voyez toutefois qu'en cette concurrence
Un monarque entre nous met quelque différence.

LE COMTE

Ce que je méritois vous l'avez emporté.

D. DIÈGUE

Qui l'a gagné sur vous l'avoit mieux mérité.

LE COMTE

Qui peut mieux l'exercer en est bien le plus digne.

D. DIÈGUE

En être refusé n'en est pas un bon signe.

LE COMTE

Vous l'avez eu par brigue, étant vieux courtisan.

D. DIÈGUE

L'éclat de mes hauts faits fut mon seul partisan.

LE COMTE

Parlons-en mieux, le roi fait honneur à votre âge.

D. DIÈGUE

Le roi, quand il en fait, le mesure au courage.

LE COMTE

Et par là cet honneur n'était dû qu'à mon bras.

D. DIÈGUE

Qui n'a pu l'obtenir ne le méritoit pas.

LE COMTE

Ne le méritoit pas! moi?

D. DIÈGUE
Vous.

LE COMTE
Ton impudence[1],
Téméraire vieillard, aura sa récompense.
(Il lui donne un soufflet.)

D. DIÈGUE, mettant l'épée à la main.
Achève, et prends ma vie après un tel affront,
Le premier dont ma race ait vu rougir son front.

LE COMTE
Et que penses-tu faire avec tant de faiblesse?

D. DIÈGUE
O Dieu! ma force usée en ce besoin me laisse!

LE COMTE
Ton épée est à moi; mais tu serois trop vain,
Si ce honteux trophée avait chargé ma main.
 Adieu. Fais lire au prince, en dépit de l'envie,
Pour son instruction l'histoire de ta vie;
D'un insolent discours ce juste châtiment
Ne lui servira pas d'un petit ornement.

SCÈNE VII

D. DIÈGUE

O rage! ô désespoir! ô vieillesse ennemie!
N'ai-je donc tant vécu que pour cette infamie?
Et ne suis-je blanchi dans les travaux guerriers,
Que pour voir en un jour flétrir tant de lauriers!
Mon bras, qu'avec respect toute l'Espagne admire,
Mon bras, qui tant de fois a sauvé cet empire,
Tant de fois affermi le trône de son roi,
Trahit donc ma querelle, et ne fait rien pour moi!
O cruel souvenir de ma gloire passée!

---

[1] Un soufflet! le geste n'est pas noble; l'outrage est avilissant; mais quand il en résulte, comme ici, un effet terrible, il est ennobli; il devient théâtral et tragique. (GEOFFROY.)

Œuvre de tant de jours en un jour effacée!
Nouvelle dignité fatale à mon bonheur!
Précipice élevé d'où tombe mon honneur!
Faut-il de votre éclat voir triompher le comte,
Et mourir sans vengeance ou vivre dans la honte?

Comte, sois de mon prince à présent gouverneur¹,
Ce haut rang n'admet point un homme sans honneur;
Et ton jaloux orgueil, par cet affront insigne,
Malgré le choix du roi, m'en a su rendre indigne.
Et toi, de mes exploits glorieux instrument²,
Mais d'un corps tout de glace inutile ornement,
Fer jadis tant à craindre, et qui dans cette offense
M'as servi de parade et non pas de défense,
Va, quitte désormais le dernier des humains,
Passe pour me venger en de meilleures mains.

SCÈNE VIII ³

D. DIÈGUE, D. RODRIGUE

D. DIÈGUE

Rodrigue, as-tu du cœur?

D. RODRIGUE

Tout autre que mon père
L'éprouveroit sur l'heure.

---

¹ Dans la pièce espagnole, don Diègue s'adressant au roi, lui dit : « Appelez-le, appelez le comte; qu'il vienne remplir l'emploi de gouverneur de votre fils; c'est lui qui pourra l'honorer. Lorsque je reste sans honneur, il enlève, fier et hautain, la gloire qu'il m'a dérobée, ajoutée à celle qu'il a. »

² Guillem de Castro fait dire à D. Diègue : « Loin de moi, bâton brisé, qui n'as pu soutenir mon offense! Non, pardonne, tu étais fait pour supporter le poids de l'âge et non celui d'un affront. Je t'ai plutôt de l'obligation, puisqu'en te brisant, tu m'as donné deux bâtons pour me venger d'un soufflet. » — Voilà comme le mauvais goût parvient à gâter une belle situation.

³ La première idée de cette belle scène se trouve dans le romancero espagnol, où Castro l'a prise avec beaucoup d'autres. Voici ce morceau, traduit de main de maître : « Diego Lainez songeait avec souci à la tâche de sa maison, fidèle, riche et antique, plus que celle d'Inigo et d'Arbaca; et voyant que les forces

D. DIÈGUE

Agréable colère!
Digne ressentiment à ma douleur bien doux!
Je reconnois mon sang à ce noble courroux :
Ma jeunesse revit en cette ardeur si prompte.
Viens, mon fils, viens, mon sang, viens réparer ma honte.
Viens me venger.

D. RODRIGUE

De quoi?

D. DIÈGUE

D'un affront si cruel,
Qu'à l'honneur de tous deux il porte un coup mortel :
D'un soufflet. L'insolent en eût perdu la vie;
Mais mon âge a trompé ma généreuse envie;
Et ce fer, que mon bras ne peut plus soutenir,
Je le remets au tien pour venger et punir.
Va contre un arrogant éprouver ton courage.
Ce n'est que dans le sang qu'on lave un tel outrage.

---

lui manquent pour la vengeance, et que ses longs jours ne lui permettent pas de la prendre par lui-même, il ne peut dormir de nuit, ni goûter des aliments, ni lever de terre ses yeux; il n'ose sortir de sa demeure, ni causer avec ses amis : il craint que le souffle de sa honte ne les offense. Étant à lutter avec ses nobles dégoûts, pour user d'une épreuve qui ne tournât point à mal, il fit appeler ses fils, et, sans leur dire une seule parole, il alla leur prenant, l'un après l'autre, leurs jeunes mains fidèles, non pour y chercher les lignes de la chiromancie, car cette mauvaise pratique n'était pas encore née en Espagne; mais, malgré l'âge et ses cheveux blancs, l'honneur donnant des forces à son sang glacé, à ses veines, à ses nerfs et à ses froides artères, il serra leurs mains de telle sorte, que les jeunes hommes dirent : Seigneur, c'est assez; qu'essaies-tu? que veux-tu? lâche-nous, car tu nous fait mourir. » Mais quand il vint à Rodrigue, l'espérance du secours qu'il cherchait étant comme morte, puisqu'il ne se trouve pas dans les deux premiers, celui-ci, les yeux rouges de sang comme une tigresse d'Hyrcanie, avec beaucoup de ferveur et d'audace lui dit ces mots : « Lâche-les, mon père, ou malheur à toi! lâche-les : car il ne te suffirait pas d'être mon père, ni de me faire satisfaction en paroles. Mais avec ma main même je t'arracherais les entrailles, mon doigt se faisant passage en place de dague ou de poignard. » Le vieillard, pleurant de joie, dit : « Fils de mon âme, ton courroux me soulage, et ton indignation me plaît. Ces bras, mon Rodrigue, montre-les pour la vengeance de mon honneur, qui était perdu, s'il n'est reconnu et gagné par toi. » — Il y a loin de ce langage sauvage aux vers sublimes de Corneille.

Meurs, ou tue. Au surplus, pour ne point te flatter,
Je te donne à combattre un homme à redouter :
Je l'ai vu tout sanglant, au milieu des batailles,
Se faire un beau rempart de mille funérailles.

D. RODRIGUE

Son nom ? c'est perdre temps en propos superflus.

D. DIÈGUE

Donc pour te dire encor quelque chose de plus,
Plus que brave soldat, plus que grand capitaine,
C'est...

D. RODRIGUE

De grâce, achevez.

D. DIÈGUE

Le père de Chimène.

D. RODRIGUE

Le...

D. DIÈGUE

Ne réplique point, je connois ton amour ;
Mais qui peut vivre infâme est indigne du jour ;
Plus l'offenseur est cher, et plus grande est l'offense.
Enfin tu sais l'affront, et tu tiens la vengeance ;
Je ne te dis plus rien ; venge-moi, venge-toi ;
Montre-toi digne fils d'un père tel que moi :
Accablé des malheurs où le destin me range,
Je m'en vais les pleurer. Va, cours, vole et nous venge.

SCÈNE IX

D. RODRIGUE

Percé, jusques au fond du cœur[1],
D'une atteinte imprévue aussi bien que mortelle ;

---

[1] On a banni les stances du théâtre...; elles donnent trop l'idée que c'est le poëte qui parle. Cela n'empêche pas que ces stances du Cid ne soient fort belles. (VOLT.)

ACTE I, SCÈNE IX

Misérable vengeur d'une juste querelle,
Et malheureux objet d'une injuste rigueur,
Je demeure immobile, et mon âme abattue
    Cède au coup qui me tue.
  Si près de voir mon feu récompensé,
    O Dieu! l'étrange peine!
  En cet affront mon père est l'offensé,
  Et l'offenseur le père de Chimène!

  Que je sens de rudes combats!
Contre mon propre honneur mon amour s'intéresse,
Il faut venger un père et perdre une maîtresse;
L'un m'anime le cœur, l'autre retient mon bras.
Réduit au triste choix, ou de trahir ma flamme,
    Ou de vivre en infâme,
  Des deux côtés mon mal est infini.
    O Dieu! l'étrange peine!
  Faut-il laisser un affront impuni?
  Faut-il punir le père de Chimène?

  Père, maîtresse, honneur, amour,
Noble et dure contrainte, aimable tyrannie,
Tous mes plaisirs sont morts, ou ma gloire ternie:
L'un me rend malheureux, l'autre indigne du jour.
Cher et cruel espoir d'une âme généreuse,
    Mais ensemble amoureuse,
  Digne ennemi de mon plus grand bonheur,
    Fer, qui causes ma peine.
  M'es-tu donné pour venger mon honneur?
  M'es-tu donné pour perdre ma Chimène?

  Il vaut mieux courir au trépas;
Je dois à ma maîtresse aussi bien qu'à mon père;
J'attire, en me vengeant, sa haine et sa colère:
J'attire ses mépris en ne me vengeant pas.

A mon plus doux espoir l'un me rend infidèle,
Et l'autre indigne d'elle.
Mon mal augmente à le vouloir guérir,
Tout redouble ma peine :
Allons, mon âme, et, puisqu'il faut mourir,
Mourons du moins sans offenser Chimène.

Mourir sans tirer ma raison !
Rechercher un trépas si mortel à ma gloire !
Endurer que l'Espagne impute à ma mémoire
D'avoir mal soutenu l'honneur de ma maison !
Respecter un amour dont mon âme égarée
Voit la perte assurée !
N'écoutons plus ce penser suborneur
Qui ne sert qu'à ma peine ;
Allons, mon bras, sauvons du moins l'honneur,
Puisque après tout il faut perdre Chimène.

Oui, mon esprit s'étoit déçu ;
Je dois tout à mon père avant qu'à ma maîtresse :
Que je meure au combat ou meure de tristesse,
Je rendrai mon sang pur comme je l'ai reçu.
Je m'accuse déjà de trop de négligence,
Courons à la vengeance ;
Et, tout honteux d'avoir tant balancé,
Ne soyons plus en peine,
Puisqu'aujourd'hui mon père est l'offensé,
Si l'offenseur est père de Chimène.

FIN DU PREMIER ACTE

ACTE DEUXIÈME

SCÈNE I

D. ARIAS, LE COMTE

LE COMTE

Je l'avoue entre nous, quand je lui fis l'affront [1],
J'eus le sang un peu chaud, et le bras un peu prompt.
Mais, puisque c'en est fait, le coup est sans remède.

D. ARIAS

Qu'aux volontés du roi ce grand courage cède ;
Il y prend grande part, et son cœur irrité
Agira contre vous de pleine autorité.
Aussi vous n'avez point de valable défense :
Le rang de l'offensé, la grandeur de l'offense,
Demandent des devoirs et des soumissions
Qui passent le commun des satisfactions.

LE COMTE

Le roi peut à son gré disposer de ma vie.

D. ARIAS

De trop d'emportement votre faute est suivie.
Le roi vous aime encore, apaisez son courroux ;
Il a dit : *Je le veux.* Désobéirez-vous ?

LE COMTE

Monsieur, pour conserver ma gloire et mon estime,

---

[1] Voici le langage du comte dans Guillem de Castro : « J'avoue que ce fut une folie ; mais il ne me plaît pas de la réparer... N'est-ce pas une folie de croire que je pourrais raccommoder son honneur avec un morceau du mien ? Et, l'affaire terminée, nous resterons, lui son honneur rapiécé, et moi mon honneur déchiré ; et pour lui ce sera pire de porter pièce d'une autre couleur : lorsqu'on raccommode ce vêtement, ce doit être du même drap. »

Désobéir un peu n'est pas un si grand crime;
Et, quelque grand qu'il fût, mes services présents
Pour le faire abolir sont plus que suffisants.

D. ARIAS

Quoi qu'on fasse d'illustre et de considérable,
Jamais à son sujet un roi n'est redevable :
Vous vous flattez beaucoup; et vous devez savoir
Que qui sert bien son roi ne fait que son devoir.
Vous vous perdrez, Monsieur, sur cette confiance.

LE COMTE

Je ne vous en croirai qu'après l'expérience.

D. ARIAS

Vous devez redouter la puissance d'un roi.

LE COMTE

Un jour seul ne perd pas un homme tel que moi.
Que toute sa grandeur s'arme pour mon supplice,
Tout l'État périra, s'il faut que je périsse.

D. ARIAS

Quoi! vous craignez si peu le pouvoir souverain...

LE COMTE

D'un sceptre qui sans moi tomberoit de sa main.
Il a trop d'intérêt lui-même à ma personne,
Et ma tête, en tombant, feroit choir sa couronne.

D. ARIAS

Souffrez que la raison remette vos esprits :
Prenez un bon conseil.

LE COMTE

    Le conseil en est pris.

D. ARIAS

Que lui dirai-je enfin? Je lui dois rendre compte.

LE COMTE

Que je ne puis du tout consentir à ma honte.

D. ARIAS

Mais songez que les rois veulent être absolus.

LE COMTE

Le sort en est jeté, Monsieur, n'en parlons plus.

D. ARIAS

Adieu donc, puisqu'en vain je tâche à vous résoudre.
Tout couvert de lauriers, craignez encor la foudre.

LE COMTE

Je l'attendrai sans peur.

D. ARIAS

Mais non pas sans effet.
(Il rentre.)

LE COMTE

Nous verrons donc par là don Diègue satisfait.
Qui ne craint point la mort ne craint point les menaces :
J'ai le cœur au-dessus des plus fières disgrâces,
Et l'on peut me réduire à vivre sans bonheur,
Mais non pas me résoudre à vivre sans honneur.

SCÈNE II

LE COMTE, D. RODRIGUE

D. RODRIGUE

A moi, comte, deux mots.

LE COMTE

Parle.

D. RODRIGUE

Ote-moi d'un doute.
Connois-tu bien don Diègue?

LE COMTE

Oui.

D. RODRIGUE

Parlons bas, écoute.
Sais-tu que ce vieillard fut la même vertu,
La vaillance et l'honneur de son temps? Le sais-tu?

LE COMTE

Peut-être.

D. RODRIGUE

    Cette ardeur que dans mes yeux je porte [1]
Sais-tu que c'est son sang? Le sais-tu?

LE COMTE

                Que m'importe?

D. RODRIGUE

A quatre pas d'ici je te le fais savoir.

LE COMTE

Jeune présomptueux [2].

D. RODRIGUE

          Parle sans t'émouvoir.
Je suis jeune, il est vrai; mais aux âmes bien nées
La valeur n'attend pas le nombre des années.

LE COMTE

Te mesurer à moi! Qui t'a rendu si vain,
Toi qu'on n'a jamais vu les armes à la main?

D. RODRIGUE

Mes pareils à deux fois ne se font pas connaître,
Et pour leur coup d'essai veulent des coups de maître.

LE COMTE

Sais-tu bien qui je suis?

D. RODRIGUE

            Oui : tout autre que moi
Au seul bruit de ton nom pourroit trembler d'effroi.
Mille et mille lauriers dont ta tête est couverte
Semblent porter écrit le destin de ma perte;
J'attaque en téméraire un bras toujours vainqueur;
Mais j'aurai trop de force, ayant assez de cœur.
A qui venge son père il n'est rien d'impossible;

---

[1] Une ardeur ne peut être appelée sang, par métaphore ni autrement. (ACAD.) — Si un homme pouvait dire de lui qu'il a de l'ardeur dans les yeux, y aurait-il une faute à dire que cette ardeur vient de son père, que c'est le sang de son père? N'est-ce pas le sang qui, plus ou moins animé, rend les yeux vifs ou éteints? (VOLT.)

[2] Dans l'espagnol, le comte menace Rodrigue de *cent coups de pied*. Cette menace peut être naturelle; mais pour cela elle n'en est pas plus digne.

ACTE II, SCÈNE II

Ton bras est invaincu, mais non pas invincible¹.

LE COMTE

Ce grand cœur qui paroît aux discours que tu tiens,
Par tes yeux, chaque jour, se découvroit aux miens ;
Et, croyant voir en toi l'honneur de la Castille,
Mon âme avec plaisir te destinoit ma fille.
Je sais ta passion, et suis ravi de voir
Que tous ces mouvements cèdent à ton devoir,
Qu'ils n'ont point affaibli cette ardeur magnanime,
Que ta haute vertu répond à mon estime,
Et que, voulant pour gendre un chevalier parfait,
Je ne me trompois point au choix que j'avois fait.
Mais je sens que pour toi ma pitié s'intéresse,
J'admire ton courage, et je plains ta jeunesse.
Ne cherche point à faire un coup d'essai fatal ;
Dispense ma valeur d'un combat inégal ;
Trop peu d'honneur pour moi suivroit cette victoire :
A vaincre sans péril on triomphe sans gloire ;
On te croiroit toujours abattu sans effort,
Et j'aurois seulement le regret de ta mort.

D. RODRIGUE

D'une indigne pitié ton audace est suivie :
Qui m'ose ôter l'honneur craint de m'ôter la vie !

LE COMTE

Retire-toi d'ici.

D. RODRIGUE

Marchons sans discourir.

LE COMTE

Es-tu si las de vivre ?

D. RODRIGUE

As-tu peur de mourir ?

---

1 Ce mot *invaincu* n'a pas été employé par les autres écrivains ; je n'en vois aucune raison ; il signifie autre chose qu'*indompté*. Un pays est *indompté* ; un guerrier est *invaincu*. C'est un terme hasardé et nécessaire. (VOLT.)

LE COMTE
Viens, tu fais ton devoir, et le fils dégénère
Qui survit un moment à l'honneur de son père.

SCÈNE III

L'INFANTE, CHIMÈNE, LÉONOR

L'INFANTE
Apaise, ma Chimène, apaise ta douleur,
Fais agir ta constance en ce coup de malheur.
Tu reverras le calme après ce faible orage;
Ton bonheur n'est couvert que d'un peu de nuage,
Et tu n'as rien perdu pour le voir différer.

CHIMÈNE
Mon cœur, outré d'ennuis, n'ose rien espérer.
Un orage si prompt qui trouble une bonace,
D'un naufrage certain nous porte la menace;
Je n'en saurois douter, je péris dans le port.
J'aimois, j'étois aimée, et nos pères d'accord;
Et je vous en contois la première nouvelle
Au malheureux moment que naissoit leur querelle,
Dont le récit fatal, sitôt qu'on vous l'a fait,
D'une si douce attente en a ruiné l'effet.
Maudite ambition, détestable manie,
Dont les plus généreux souffrent la tyrannie;
Impitoyable honneur, mortel à mes plaisirs,
Que tu me vas coûter de pleurs et de soupirs !

L'INFANTE
Tu n'as dans leur querelle aucun sujet de craindre;
Un moment l'a fait naître, un moment va l'éteindre;
Elle a fait trop de bruit pour ne pas s'accorder,
Puisque déjà le roi les veut accommoder :
Et tu sais que mon âme, à tes ennuis sensible,
Pour en tarir la source y fera l'impossible.

CHIMÈNE

Les accommodements ne font rien en ce point;
Les affronts à l'honneur ne se réparent point.
En vain on fait agir la force et la prudence;
Si l'on guérit le mal, ce n'est qu'en apparence;
La haine que les cœurs conservent au dedans
Nourrit des feux cachés, mais d'autant plus ardents.

L'INFANTE

Le saint nœud qui joindra don Rodrigue et Chimène
Des pères ennemis dissipera la haine;
Et nous verrons bientôt votre amour, le plus fort,
Par un heureux hymen étouffer ce discord.

CHIMÈNE

Je le souhaite ainsi plus que je ne l'espère;
Don Diègue est trop altier, et je connois mon père.
Je sens couler des pleurs que je veux retenir :
Le passé me tourmente, et je crains l'avenir.

L'INFANTE

Que crains-tu? d'un vieillard l'impuissante foiblesse?

CHIMÈNE

Rodrigue a du courage.

L'INFANTE

Il a trop de jeunesse.

CHIMÈNE

Les hommes valeureux le sont du premier coup.

L'INFANTE

Tu ne dois pas pourtant le redouter beaucoup;
Il est trop amoureux pour te vouloir déplaire,
Et deux mots de ta bouche arrêtent sa colère.

CHIMÈNE

S'il ne m'obéit point, quel comble à mon ennui!
Et s'il peut m'obéir, que dira-t-on de lui?
Étant né ce qu'il est, souffrir un tel outrage!
Soit qu'il cède ou résiste au feu qui me l'engage,

Mon esprit ne peut qu'être ou honteux ou confus
De son trop de respect, ou d'un juste refus.

L'INFANTE

Chimène est généreuse, et, quoique intéressée,
Elle ne peut souffrir une lâche pensée.
Mais si, jusques au jour de l'accommodement,
Je fais mon prisonnier de ce parfait amant,
Et que j'empêche ainsi l'effet de son courage,
Ton esprit amoureux n'aura-t-il point d'ombrage ?

CHIMÈNE

Ah ! Madame, en ce cas je n'ai plus de souci.

SCÈNE IV

L'INFANTE, CHIMÈNE, LÉONOR, UN PAGE

L'INFANTE

Page, cherchez Rodrigue, et l'amenez ici.

LE PAGE

Le comte de Gormas et lui...

CHIMÈNE

      Bon Dieu ! je tremble.
Parlez.

LE PAGE

De ce palais ils sont sortis ensemble.

CHIMÈNE

Seuls ?

LE PAGE

Seuls, et qui sembloient tout bas se quereller.

CHIMÈNE

Sans doute ils sont aux mains, il n'en faut plus parler.
Madame, pardonnez à cette promptitude.

SCÈNE V

L'INFANTE, LÉONOR

L'INFANTE

Hélas! que dans l'esprit je sens d'inquiétude!
Je pleure ses malheurs, son amant me ravit,
Mon repos m'abandonne, et ma flamme revit.
Ce qui va séparer Rodrigue de Chimène
Fait renaître à la fois mon espoir et ma peine;
Et leur division, que je vois à regret,
Dans mon esprit charmé jette un plaisir secret.

LÉONOR

Cette haute vertu qui règne dans votre âme
Se rend-elle sitôt à cette lâche flamme?

L'INFANTE

Ne la nomme point lâche, à présent que chez moi
Pompeuse et triomphante elle me fait la loi;
Porte-lui du respect, puisqu'elle m'est si chère;
Ma vertu la combat, mais malgré moi j'espère;
Et d'un si fol espoir mon cœur mal défendu
Vole après un amant que Chimène a perdu.

LÉONOR

Vous laissez choir ainsi ce glorieux courage,
Et la raison chez vous perd ainsi son usage?

L'INFANTE

Ah! qu'avec peu d'effet on entend la raison
Quand le cœur est atteint d'un si charmant poison!
Et lorsque le malade aime sa maladie,
Qu'il a peine à souffrir que l'on y remédie!

LÉONOR

Votre espoir vous séduit; votre mal vous est doux;
Mais enfin ce Rodrigue est indigne de vous.

L'INFANTE

Je ne le sais que trop ; mais si ma vertu cède,
Apprends comme l'amour flatte un cœur qu'il possède.
Si Rodrigue une fois sort vainqueur du combat,
Si dessous sa valeur ce grand guerrier s'abat,
Je puis en faire cas, je puis l'aimer sans honte ;
Que ne fera-t-il point s'il peut vaincre le comte ?
J'ose m'imaginer qu'à ses moindres exploits
Les royaumes entiers tomberont sous ses lois ;
Et mon amour flatteur déjà me persuade
Que je le vois assis au trône de Grenade,
Les Maures subjugués trembler en l'adorant,
L'Aragon recevoir ce nouveau conquérant,
Le Portugal se rendre, et ses nobles journées
Porter delà les mers ses hautes destinées,
Du sang des Africains arroser ses lauriers :
Enfin, tout ce qu'on dit des plus fameux guerriers,
Je l'attends de Rodrigue après cette victoire,
Et fais de son amour un sujet de ma gloire.

LÉONOR

Mais, Madame, voyez où vous portez son bras
Ensuite d'un combat qui peut-être n'est pas.

L'INFANTE

Rodrigue est offensé, le comte a fait l'outrage,
Ils sont sortis ensemble : en faut-il davantage ?

LÉONOR

Je veux que ce combat demeure pour certain ;
Votre esprit va-t-il point bien vite pour sa main ?

L'INFANTE

Que veux-tu ? je suis folle et mon esprit s'égare ;
Mais c'est le moindre mal que l'amour me prépare.
Viens dans mon cabinet consoler mes ennuis,
Et ne me quitte point dans le trouble où je suis.

SCÈNE VI
D. FERNAND, D. ARIAS, D. SANCHE, D. ALONSE

D. FERNAND
Le comte est donc si vain et si peu raisonnable?
Ose-t-il croire encor son crime pardonnable?

D. ARIAS
Je l'ai de votre part longtemps entretenu;
J'ai fait mon pouvoir, Sire, et n'ai rien obtenu.

D. FERNAND
Justes cieux! ainsi donc un sujet téméraire
A si peu de respect et de soin de me plaire!
Il offense don Diègue, et méprise son roi!
Au milieu de ma cour il me donne la loi!
Qu'il soit brave guerrier, qu'il soit grand capitaine,
Je saurai bien rabattre une humeur si hautaine:
Fût-il la valeur même et le dieu des combats,
Il verra ce que c'est que de n'obéir pas.
Quoi qu'ait pu mériter une telle insolence,
Je l'ai voulu d'abord traiter sans violence;
Mais, puisqu'il en abuse, allez dès aujourd'hui,
Soit qu'il résiste ou non, vous assurer de lui.

SCÈNE VII [1]
D. FERNAND, D. SANCHE, D. ARIAS

D. SANCHE
Peut-être un peu de temps le rendroit moins rebelle;

---

[1] Cette scène est presque aussi inutile que celle de l'infante, et d'ailleurs elle avilit le roi, qui n'est point obéi. (Volt.) — Cette scène, loin d'être inutile, annonce le caractère audacieux et la confiance présomptueuse du jeune don Sanche, qui se flatte, comme on le verra dans le cours de la pièce, non-seulement de venger le comte de Gormas, mais de disputer Chimène à Rodrigue. (P.)
— Cette scène, en outre, prépare l'esprit des spectateurs à la descente des Maures, qu'on apprend dans l'acte suivant. (A. M.)

On l'a pris tout bouillant encor de sa querelle;
Sire, dans la chaleur d'un premier mouvement,
Un cœur si généreux se rend malaisément :
Il voit bien qu'il a tort; mais une âme si haute
N'est pas sitôt réduite à confesser sa faute.

D. FERNAND

Don Sanche, taisez-vous, et soyez averti
Qu'on se rend criminel à prendre son parti.

D. SANCHE

J'obéis, et me tais; mais, de grâce encor, Sire,
Deux mots en sa défense.

D. FERNAND

      Et que pourrez-vous dire?

D. SANCHE

Qu'une âme accoutumée aux grandes actions
Ne se peut abaisser à des submissions.
Elle n'en conçoit point qui s'expliquent sans honte;
Et c'est à ce mot seul qu'a résisté le comte.
Il trouve en son devoir un peu trop de rigueur,
Et vous obéiroit s'il avoit moins de cœur.
Commandez que son bras, nourri dans les alarmes,
Répare cette injure à la pointe des armes :
Il satisfera, Sire; et vienne qui voudra;
Attendant qu'il l'ait su, voici qui répondra.

D. FERNAND

Vous perdez le respect; mais je pardonne à l'âge;
Et j'excuse l'ardeur en un jeune courage.
Un roi dont la prudence a de meilleurs objets
Est meilleur ménager du sang de ses sujets;
Je veille pour les miens, mes soucis les conservent,
Comme le chef a soin des membres qui le servent.
Ainsi votre raison n'est pas raison pour moi :
Vous parlez en soldat, je dois agir en roi;
Et quoi qu'on veuille dire, et quoi qu'il ose croire,
Le comte à m'obéir ne peut perdre sa gloire.

D'ailleurs l'affront me touche; il a perdu d'honneur
Celui que de mon fils j'ai fait le gouverneur.
S'attaquer à mon choix, c'est se prendre à moi-même,
Et faire un attentat sur le pouvoir suprême.
N'en parlons plus. Au reste, on a vu dix vaisseaux
De nos vieux ennemis arborer les drapeaux;
Vers la bouche du fleuve ils ont osé paroître¹.

D. ARIAS

Les Maures ont appris par force à vous connoître :
Et, tant de fois vaincus, ils ont perdu le cœur
De se plus hasarder contre un si grand vainqueur.

D. FERNAND

Ils ne verront jamais sans quelque jalousie
Mon sceptre, en dépit d'eux, régir l'Andalousie.
Et ce pays si beau, qu'ils ont tant possédé,
Avec un œil d'envie est toujours regardé.
C'est l'unique raison qui m'a fait dans Séville
Placer depuis dix ans le trône de Castille,
Pour les voir de plus près, et d'un ordre plus prompt
Renverser aussitôt ce qu'ils entreprendront.

D. ARIAS

Sire, ils ont trop appris, aux dépens de leurs têtes,
Combien votre présence assure vos conquêtes,
Vous n'avez rien à craindre.

D. FERNAND

                  Et rien à négliger.
Le trop de confiance attire le danger :

---

1 N'est-ce pas un grand défaut de parler avec tant d'indifférence du danger de l'État? N'aurait-il pas été plus intéressant et plus noble de commencer par montrer une grande inquiétude de l'approche des Maures et un embarras non moins grand d'être obligé de punir dans le comte le seul homme dont il espérait des services utiles dans cette conjoncture? N'eût-ce pas même été un coup de théâtre que dans le temps où le roi eût dit : *Je n'ai d'espérance que dans le comte,* on lui fût venu dire : *Le comte est mort?* Cette idée même n'eût-elle pas donné un nouveau prix au service que rend ensuite Rodrigue en faisant plus qu'on espérait du comte? (VOLT.)

Et le même ennemi que l'on vient de détruire,
S'il sait prendre son temps, est capable de nuire.
Toutefois j'aurois tort de jeter dans les cœurs,
L'avis étant mal sûr, de paniques terreurs ;
L'effroi que produiroit cette alarme inutile
Dans la nuit qui survient troubleroit trop la ville.
Faites doubler la garde aux murs et sur le port ;
C'est assez pour ce soir [1].

SCÈNE VIII

D. FERNAND, D. SANCHE, D. ARIAS, D. ALONSE

D. ALONSE

Sire, le comte est mort.
Don Diègue par son fils a vengé son offense.

D. FERNAND

Dès que j'ai su l'affront, j'ai prévu la vengeance,
Et j'ai voulu dès lors prévenir ce malheur.

D. ALONSE

Chimène à vos genoux apporte sa douleur ;
Elle vient tout en pleurs vous demander justice.

D. FERNAND

Bien qu'à ses déplaisirs mon âme compatisse,
Ce que le comte a fait semble avoir mérité
Ce juste châtiment de sa témérité.
Quelque juste pourtant que puisse être sa peine,
Je ne puis sans regret perdre un tel capitaine.

---

[1] Le roi a grand tort de dire : *C'est assez pour ce soir*, puisque, en effet, les Maures font leur descente le soir même, et que sans le Cid la ville était prise. On demande s'il est permis de mettre sur la scène un prince qui prend si mal ses mesures. Je ne le crois pas : la raison en est qu'un personnage avili ne peut jamais plaire. (VOLT.)

Le roi peut ne pas croire le danger si pressant ; il peut se tromper dans ses conjonctures sans être avili. (PAL.)

Après un long service à mon État rendu,
Après son sang pour moi mille fois répandu,
A quelque sentiment que son orgueil m'oblige,
Sa perte m'affoiblit, et son trépas m'afflige.

SCÈNE IX

D. FERNAND, D. DIÈGUE, CHIMÈNE, D. SANCHE,
D. ARIAS, D. ALONSE

CHIMÈNE [1]

Sire, Sire, justice.

D. DIÈGUE

Ah! Sire, écoutez-nous.

CHIMÈNE

Je me jette à vos pieds.

D. DIÈGUE

J'embrasse vos genoux.

CHIMÈNE

Je demande justice.

D. DIÈGUE

Entendez ma défense.

CHIMÈNE

D'un jeune audacieux punissez l'insolence;
Il a de votre sceptre abattu le soutien,
Il a tué mon père.

D. DIÈGUE

Il a vengé le sien.

CHIMÈNE

Au sang de ses sujets un roi doit la justice.

---

[1] Voyez comme dès ce moment les défauts précédents disparaissent. Quelle beauté dans le poëte espagnol et dans son imitateur! Le premier mot de Chimène est de demander justice contre un homme qu'elle adore; c'est peut-être la plus belle des situations. Chimène fera-t-elle couler le sang du Cid? Qui l'emportera d'elle ou de don Diègue? Tous les esprits sont en suspens, tous les cœurs sont émus. (VOLT.)

D. DIÈGUE

Pour la juste vengeance il n'est point de supplice.

D. FERNAND

Levez-vous l'un et l'autre, et parlez à loisir.
Chimène, je prends part à votre déplaisir;
D'une égale douleur je sens mon âme atteine.

(A D. Diègue.)

Vous parlerez après, ne troublez pas sa plainte.

CHIMÈNE

Sire, mon père est mort; mes yeux ont vu son sang
Couler à gros bouillons de son généreux flanc;
Ce sang qui tant de fois garantit vos murailles,
Ce sang qui tant de fois vous gagna des batailles,
Ce sang qui tout sorti fume encore de courroux [1]
De se voir répandu pour d'autres que pour vous,
Qu'au milieu des hasards n'osoit verser la guerre,
Rodrigue en votre cour vient d'en couvrir la terre.
J'ai couru sur le lieu sans force et sans couleur,
Je l'ai trouvé sans vie. Excusez ma douleur,
Sire, la voix me manque à ce récit funeste;
Mes pleurs et mes soupirs vous diront mieux le reste.

D. FERNAND

Prends courage, ma fille, et sache qu'aujourd'hui
Ton roi te veut servir de père au lieu de lui.

CHIMÈNE

Sire, de trop d'honneur ma misère est suivie.
Je vous l'ai déjà dit, je l'ai trouvé sans vie;
Son flanc était ouvert, et, pour mieux m'émouvoir,

---

[1] C'est le poëte qui dit que *ce sang fume de courroux*, ce n'est pas assurément Chimène : on ne parle pas ainsi d'un père mourant.

Son sang sur la poussière écrivoit mon devoir [1] ;
Ou plutôt sa valeur en cet état réduite
Me parloit par sa plaie, et hâtoit ma poursuite;
Et pour se faire entendre au plus juste des rois,
Par cette triste bouche elle empruntait ma voix.
 Sire, ne souffrez pas que sous votre puissance
Règne devant vos yeux une telle licence,
Que les plus valeureux avec impunité
Soient exposés aux coups de la témérité,
Qu'un jeune audacieux triomphe de leur gloire,
Se baigne dans leur sang, et brave leur mémoire.
Un si vaillant guerrier qu'on vient de vous ravir
Éteint, s'il n'est vengé, l'ardeur de vous servir.
Enfin, mon père est mort, j'en demande vengeance,
Plus pour votre intérêt que pour mon allégeance;
Vous perdez en la mort d'un homme de son rang;
Vengez-la par une autre, et le sang par le sang;
Immolez, non à moi, mais à votre couronne,
Mais à votre grandeur, mais à votre personne,
Immolez, dis-je, Sire, au bien de tout l'État
Tout ce qu'enorguellit un si grand attentat.

     D. FERNAND
Don Diègue, répondez.
     D. DIÈGUE
      Qu'on est digne d'envie,
Lorsqu'en perdant la force on perd aussi la vie!
Et qu'un long âge apprête aux hommes généreux,
Au bout de leur carrière, un destin malheureux!
Moi, dont les longs travaux ont acquis tant de gloire,
Moi, que jadis partout a suivi la victoire,
Je me vois aujourd'hui, pour avoir trop vécu,
Recevoir un affront, et demeurer vaincu.

---

[1] Corneille n'a pas su échapper ici aux figures recherchées et au faux brillant de son modèle.

Ce que n'a pu jamais combat, siége, embuscade,
Ce que n'a pu jamais l'Aragon ni Grenade,
Ni tous vos ennemis, ni tous mes envieux,
Le comte en votre cour l'a fait presque à vos yeux,
Jaloux de votre choix, et fier de l'avantage
Que lui donnait sur moi l'impuissance de l'âge.
 Sire, ainsi ces cheveux blanchis sous le harnois,
Ce sang pour vous servir prodigué tant de fois,
Ce bras, jadis l'effroi d'une armée ennemie,
Descendoient au tombeau tout chargés d'infamie,
Si je n'eusse produit un fils digne de moi,
Digne de son pays et digne de son roi.
Il m'a prêté sa main, il a tué le comte,
Il m'a rendu l'honneur, il a lavé ma honte.
Si montrer du courage et du ressentiment,
Si venger un soufflet mérite un châtiment,
Sur moi seul doit tomber l'éclat de la tempête :
Quand le bras a failli, l'on en punit la tête.
Qu'on nomme crime ou non ce qui fait nos débats,
Sire, j'en suis la tête, il n'en est que le bras.
Si Chimène se plaint qu'il a tué son père,
Il ne l'eût jamais fait, si je l'eusse pu faire.
Immolez donc ce chef que les ans vont ravir,
Et conservez pour vous le bras qui peut servir;
Au dépens de mon sang satisfaites Chimène,
Je n'y résiste point, je consens à ma peine ;
Et, loin de murmurer d'un rigoureux décret,
Mourant sans déshonneur, je mourrai sans regret [1].

D. FERNAND

L'affaire est d'importance, et, bien considérée,

---

[1] Excepté le mot *chef* (immolez donc ce chef, etc.), qui a vieilli dans ce sens de *tête*, probablement parce qu'il est sujet à l'équivoque, y a-t-il dans ce morceau, si vigoureux, si animé, si pathétique, un seul mot au-dessous du style noble, et en même temps y en a-t-il un seul qui ne soit dans la nature et dans la vérité? (LA HARPE.)

Mérite en plein conseil d'être délibérée.

    Don Sanche, remettez Chimène en sa maison ;
Don Diègue aura ma cour et sa foi pour prison.
Qu'on me cherche son fils. Je vous ferai justice.
CHIMÈNE.
Il est juste, grand roi, qu'un meurtrier périsse.
D. FERNAND
Prends du repos, ma fille, et calme tes douleurs.
CHIMÈNE
M'ordonner du repos, c'est croître mes malheurs.

FIN DU DEUXIÈME ACTE

ACTE TROISIÈME

SCÈNE I

D. RODRIGUE, ELVIRE

ELVIRE

Rodrigue, qu'as-tu fait? Où viens-tu, misérable?

D. RODRIGUE

Suivre le triste cours de mon sort déplorable.

ELVIRE

Où prends-tu cette audace et ce nouvel orgueil
De paroître en ces lieux que tu remplis de deuil?
Quoi! viens-tu jusqu'ici braver l'ombre du comte?
Ne l'as-tu pas tué?

D. RODRIGUE

      Sa vie était ma honte;
Mon honneur de ma main a voulu cet effort.

ELVIRE

Mais chercher ton asile en la maison du mort [1]?
Jamais un meurtrier en fit-il son refuge?

D. RODRIGUE

Et je n'y viens aussi que m'offrir à mon juge.
Ne me regarde plus d'un visage étonné;
Je cherche le trépas après l'avoir donné.
Mon juge est mon amour, mon juge est ma Chimène;

---

[1] Cette faute, tant reprochée à Corneille, d'avoir violé l'unité du lieu pour violer les lois de la bienséance, et d'avoir fait aller Rodrigue dans la maison même de Chimène, qu'il pouvait si aisément rencontrer au palais; cette faute, dis-je, est de l'auteur espagnol. Quelque répugnance qu'on ait à voir Rodrigue chez Chimène, on oublie presque où il est; on n'est occupé que de la situation. Le mal est qu'il ne parle qu'à une confidente. (VOLT.)

Je mérite la mort de mériter sa haine;
Et j'en viens recevoir, comme un bien souverain,
Et l'arrêt de sa bouche, et le coup de sa main.

ELVIRE

Fuis plutôt de ses yeux, fuis de sa violence;
A ses premiers transports dérobe ta présence :
Va, ne t'expose point aux premiers mouvements
Que poussera l'ardeur de ses ressentiments

D. RODRIGUE

Non, non, ce cher objet, à qui j'ai pu déplaire,
Ne peut pour mon supplice avoir trop de colère;
Et d'un heur sans pareil je me verrai combler,
Si, pour mourir plus tôt, je puis la redoubler.

ELVIRE

Chimène est au palais, de pleurs toute baignée,
Et n'en reviendra point que bien accompagnée.
Rodrigue, fuis, de grâce, ôte-moi le souci :
Que ne dira-t-on point si l'on te voit ici?
Veux-tu qu'un médisant, pour comble à sa misère,
L'accuse d'y souffrir l'assassin de son père?
Elle va revenir... elle vient, je la voi;
Du moins, pour son honneur, Rodrigue, cache-toi.

(Il se cache.)

SCÈNE II

D. SANCHE, CHIMÈNE, ELVIRE

D. SANCHE

Oui, Madame, il vous faut de sanglantes victimes;
Votre colère est juste, et vos pleurs légitimes;
Et je n'entreprends pas, à force de parler,
Ni de vous endurcir, ni de vous consoler.
Mais si de vous servir je puis être capable,
Employez mon épée à punir le coupable;
Employez mon amour à venger cette mort :

Sous vos commandements mon bras sera trop fort[1].

CHIMÈNE

Malheureuse !

D. SANCHE

De grâce, acceptez mon service.

CHIMÈNE

J'offenserois le roi, qui m'a promis justice.

D. SANCHE

Vous savez qu'elle marche avec tant de langueur
Qu'assez souvent le crime échappe à sa longueur ;
Son cours lent et douteux fait trop perdre de larmes :
Souffrez qu'un chevalier vous venge par les armes ;
La voie en est plus sûre et plus prompte à punir.

CHIMÈNE

C'est le dernier remède ; et, s'il y faut venir,
Et que de mes malheurs cette pitié vous dure,
Vous serez libre alors de venger mon injure.

D. SANCHE

C'est l'unique bonheur où mon âme prétend,
Et, pouvant l'espérer, je m'en vais trop content.

SCÈNE III

CHIMÈNE, ELVIRE

CHIMÈNE

Enfin je me vois libre, et je puis sans contrainte
De mes vives douleurs te faire voir l'atteinte ;
Je puis donner passage à mes tristes soupirs,
Je puis t'ouvrir mon âme et tous mes déplaisirs.
 Mon père est mort, Elvire, et la première épée

---

[1] Quelque insipidité qu'on ait trouvée dans le personnage de don Sanche, il me semble qu'il fait là un effet très-heureux en augmentant la douleur de Chimène ; et ce mot *Malheureuse*, qu'elle prononce sans presque l'écouter, est sublime. Lorsqu'un personnage qui n'est rien par lui-même sert à faire valoir le caractère principal, il n'est point de trop. (VOLT.)

Dont s'est armé Rodrigue a sa trame coupée.
Pleurez, pleurez, mes yeux et fondez-vous en eau :
La moitié de ma vie a mis l'autre au tombeau [1],
Et m'oblige à venger, après ce coup funeste,
Celle que je n'ai plus sur celle qui me reste.

ELVIRE

Reposez-vous, Madame.

CHIMÈNE

Ah! que mal à propos,
Dans un malheur si grand, tu parles de repos!
Par où sera jamais ma douleur apaisée,
Si je ne puis haïr la main qui l'a causée!
Et que puis-je espérer qu'un tourment éternel,
Si je poursuis un crime, aimant le criminel?

ELVIRE

Il vous prive d'un père, et vous l'aimez encore?

CHIMÈNE

C'est peu de dire aimer, Elvire, je l'adore;
Ma passion s'oppose à mon ressentiment,
Dedans mon ennemi je trouve mon amant,
Et je sens qu'en dépit de toute ma colère
Rodrigue dans mon cœur combat encor mon père.
Il l'attaque, il le presse, il cède, il se défend,
Tantôt fort, tantôt foible, et tantôt triomphant :
Mais en ce dur combat de colère et de flamme,
Il déchire mon cœur sans partager mon âme,
Et, quoi que mon amour ait sur moi de pouvoir,
Je ne consulte point pour suivre mon devoir.

---

[1] Scudéry trouvait là trois moitiés. Cette affectation, cette apostrophe à ses yeux ont paru à tous les critiques une puérilité dont on ne trouve aucun exemple dans le théâtre grec,

Et ce n'est point ainsi que parle la nature.

Par quel art cependant ces vers touchent-ils? N'est-ce pas que *la moitié de ma vie a mis l'autre au tombeau* porte dans l'âme une idée attendrissante, qui subsiste encore malgré les vers qui suivent? (VOLT.)

Je cours sans balancer où mon honneur m'oblige.
Rodrigue m'est bien cher, son intérêt m'afflige,
Mon cœur prend son parti; mais, malgré son effort,
Je sais ce que je suis, et que mon père est mort.

ELVIRE

Pensez-vous le poursuivre?

CHIMÈNE

Ah! cruelle pensée,
Et cruelle poursuite où je me vois forcée!
Je demande sa tête, et crains de l'obtenir;
Ma mort suivra la sienne, et je le veux punir.

ELVIRE

Quittez, quittez, Madame, un dessein si tragique;
Ne vous imposez point de lois si tyranniques.

CHIMÈNE

Quoi! j'aurai vu mourir mon père entre mes bras,
Son sang criera vengeance, et je ne l'orrai pas!
Mon cœur, honteusement surpris par d'autres charmes,
Croira ne lui devoir que d'impuissantes larmes!
Et je pourrai souffrir qu'un amour suborneur
Sous un lâche silence étouffe mon honneur!

ELVIRE

Madame, croyez-moi, vous serez excusable
De conserver pour vous un homme incomparable,
Un amant si chéri! vous avez assez fait;
Vous avez vu le roi, n'en pressez point d'effet,
Ne vous obstinez point en cette humeur étrange.

CHIMÈNE

Il y va de ma gloire, il faut que je me venge;
Et, de quoi que nous flatte un désir amoureux,
Toute excuse est honteuse aux esprits généreux.

ELVIRE

Mais vous aimez Rodrigue, il ne vous peut déplaire.

CHIMÈNE

Je l'avoue.

ELVIRE

Après tout, que pensez-vous donc faire?

CHIMÈNE

Pour conserver ma gloire et finir mon ennui,
Le poursuivre, le perdre, et mourir après lui[1].

SCÈNE IV

D. RODRIGUE, CHIMÈNE, ELVIRE

D. RODRIGUE

Eh bien! sans vous donner la peine de me poursuivre,
Assurez-vous l'honneur de m'empêcher de vivre.

CHIMÈNE

Elvire, où sommes-nous? et qu'est-ce que je voi?
Rodrigue en ma maison! Rodrigue devant moi!

D. RODRIGUE

N'épargnez point mon sang; goûtez sans résistance
La douceur de ma perte et de votre vengeance.

CHIMÈNE

Hélas!

D. RODRIGUE

Écoute-moi.

CHIMÈNE

Je me meurs.

D. RODRIGUE.

Un moment.

CHIMÈNE

Va, laisse-moi mourir.

D. RODRIGUE

Quatre mots seulement;
Après, ne me réponds qu'avecque cette épée.

CHIMÈNE

Quoi! du sang de mon père encor toute trempée!

[1] Ce vers excellent renferme toute la pièce, et répond à toutes les critiques qu'on a faites sur le caractère de Chimène. (VOLT.)

D. RODRIGUE

Ma Chimène!

CHIMÈNE

Ote-moi cet objet odieux,
Qui reproche ton crime et ta vie à mes yeux.

D. RODRIGUE

Regarde-le plutôt pour exciter ta haine,
Pour croître ta colère, et pour hâter ma peine.

CHIMÈNE

Il est teint de mon sang.

D. RODRIGUE

Plonge-le dans le mien,
Et fais-lui perdre ainsi la teinture du tien [1].

CHIMÈNE

Ah! quelle cruauté, qui tout en un jour tue
Le père par le fer, la fille par la vue!
Ote-moi cet objet, je ne le puis souffrir :
Tu veux que je t'écoute, et tu me fais mourir!

D. RODRIGUE

Je fais ce que tu veux, mais sans quitter l'envie
De finir par tes mains ma déplorable vie.
Car enfin n'attends pas de mon affection
Un lâche repentir d'une bonne action.
De la main de ton père un coup irréparable
Déshonorait du mien la vieillesse honorable.
Tu sais comme un soufflet touche un homme de cœur;
J'avois part à l'affront; j'en ai cherché l'auteur.
Je l'ai vu, j'ai vengé mon honneur et mon père;
Je le ferois encor, si j'avais à le faire.
Ce n'est pas qu'en effet contre mon père et moi

---

[1] Cela n'a point été repris par l'Académie; mais je doute que cette teinture réussît aujourd'hui. Le désespoir n'a point de réflexions si fines, et j'oserai ajouter si fausses : une épée est également rougie de quelque sang que ce soit; ce n'est point du tout une teinture différente. Tout ce qui n'est pas exactement vrai révolte les bons esprits. Il faut qu'une métaphore soit naturelle, vraie, lumineuse, qu'elle échappe à la passion. (VOLT.)

Ma flamme assez longtemps n'ait combattu pour toi ;
Juge de son pouvoir dans une telle offense ;
J'ai pu douter encor si j'en prendrois vengeance ;
Réduit à te déplaire, ou souffrir un affront,
J'ai retenu ma main, j'ai cru mon bras trop prompt ;
Je me suis accusé de trop de violence ;
Et ta beauté sans doute emportoit la balance,
Si je n'eusse opposé contre tous tes appas
Qu'un homme sans honneur ne te méritoit pas ;
Qu'après m'avoir chéri quand je vivois sans blâme,
Qui m'aima généreux me haïroit infâme ;
Qu'écouter ton amour, obéir à sa voix,
C'étoit m'en rendre indigne, et diffamer ton choix.
Je te le dis encore, et veux, tant que j'expire,
Sans cesse le penser, et sans cesse le dire.
Je t'ai fait une offense, et j'ai dû m'y porter
Pour effacer ma honte et pour te mériter :
Mais quitte envers l'honneur, et quitte envers mon père,
C'est maintenant à toi que je viens satisfaire ;
C'est pour t'offrir mon sang qu'en ce lieu tu me vois.
J'ai fait ce que j'ai dû, je fais ce que je dois ;
Je sais qu'un père mort t'arme contre mon crime,
Je ne t'ai pas voulu dérober ta victime ;
Immole avec courage au sang qu'il a perdu
Celui qui met sa gloire à l'avoir répandu.

CHIMÈNE

Ah ! Rodrigue, il est vrai, quoique ton ennemie,
Je ne te puis blâmer d'avoir fui l'infamie ;
Et, de quelque façon qu'éclatent mes douleurs,
Je ne t'accuse point, je pleure mes malheurs.
Je sais ce que l'honneur, après un tel outrage,
Demandoit à l'ardeur d'un généreux courage.
Tu n'as fait le devoir que d'un homme de bien ;
Mais aussi le faisant, tu m'as appris le mien.
Ta funeste valeur m'instruit par ta victoire :

Elle a vengé ton père, et soutenu ta gloire;
Même soin me regarde, et j'ai, pour m'affliger,
Ma gloire à soutenir, et mon père à venger.
Hélas! ton intérêt ici me désespère :
Si quelque autre malheur m'avoit ravi mon père,
Mon âme auroit trouvé dans le bien de te voir
Tout le soulagement qu'elle eût pu recevoir;
Et contre ma douleur j'aurois senti des charmes,
Quand une main si chère eût essuyé mes larmes.
Mais il me faut te perdre après l'avoir perdu;
Cet effort sur ma flamme à mon honneur est dû;
Et cet affreux devoir, dont l'ordre m'assassine,
Me force à travailler moi-même à ta ruine.
Car enfin n'attends pas de mon affection
De lâches sentiments pour ta punition.
De quoi qu'en ta faveur notre amour m'entretienne,
Ma générosité doit répondre à la tienne :
Tu t'es, en m'offensant, montré digne de moi;
Je me dois, par ta mort, montrer digne de toi.

D. RODRIGUE

Ne diffère donc plus ce que l'honneur t'ordonne;
Il demande ma tête, et je te l'abandonne;
Fais-en un sacrifice à ce noble intérêt;
Le coup m'en sera doux aussi bien que l'arrêt.
Attendre après mon crime une lente justice,
C'est reculer ta gloire autant que mon supplice;
Je mourrai trop heureux mourant d'un coup si beau.

CHIMÈNE

Va, je suis ta partie, et non pas ton bourreau.
Si tu m'offres ta tête, est-ce à moi de la prendre?
Je la dois attaquer, mais tu dois la défendre;
C'est d'un autre que toi qu'il me faut l'obtenir;
Et je dois te poursuivre, et non pas te punir.

D. RODRIGUE

De quoi qu'en ma faveur notre amour t'entretienne,

Ta générosité doit répondre à la mienne;
Et pour venger un père emprunter d'autres bras,
Ma Chimène, crois-moi, c'est n'y répondre pas.
Ma main seule du mien a su venger l'offense;
Ta main seule du tien doit prendre la vengeance.

CHIMÈNE

Cruel, à quel propos sur ce point t'obstiner?
Tu t'es vengé sans aide, et tu m'en veux donner?
Je suivrai ton exemple; et j'ai trop de courage
Pour souffrir qu'avec toi ma gloire se partage.
Mon père et mon honneur ne veulent rien devoir
Aux traits de ton amour, ni de ton désespoir.

D. RODRIGUE

Rigoureux point d'honneur! Hélas! quoi que je fasse,
Ne pourrai-je à la fin obtenir cette grâce?
Au nom d'un père mort, ou de notre amitié,
Punis-moi par vengeance, ou du moins par pitié[1];
Ton malheureux amant aura bien moins de peine
A mourir par ta main qu'à vivre avec ta haine.

CHIMÈNE

Va, je ne te hais point.

D. RODRIGUE

Tu le dois.

CHIMÈNE

Je ne puis.

D. RODRIGUE

Crains-tu si peu le blâme et si peu les faux bruits?
Quand on saura mon crime et que ta flamme dure,
Que ne publieront point l'envie et l'imposture?
Force-les au silence, et, sans plus discourir,
Sauve ta renommée en me faisant mourir.

CHIMÈNE

Elle éclate bien mieux en te laissant la vie;

---

[1] Cette belle situation devient monotone à force de se prolonger.

Et je veux que la voix de la plus noire envie
Élève au ciel ma gloire et plaigne mes ennuis,
Sachant que je t'adore et que je te poursuis.
Va-t'en, ne montre plus à ma douleur extrême
Ce qu'il faut que je perde, encore que je l'aime ;
Dans l'ombre de la nuit cache bien ton départ.
Si l'on te voit sortir, mon honneur court hasard ;
La seule occasion qu'aura la médisance,
C'est de savoir qu'ici j'ai souffert ta présence :
Ne lui donne point lieu d'attaquer ma vertu.

D. RODRIGUE

Que je meure.

CHIMÈNE

Va-t'en.

D. RODRIGUE

A quoi te résous-tu ?

CHIMÈNE

Malgré des feux si beaux qui troublent ma colère,
Je ferai mon possible à bien venger mon père ;
Mais, malgré la rigueur d'un si cruel devoir,
Mon unique souhait est de ne rien pouvoir.

D. RODRIGUE

O miracle d'amour !

CHIMÈNE

O comble de misères !

D. RODRIGUE

Que de maux et de pleurs nous coûteront nos pères !

CHIMÈNE

Rodrigue, qui l'eût cru !...

D. RODRIGUE

Chimène, qui l'eût dit !...

CHIMÈNE

Que notre heur fut si proche, et sitôt se perdît !...

D. RODRIGUE

Et que, si près du port, contre toute apparence,

Un orage si prompt brisât notre espérance!
CHIMÈNE
Ah! mortelles douleurs!
D. RODRIGUE
Ah! regrets superflus!
CHIMÈNE
Va-t'en, encore un coup, je ne t'écoute plus.
D. RODRIGUE
Adieu, je vais traîner une mourante vie,
Tant que par ta poursuite elle me soit ravie.
CHIMÈNE
Si j'en obtiens l'effet, je t'engage ma foi
De ne respirer pas un moment après toi.
Adieu. Sors; et surtout garde bien qu'on te voie.
ELVIRE
Madame, quelques maux que le Ciel nous envoie...
CHIMÈNE
Ne m'importune plus, laisse-moi soupirer:
Je cherche le silence et la nuit pour pleurer.

SCÈNE V [1]

D. DIÈGUE, seul

Jamais nous ne goûtons de parfaite allégresse;
Nos plus heureux succès sont mêlés de tristesse;

---

[1] Y a-t-il un lecteur qui ne soit pas choqué de voir Chimène s'en aller d'un côté, don Rodrigue de l'autre, et don Diègue arriver sans les voir?

Observez que quand le cœur a été ému par les passions des deux premiers personnages, et qu'un troisième vient parler de lui-même, il touche peu, surtout quand il rompt le fil du discours.

Nous venons d'entendre Chimène dans sa maison; mais où est maintenant don Diègue? Ce n'est pas assurément dans cette maison. Le spectateur ne peut se figurer ce qu'il voit; et c'est là un très-grand défaut pour notre nation, qui veut partout de la vraisemblance, de la suite, de la liaison; qui exige que toutes les scènes soient naturellement amenées les unes par les autres, mérite inconnu sur tous les autres théâtres, et mérite absolument nécessaire pour la perfection de l'art. (VOLT.)

Toujours quelques soucis en ces événements
Troublent la pureté de nos contentements.
Au milieu du bonheur mon âme en sent l'atteinte;
Je nage dans la joie, et je tremble de crainte :
J'ai vu mort l'ennemi qui m'avoit outragé,
Et je ne saurois voir la main qui m'a vengé.
En vain je m'y travaille, et d'un soin inutile,
Tout cassé que je suis, je cours toute la ville;
Ce peu que mes vieux ans m'ont laissé de vigueur
Se consume sans fruit à chercher ce vainqueur.
A toute heure, en tous lieux, dans une nuit si sombre,
Je pense l'embrasser et n'embrasse qu'une ombre;
Et mon amour, déçu par cet objet trompeur,
Se forme des soupçons qui redoublent ma peur.
Je ne découvre point de marques de sa fuite;
Je crains du comte mort les amis et la suite;
Leur nombre m'épouvante et confond ma raison.
Rodrigue ne vit plus, ou respire en prison.
Justes Cieux! me trompé-je encore à l'apparence?
Ou si je vois enfin mon unique espérance?
C'est lui, n'en doutons plus; mes vœux sont exaucés;
Ma crainte est dissipée et mes ennuis cessés.

SCÈNE VI

D. DIÈGUE, D. RODRIGUE

D. DIÈGUE

Rodrigue, enfin le Ciel permet que je te voie!

D. RODRIGUE

Hélas!

D. DIÈGUE

Ne mêle point de soupirs à ma joie;
Laisse-moi prendre haleine, afin de te louer.
Ma valeur n'a point lieu de te désavouer,

ACTE III, SCÈNE VI

Tu l'as bien imitée ; et ton illustre audace
Fait bien revivre en toi les héros de ma race.
C'est d'eux que tu descends, c'est de moi que tu viens.
Ton premier coup d'épée égale tous les miens ;
Et d'une belle ardeur ta jeunesse animée
Par cette grande épreuve atteint ma renommée.
Appui de ma vieillesse et comble de mon heur,
Touche ces cheveux blancs à qui tu rends l'honneur.
Viens baiser cette joue et reconnois la place
Où fut empreint l'affront que ton courage efface.

D. RODRIGUE

L'honneur vous en est dû, je ne pouvois pas moins,
Étant sorti de vous et nourri par vos soins ;
Je me tiens trop heureux, et mon âme est ravie.
Que mon coup d'essai plaise à qui je dois la vie.
Mais parmi vos plaisirs ne soyez point jaloux,
Si j'ose satisfaire à moi-même après vous.
Souffrez qu'en liberté mon désespoir éclate ;
Assez et trop longtemps votre discours le flatte.
Je ne me repens point de vous avoir servi ;
Mais rendez-moi le bien que ce coup m'a ravi.
Mon bras pour vous venger, armé contre ma flamme,
Par ce coup glorieux m'a privé de mon âme.
Ne me dites plus rien, pour vous j'ai tout perdu :
Ce que je vous devois, je vous l'ai bien rendu.

D. DIÈGUE

Porte encore plus haut le fruit de ta victoire.
Je t'ai donné la vie, et tu me rends ma gloire ;
Et d'autant que l'honneur m'est plus cher que le jour,
D'autant plus maintenant je te dois de retour.
Mais d'un cœur magnanime éloigne ces foiblesses :
Nous n'avons qu'un honneur ; il est tant de maîtresses !
L'amour n'est qu'un plaisir, l'honneur est un devoir.

D. RODRIGUE

Ah ! que me dites-vous ?

D. DIÈGUE
Ce que tu dois savoir.
D. RODRIGUE
Mon honneur offensé sur moi-même se venge,
Et vous m'osez pousser à la honte du change!
L'infamie est pareille, et suit également
Le guerrier sans courage et le perfide amant.
A ma fidélité ne faites point d'injure,
Souffrez-moi généreux sans me rendre parjure :
Mes liens sont trop forts pour être ainsi rompus;
Ma foi m'engage encor, si je n'espère plus;
Et, ne pouvant quitter ni posséder Chimène,
Le trépas que je cherche est ma plus douce peine.

D. DIÈGUE
Il n'est pas temps encor de chercher le trépas;
Ton prince et ton pays ont besoin de ton bras.
La flotte qu'on craignoit, dans le grand fleuve entrée,
Vient surprendre la ville et piller la contrée;
Les Maures vont descendre, et le flux et la nuit
Dans une heure à nos murs les amènent sans bruit.
La cour est en désordre, et le peuple en alarmes;
On n'entend que des cris, on ne voit que des larmes.
Dans ce malheur public, mon bonheur a permis
Que j'ai trouvé chez moi cinq cents de mes amis [1],
Qui, sachant mon affront, poussés du même zèle,
Se venaient tous offrir pour venger ma querelle :
Tu les as prévenus; mais leurs vaillantes mains
Se tremperont bien mieux au sang des Africains.
Va marcher à leur tête, où l'honneur te demande;
C'est toi que veut pour chef leur généreuse bande :
De ces vieux ennemis va soutenir l'abord;

---

[1] Vous verrez dans la critique de Scudéry qu'il condamne l'assemblée de ces cinq cents gentilshommes, et que l'Académie l'approuve. C'est un trait fort ingénieux, inventé par l'auteur espagnol, de faire venir cette troupe pour une chose, et de l'employer pour une autre. (VOLT.)

Là, si tu veux mourir, trouve une belle mort ;
Prends-en l'occasion, puisqu'elle t'est offerte ;
Fais devoir à ton roi son salut à ta perte.
Mais reviens-en plutôt les palmes sur le front ;
Ne borne pas ta gloire à venger un affront :
Porte-la plus avant ; force par ta vaillance
La justice au pardon, et Chimène au silence.
Si tu l'aimes, apprends que revenir vainqueur
C'est l'unique moyen de regagner son cœur.
Mais le temps est trop cher pour le perdre en paroles ;
Je t'arrête en discours, et je veux que tu voles :
Viens, suis-moi ; va combattre et montrer à ton roi
Que ce qu'il perd au comte il le recouvre en toi.

FIN DU TROISIÈME ACTE

ACTE QUATRIÈME

SCÈNE I
CHIMÈNE, ELVIRE

CHIMÈNE
N'est-ce point un faux bruit ? Le sais-tu bien, Elvire[1] ?
ELVIRE
Vous ne croiriez jamais comme chacun l'admire,
Et porte jusqu'au ciel, d'une commune voix,
De ce jeune héros les glorieux exploits.
Les Maures devant lui n'ont paru qu'à leur honte ;
Leur abord fut bien prompt, leur fuite encor plus prompte ;
Trois heures de combats laissent à nos guerriers
Une victoire entière et deux rois prisonniers ;
La valeur de leur chef ne trouvoit point d'obstacles.
CHIMÈNE
Et la main de Rodrigue a fait tous ces miracles ?
ELVIRE
De ses nobles efforts ces deux rois sont le prix ;
Sa main les a vaincus, et sa main les a pris.
CHIMÈNE
De qui peux-tu savoir ces nouvelles étranges ?
ELVIRE
Du peuple, qui partout fait sonner ses louanges,

---

[1] Ce combat n'est point étranger à la pièce ; il fait, au contraire, une partie du nœud, et prépare le dénouement en affaiblissant nécessairement la poursuite de Chimène, et rendant Rodrigue digne d'elle. Il fait, si je ne me trompe, souhaiter au spectateur que Chimène oublie la mort de son père en faveur de sa patrie, et qu'elle puisse enfin se donner un jour à Rodrigue. (VOLT.)

Le nomme de sa joie et l'objet et l'auteur,
Son ange tutélaire et son libérateur.

CHIMÈNE

Et le roi, de quel œil voit-il tant de vaillance?

ELVIRE

Rodrigue n'ose encor paroître en sa présence;
Mais don Diègue ravi lui présente enchaînés,
Au nom de ce vainqueur, ces captifs couronnés,
Et demande pour grâce à ce généreux prince
Qu'il daigne voir la main qui sauve la province.

CHIMÈNE

Mais n'est-il point blessé?

ELVIRE

Je n'en ai rien appris.
Vous changez de couleur! reprenez vos esprits.

CHIMÈNE

Reprenons donc aussi ma colère affoiblie :
Pour avoir soin de lui, faut-il que je m'oublie!
On le vante, on le loue, et mon cœur y consent!
Mon honneur est muet, mon devoir impuissant!
Silence, mon amour! laisse agir ma colère :
S'il a vaincu deux rois, il a tué mon père;
Ces tristes vêtements où je lis mon malheur
Sont les premiers effets qu'ait produits sa valeur :
Et quoi qu'on dise ailleurs d'un cœur si magnanime,
Ici tous les objets me parlent de son crime.
Vous, qui rendez la force à mes ressentiments,
Voiles, crêpes, habits, lugubres ornements,
Pompe que me prescrit sa première victoire,
Contre ma passion soutenez bien ma gloire;
Et lorsque mon amour prendra trop de pouvoir,
Parlez à mon esprit de mon triste devoir;
Attaquez sans rien craindre une main triomphante.

ELVIRE

Modérez ces transports, voici venir l'infante.

SCÈNE II

L'INFANTE, CHIMÈNE, LÉONOR, ELVIRE

L'INFANTE [1]

Je ne viens pas ici consoler tes douleurs ;
Je viens plutôt mêler mes soupirs à tes pleurs.

CHIMÈNE

Prenez bien plutôt part à la commune joie,
Et goûtez le bonheur que le Ciel vous envoie,
Madame : autre que moi n'a droit de soupirer.
Le péril dont Rodrigue a su vous retirer,
Et le salut public que vous rendent ses armes,
A moi seule aujourd'hui permet encor les larmes.
Il a sauvé la ville, il a sauvé son roi,
Et son bras valeureux n'est funeste qu'à moi [2].

L'INFANTE

Ma Chimène, il est vrai qu'il a fait des merveilles.

CHIMÈNE

Déjà ce bruit fâcheux a frappé mes oreilles ;
Et je l'entends partout publier hautement
Aussi brave guerrier que malheureux amant.

L'INFANTE

Qu'a de fâcheux pour toi ce discours populaire ?
Ce jeune Mars qu'on loue a su jadis te plaire ;
Il possédoit ton âme, il vivoit sous tes lois ;
Et vanter sa valeur c'est honorer ton choix.

CHIMÈNE

Chacun peut la vanter avec quelque justice ;
Mais pour moi sa louange est un nouveau supplice.
On aigrit ma douleur en l'élevant si haut :

---

1 Pour toutes ces scènes de l'Infante, on convient unanimement de leur nullité ; et celle-ci est d'autant plus superflue, que Chimène y répète avec faiblesse ce qu'elle vient de dire avec force à sa confidente. (VOLT.)

2 Cette idée revient pour la troisième fois.

Je sens ce que je perds quand je vois ce qu'il vaut.
Ah! cruel déplaisir à l'esprit d'une amante!
Plus j'apprends son mérite et plus mon feu s'augmente.
Cependant mon devoir est toujours le plus fort,
Et malgré mon amour va poursuivre sa mort.

L'INFANTE

Hier, ce devoir te mit en une haute estime;
L'effort que tu te fis parut si magnanime,
Si digne d'un grand cœur, que chacun à la cour
Admiroit ton courage et plaignoit ton amour.
Mais croirois-tu l'avis d'une amitié fidèle?

CHIMÈNE

Ne vous obéir pas me rendroit criminelle.

L'INFANTE

Ce qui fut juste alors ne l'est plus aujourd'hui.
Rodrigue maintenant est notre unique appui,
L'espérance et l'amour d'un peuple qui l'adore,
Le soutien de Castille et la terreur du Maure;
Ses faits nous ont rendu ce qu'ils nous ont ôté;
Et ton père en lui seul se voit ressuscité;
Et si tu veux enfin qu'en deux mots je m'explique,
Tu poursuis en sa mort la ruine publique.
Quoi! pour venger un père, est-il jamais permis
De livrer sa patrie aux mains des ennemis?
Contre nous ta poursuite est-elle légitime?
Et, pour être punis, avons-nous part au crime?
Ce n'est pas qu'après tout tu doives épouser
Celui qu'un père mort t'obligeoit d'accuser;
Je te voudrois moi-même en arracher l'envie:
Ote-lui ton amour, mais laisse-nous sa vie.

CHIMÈNE

Ah! ce n'est pas à moi d'avoir tant de bonté;
Le devoir qui m'aigrit n'a rien de limité.
Quoique pour ce vainqueur mon âme s'intéresse,
Quoiqu'un peuple l'adore et qu'un roi le caresse,

c. — 7

Qu'il soit environné des plus vaillants guerriers,
J'irai sous mes cyprès accabler ses lauriers.

L'INFANTE

C'est générosité, quand, pour venger un père,
Notre devoir attaque une tête si chère.
Mais c'en est un encor d'un plus illustre rang,
Quand on donne au public les intérêts du sang.
Non, crois-moi, c'est assez que d'éteindre ta flamme;
Il sera trop puni s'il n'est plus dans ton âme.
Que le bien du pays t'impose cette loi :
Aussi bien, que crois-tu que t'accorde le roi?

CHIMÈNE

Il peut me refuser; mais je ne puis me taire.

L'INFANTE

Pense bien, ma Chimène, à ce que tu veux faire.
Adieu. Tu pourras seule y songer à loisir.

CHIMÈNE

Après mon père mort, je n'ai point à choisir.

SCÈNE III [1]

D. FERNAND, DON DIÈGUE, D. ARIAS, D. RODRIGUE, D. SANCHE

D. FERNAND

Généreux héritier d'une illustre famille
Qui fut toujours la gloire et l'appui de Castille,
Race de tant d'aïeux en valeur signalés,
Que l'essai de la tienne a sitôt égalés,
Pour te récompenser ma force est trop petite;
Et j'ai moins de pouvoir que tu n'as de mérite.
Le pays délivré d'un si rude ennemi,
Mon sceptre dans ma main par la tienne affermi,

---

[1] Toujours la scène vide, et nulle liaison. C'était encore un défaut du siècle. VOLT.)

Et les Maures défaits, avant qu'en ces alarmes
J'eusse pu donner ordre à repousser leurs armes [1],
Ne sont point des exploits qui laissent à ton roi
Le moyen ni l'espoir de s'acquitter vers toi [2].
Mais les deux rois captifs feront ta récompense ;
Ils t'ont nommé tous deux leur Cid en ma présence :
Puisque Cid, en leur langue, est autant que seigneur,
Je ne t'envierai pas ce beau titre d'honneur.
  Sois désormais le Cid ; qu'à ce grand nom tout cède ;
Qu'il comble d'épouvante et Grenade et Tolède ;
Et qu'il marque à tous ceux qui vivent sous mes lois,
Et ce que tu me vaux, et ce que je te dois.

D. RODRIGUE

Que Votre Majesté, Sire, épargne ma honte [3] ;
D'un si foible service elle fait trop de compte,
Et me force à rougir devant un si grand roi
De mériter si peu l'honneur que j'en reçoi [4].
Je sais trop que je dois au bien de votre empire
Et le sang qui m'anime et l'air que je respire ;
Et quand je les perdrai pour un si digne objet,
Je ferai seulement le devoir d'un sujet.

D. FERNAND

Tous ceux que ce devoir à mon service engage
Ne s'en acquittent pas avec même courage ;
Et lorsque la valeur ne va point dans l'excès
Elle ne produit point de si rares succès.
Souffre donc qu'on te loue ; et de cette victoire
Apprends-moi plus au long la véritable histoire.

---

[1] Le roi ne joue pas là un personnage bien respectable : il avoue qu'il n'a donné ordre à rien. (VOLT.)

[2] On ne dit plus *vers toi* pour *envers toi*.

[3] *Honte* n'est pas le mot propre. Une valeur qui *ne va point dans l'excès* (dix vers plus bas) est plus impropre encore. (VOLT.)

[4] L'omission de l's aux premières personnes des verbes qui finissent par une consonne, ou par toute autre voyelle que l'e muet, est permise dans les vers.

D. RODRIGUE

Sire, vous avez su qu'en ce danger pressant
Qui jeta dans la ville un effroi si puissant,
Une troupe d'amis chez mon père assemblée
Sollicita mon âme encor toute troublée...
Mais, Sire, pardonnez à ma témérité,
Si j'osai l'employer sans votre autorité ;
Le péril approchoit ; leur brigade étoit prête ;
Me montrant à la cour je hasardois ma tête ;
Et s'il falloit la perdre, il m'étoit bien plus doux
De sortir de la vie en combattant pour vous.

D. FERNAND

J'excuse ta chaleur à venger ton offense,
Et l'État défendu me parle en ta défense.
Crois que dorénavant Chimène a beau parler,
Je ne l'écoute plus que pour la consoler.
Mais poursuis.

D. RODRIGUE

    Sous moi donc cette troupe s'avance,
Et porte sur le front une mâle assurance.
Nous partîmes cinq cents ; mais, par un prompt renfort,
Nous nous vîmes trois mille en arrivant au port,
Tant à nous voir marcher en si bon équipage
Les plus épouvantés reprenoient du courage !
J'en cache les deux tiers aussitôt qu'arrivés[1]
Dans le fond des vaisseaux qui lors furent trouvés ;
Le reste, dont le nombre augmentoit à toute heure,
Brûlant d'impatience, autour de moi demeure,
Se couche contre terre, et sans faire aucun bruit
Passe une bonne part d'une si belle nuit.
Par mon commandement la garde en fait de même,

---

[1] Cette façon de parler n'est pas française ; il fallait dire *aussitôt qu'ils furent arrivés*, ou *ils furent cachés aussitôt qu'arrivés*. (ACAD.) — *Aussitôt qu'arrivés* est bien plus fort, plus énergique, plus beau en poésie que cette expression aussi lente que régulière, *aussitôt qu'ils furent arrivés*. (VOLT.)

Et se tenant cachée aide à mon stratagème ;
Et je feins hardiment d'avoir reçu de vous
L'ordre qu'on me voit suivre et que je donne à tous.
   Cette obscure clarté qui tombe des étoiles
Enfin avec le flux nous fait voir trente voiles ;
L'onde s'enfle dessous, et d'un commun effort
Les Maures et la mer montent jusques au port.
On les laisse passer ; tout leur paroît tranquille ;
Point de soldat au port, point aux murs de la ville.
Notre profond silence abusant leurs esprits,
Ils n'osent plus douter de nous avoir surpris ;
Ils abordent sans peur, ils ancrent, ils descendent,
Et courent se livrer aux mains qui les attendent.
Nous nous levons alors, et tous en même temps
Poussons jusques au ciel mille cris éclatants.
Les nôtres à ces cris de nos vaisseaux répondent ;
Ils paroissent armés. Les Maures se confondent,
L'épouvante les prend à demi descendus,
Avant que de combattre ils s'estiment perdus.
Ils couroient au pillage, et rencontrent la guerre ;
Nous les pressons sur l'eau, nous les pressons sur terre,
Et nous faisons couler des ruisseaux de leur sang,
Avant qu'aucun résiste ou reprenne son rang.
Mais bientôt, malgré nous, leurs princes les rallient,
Leur courage renaît, et leurs terreurs s'oublient ;
La honte de mourir sans avoir combattu
Arrête leur désordre et leur rend la vertu.
Contre nous de pied ferme ils tirent leurs épées :
Des plus braves soldats les trames sont coupées[1] ;

---

[1] Corneille substitua à ces deux vers les deux suivants :

   Contre nous de pied ferme ils tirent leurs alfanges,
   De notre sang au leur font d'horribles mélanges.

Alfange est un mot espagnol qui signifie *sabre, cimeterre, coutelas ;* l'épée était alors une arme inconnue aux Maures ; en substituant *alfange* épée, Corneille a donné à son expression plus de vérité. (VOLT.)

Et la terre, et le fleuve, et leur flotte, et le port,
Sont des champs de carnage où triomphe la mort.
O combien d'actions, combien d'exploits célèbres
Sont demeurés sans gloire au milieu des ténèbres,
Où chacun, seul témoin des grands coups qu'il portoit,
Ne pouvoit discerner où le sort inclinoit !
J'allois de tous côtés encourager les nôtres,
Faire avancer les uns et soutenir les autres,
Ranger ceux qui venoient, les pousser à leur tour,
Et ne l'ai pu savoir jusques au point du jour.
Mais enfin sa clarté montre notre avantage :
Le Maure voit sa perte, et perd soudain courage;
En voyant un renfort qui nous vient secourir,
L'ardeur de vaincre cède à la peur de mourir.
Ils gagnent leurs vaisseaux, ils en coupent les câbles,
Poussent jusques aux cieux des cris épouvantables,
Font retraite en tumulte, et sans considérer
Si leurs rois avec eux peuvent se retirer.
Ainsi leur devoir cède à la frayeur plus forte;
Le flux les apporta, le reflux les remporte,
Cependant que leurs rois engagés parmi nous,
Et quelque peu des leurs tous percés de nos coups,
Disputent vaillamment et vendent bien leur vie.
A se rendre moi-même en vain je les convie :
Le cimeterre au poing ils ne m'écoutent pas ;
Mais voyant à leurs pieds tomber tous leurs soldats,
Et que seuls désormais en vain ils se défendent,
Ils demandent le chef : je me nomme ; ils se rendent :
Je vous les envoyai tous deux en même temps;
Et le combat cessa faute de combattants.
C'est de cette façon que, pour votre service...

SCÈNE IV

D. FERNAND, D. DIÈGUE, D. RODRIGUE, D. ARIAS, D. SANCHE, D. ALONSE

D. ALONSE

Sire, Chimène vient vous demander justice.

D. FERNAND

La fâcheuse nouvelle, et l'importun devoir [1] !
Va, je ne la veux pas obliger à te voir.
Pour tous remercîments il faut que je te chasse ;
Mais avant que sortir [2], viens que ton roi t'embrasse.

(D. Rodrigue sort.)

D. DIÈGUE

Chimène le poursuit, et voudroit le sauver.

D. FERNAND

On m'a dit qu'elle l'aime, et je vais l'éprouver.
Montrez un œil plus triste.

SCÈNE V

D. FERNAND, D. DIÈGUE, D. ARIAS, D. SANCHE, D. ALONSE, CHIMÈNE, ELVIRE

D. FERNAND

Enfin, soyez contente,
Chimène ; le succès répond à votre attente.
Si de nos ennemis Rodrigue a le dessus [3],

---

[1] Dès ce moment Rodrigue ne peut plus être puni ; toutes les poursuites de Chimène paraissent surabondantes. Elle est donc si loin de manquer aux bienséances, comme on le lui a reproché, qu'au contraire elle va au delà de son devoir en demandant la mort d'un homme devenu nécessaire à l'État. (VOLT.)

[2] Il faudrait aujourd'hui *avant de* ou *avant que de*, mais mieux *avant de,* que l'usage a fait prévaloir comme étant plus doux.

[3] Quand un homme *est mort*, on ne peut pas dire qu'*il a le dessus des ennemis*, mais bien qu'*il a eu*. (ACAD.) — On peut encore ajouter qu'*avoir le dessus des ennemis* est une expression très-populaire. (VOLT.)

Il est mort à nos yeux des coups qu'il a reçus;
Rendez grâces au Ciel qui vous en a vengée.
(A. D. Diègue.)
Voyez comme déjà sa couleur est changée.

D. DIÈGUE

Mais voyez qu'elle pâme; et d'un amour parfait,
Dans cette pâmoison, Sire, admirez l'effet.
Sa douleur a trahi les secrets de son âme,
Et ne vous permet plus de douter de sa flamme.

CHIMÈNE

Quoi! Rodrigue est donc mort?

D. FERNAND

                        Non, non, il voit le jour,
Et te conserve encore un immuable amour.
Calme cette douleur qui pour lui s'intéresse.

CHIMÈNE

Sire, on pâme de joie ainsi que de tristesse [1];
Un excès de plaisir nous rend tout languissants,
Et quand il surprend l'âme il accable les sens.

D. FERNAND

Tu veux qu'en ta faveur nous croyions l'impossible;
Chimène, ta douleur a paru trop visible.

CHIMÈNE

Hé bien, Sire, ajoutez ce comble à mon malheur,
Nommez ma pâmoison l'effet de ma douleur.
Un juste déplaisir à ce point m'a réduite;
Son trépas déroboit sa tête à ma poursuite.
S'il meurt des coups reçus pour le bien du pays,
Ma vengeance est perdue et mes desseins trahis,
Une si belle fin m'est trop injurieuse;
Je demande sa mort, mais non pas glorieuse,
Non pas dans un éclat qui l'élève si haut,

---

[1] On ne dit pas *pâmer, évanouir*; on dit *se pâmer, s'évanouir*. (VOLT.) — *Pâmer*, v. neut., ou *se pâmer*, v. pron.; il se pâme, il pâme : pâmer de douleur, pâmer de plaisir. (*Dict. de l'Acad.*, sixième édit.)

Non pas au lit d'honneur, mais sur un échafaud.
Qu'il meure pour mon père et non pour la patrie;
Que son nom soit taché, sa mémoire flétrie;
Mourir pour le pays n'est pas un triste sort;
C'est s'immortaliser par une belle mort.
J'aime donc sa victoire, et je le puis sans crime;
Elle assure l'État et me rend ma victime.
Mais noble, mais fameuse entre tous les guerriers,
Le chef, au lieu de fleurs, couronné de lauriers,
Et, pour dire en un mot ce que j'en considère,
Digne d'être immolée aux mânes de mon père.
  Hélas! à quel espoir me laissois-je emporter?
Rodrigue de ma part n'a rien à redouter.
Que pourroient contre lui des larmes qu'on méprise?
Pour lui tout votre empire est un lieu de franchise,
Là, sous votre pouvoir tout lui devient permis;
Il triomphe de moi comme des ennemis;
Dans leur sang répandu la justice étouffée
Au crime du vainqueur sert d'un nouveau trophée;
Nous en croissons la pompe, et le mépris des lois
Nous fait suivre son char au milieu de deux rois.

D. FERNAND

Ma fille, ces transports ont trop de violence :
Quand on rend la justice, on met tout en balance.
On a tué ton père, il étoit l'agresseur;
Et la même équité m'ordonne la douceur.
Avant que d'accuser ce que j'en fais paroître,
Consulte bien ton cœur, Rodrigue en est le maître;
Et ta flamme en secret rend grâces à ton roi,
Dont la faveur conserve un tel amant pour toi.

CHIMÈNE

Pour moi! mon ennemi! l'objet de ma colère!
L'auteur de mes malheurs! l'assassin de mon père!
De ma juste poursuite on fait si peu de cas,
Qu'on me croit obliger en ne m'écoutant pas!

Puisque vous refusez la justice à mes larmes,
Sire, permettez-moi de recourir aux armes;
C'est par là seulement qu'il a su m'outrager,
Et c'est aussi par là que je me dois venger.
A tous nos chevaliers je demande sa tête;
Oui, qu'un d'eux me l'apporte, et je suis sa conquête;
Qu'ils le combattent, Sire; et, le combat fini,
J'épouse le vainqueur si Rodrigue est puni.
Sous votre autorité souffrez qu'on le publie.

D. FERNAND

Cette vieille coutume en ces lieux établie,
Sous couleur de punir un injuste attentat,
Des meilleurs combattants affoiblit un État.
Souvent de cet abus le succès déplorable
Opprime l'innocent et soutient le coupable;
J'en dispense Rodrigue; il m'est trop précieux
Pour l'exposer aux coups d'un sort capricieux;
Et, quoi qu'ait pu commettre un cœur si magnanime,
Les Maures en fuyant ont emporté son crime.

D. DIÈGUE

Quoi! Sire, pour lui seul vous renversez des lois
Qu'a vu toute la cour observer tant de fois!
Que croira votre peuple, et que dira l'envie,
Si sous votre défense il ménage sa vie,
Et s'en fait un prétexte à ne paroître pas
Où tous les gens d'honneur cherchent un beau trépas?
De pareilles faveurs terniroient trop sa gloire:
Qu'il goûte sans rougir les fruits de sa victoire.
Le comte eut de l'audace, il l'en a su punir;
Il l'a fait en brave homme, et le doit maintenir.

D. FERNAND

Puisque vous le voulez, j'accorde qu'il le fasse.
Mais d'un guerrier vaincu mille prendroient la place,
Et le prix que Chimène au vainqueur a promis
De tous mes chevaliers feroit ses ennemis.

L'opposer seul à tous serait trop d'injustice;
Il suffit qu'une fois il entre dans la lice.
  Choisis qui tu voudras, Chimène, et choisis bien :
Mais après ce combat ne demande plus rien.

D. DIÈGUE

N'excusez point par là ceux que son bras étonne,
Laissez un champ ouvert où n'entrera personne.
Après ce que Rodrigue a fait voir aujourd'hui,
Quel courage assez vain s'oseroit prendre à lui?
Qui se hasarderoit contre un tel adversaire?
Qui seroit ce vaillant, ou bien ce téméraire?

D. SANCHE

Faites ouvrir le champ, vous voyez l'aissaillant,
Je suis ce téméraire ou plutôt ce vaillant.

(A. Chimène.)

Accordez cette grâce à l'ardeur qui me presse,
Madame, vous savez quelle est votre promesse.

D. FERNAND

Chimène, remets-tu ta querelle en sa main?

CHIMÈNE

Sire, je l'ai promis.

D. FERNAND

  Soyez prêts à demain.

D. DIÈGUE

Non, Sire, il ne faut pas différer davantage;
On est toujours tout prêt quand on a du courage.

D. FERNAND

Sortir d'une bataille, et combattre à l'instant!

D. DIÈGUE

Rodrigue a pris haleine en vous la racontant.

D. FERNAND

Du moins une heure ou deux je veux qu'il se délasse.
Mais, de peur qu'en exemple un tel combat ne passe,
Pour témoigner à tous qu'à regret je permets
Un sanglant procédé qui ne me plut jamais,

De moi ni de ma cour il n'aura la présence[1].
(A. D. Arias.)

Vous seul des combattants jugerez la vaillance :
Ayez soin que tous deux fassent en gens de cœur;
Et, le combat fini, m'amenez le vainqueur.
Quel qu'il soit, même prix est acquis à sa peine,
Je le veux de ma main présenter à Chimène,
Et que, pour récompense, il reçoive sa foi.

CHIMÈNE

Quoi, Sire, m'imposer une si dure loi!

D. FERNAND

Tu t'en plains; mais ton feu, loin d'avouer ta plainte,
Si Rodrigue est vainqueur, l'accepte sans contrainte.
Cesse de murmurer contre un arrêt si doux :
Qui que ce soit des deux, j'en ferai ton époux.

---

[1] Ce tour est très-adroit; il donne lieu à la scène dans laquelle don Sanche apporte son épée à Chimène. (VOLT.)

FIN DU QUATRIÈME ACTE

CINQUIÈME ACTE

SCÈNE I

D. RODRIGUE, CHIMÈNE

CHIMÈNE

Quoi! Rodrigue, en plein jour! D'où te vient cette audace?
Va, tu me perds d'honneur : retire-toi, de grâce.

D. RODRIGUE

Je vais mourir, Madame, et vous viens en ce lieu,
Avant le coup mortel, dire un dernier adieu.
Cet immuable amour qui sous vos lois m'engage,
N'ose accepter ma mort sans vous en faire hommage.

CHIMÈNE

Tu vas mourir?

D. RODRIGUE

Je cours à ces heureux moments
Qui vont livrer ma vie à vos ressentiments.

CHIMÈNE

Tu vas mourir! Don Sanche est-il si redoutable,
Qu'il donne l'épouvante à ce cœur indomptable?
Qui t'a rendu si foible? ou qui le rend si fort?
Rodrigue va combattre, et se croit déjà mort!
Celui qui n'a pas craint les Maures ni mon père
Va combattre don Sanche, et déjà désespère!
Ainsi donc au besoin ton courage s'abat!

D. RODRIGUE

Je cours à mon supplice, et non pas au combat,
Et ma fidèle ardeur sait bien m'ôter l'envie,
Quand vous cherchez ma mort, de défendre ma vie.

J'ai toujours même cœur : mais je n'ai point de bras
Quand il faut conserver ce qui ne vous plaît pas :
Et déjà cette nuit m'auroit été mortelle,
Si j'eusse combattu pour ma seule querelle.
Mais, défendant mon roi, son peuple et mon pays,
A me défendre mal je les aurois trahis.
Mon esprit généreux ne hait pas tant la vie,
Qu'il en veuille sortir par une perfidie.
Maintenant qu'il s'agit de mon seul intérêt,
Vous demandez ma mort, j'en accepte l'arrêt.
Votre ressentiment choisit la main d'un autre ;
Je ne méritois point de mourir de la vôtre,
On ne me verra point en repousser les coups ;
Je dois plus de respect à qui combat pour vous ;
Et, ravi de penser que c'est de vous qu'ils viennent,
Puisque c'est votre honneur que ses armes soutiennent,
Je vais lui présenter mon estomac ouvert,
Adorant en sa main la vôtre qui me perd [1].

CHIMÈNE

Si d'un triste devoir la juste violence,
Qui me fait malgré moi poursuivre ta vaillance,
Prescrit à ton amour une si forte loi,
Qu'il te rend sans défense à qui combat pour moi,
En cet aveuglement ne perds pas la mémoire
Qu'ainsi que de ta vie il y va de ta gloire,
Et que, dans quelque éclat que Rodrigue ait vécu,
Quand on le saura mort, on le croira vaincu.
Ton honneur t'est plus cher que je ne te suis chère,
Puisqu'il trempa tes mains dans le sang de mon père,
Et te fait renoncer, malgré ta passion,
A l'espoir le plus doux de ma possession.

---

[1] C'est dommage que ces sentiments ne soient pas du tout naturels... Scudéry n'avait garde de condamner ces idées romanesques dans Corneille, lui qui en avait rempli ses ridicules ouvrages. (VOLT.)

Je t'en vois cependant faire si peu de compte,
Que, sans rendre combat, tu veux qu'on te surmonte.
Quelle inégalité ravale ta vertu?
Pourquoi ne l'as-tu plus, ou pourquoi l'avois-tu?
Quoi! n'es-tu généreux que pour me faire outrage?
S'il ne faut m'offenser, n'as-tu point de courage?
Et traites-tu mon père avec tant de rigueur,
Qu'après l'avoir vaincu tu souffres un vainqueur?
Va, sans vouloir mourir, laisse-moi te poursuivre;
Et défends ton honneur, si tu ne veux plus vivre [1].

D. RODRIGUE

Après la mort du comte, et les Maures défaits,
Faudroit-il à ma gloire encor d'autres effets?
Elle peut dédaigner le soin de me défendre;
On sait que mon courage ose tout entreprendre,
Que ma valeur peut tout, et que dessous les cieux
Auprès de mon honneur rien ne m'est précieux.
Non, non, en ce combat, quoi que vous veuilliez croire,
Rodrigue peut mourir sans hasarder sa gloire,
Sans qu'on l'ose accuser d'avoir manqué de cœur,
Sans passer pour vaincu, sans souffrir un vainqueur.
On dira seulement : « Il adoroit Chimène;
« Il n'a pas voulu vivre, et mériter sa haine;
« Il a cédé lui-même à la rigueur du sort
« Qui forçoit sa maîtresse à poursuivre sa mort :
« Elle vouloit sa tête, et son cœur magnanime,
« S'il l'en eût refusé, eût pensé faire un crime.
« Pour venger son honneur il perdit son amour;
« Pour venger sa maîtresse il a quitté le jour,
« Préférant, quelque espoir qu'eût son âme asservie,
« Son honneur à Chimène, et Chimène à sa vie. »

[1] Ce vers et également adroit est passionné; il est plein d'art, mais de cet art que la nature inspire; il me paraît admirable; mais le discours de Chimène est un peu trop long. (VOLT.)

Ainsi donc vous verrez ma mort en ce combat,
Loin d'obscurcir ma gloire, en rehausser l'éclat;
Et cet honneur suivra mon trépas volontaire,
Que tout autre que moi n'eût pu vous satisfaire [1].

CHIMÈNE

Puisque, pour t'empêcher de courir au trépas,
Ta vie et ton honneur sont de foibles appas,
Si jamais je t'aimai, cher Rodrigue, en revanche,
Défends-toi maintenant pour m'ôter à don Sanche.
Combats pour m'affranchir d'une condition
Qui me livre à l'objet de mon aversion.
Te dirai-je encor plus? Va, songe à ta défense,
Pour forcer mon devoir, pour m'imposer silence;
Et si tu sens pour moi ton cœur encore épris,
Sors vainqueur d'un combat dont Chimène est le prix.
Adieu. Ce mot lâché me fait rougir de honte [2].

SCÈNE II

D. RODRIGUE, seul

Est-il quelque ennemi qu'à présent je ne dompte?
Paroissez, Navarrois, Maures et Castillans [3],
Et tout ce que l'Espagne a nourri de vaillants;
Unissez-vous ensemble, et faites une armée
Pour combattre une main de la sorte animée;
Joignez tous vos efforts contre un espoir si doux,
Pour en venir à bout c'est trop peu que de vous.

---

[1] Cette réponse de Rodrigue paraît alambiquée et allongée. (VOLT.)

[2] Elle a bien raison de rougir et de se cacher, après une action qui la couvre d'infamie, et qui la rend indigne de voir la lumière. (SCUDÉRY.)

Ce vers blâmé par Scudéry est peut-être le plus beau de la pièce, et il obtient grâce par tous les sentiments un peu hors de nature qu'on trouve dans cette scène, traitée d'ailleurs avec une grande supériorité de génie. (VOLT.)

[3] Ces vers étaient parfaitement dans les mœurs espagnoles du temps, et personne n'a porté plus loin que Corneille ce mérite de peindre fidèlement les mœurs des nations qu'il met en scène. (P.)

SCÈNE III

L'INFANTE[1]

T'écouterai-je encor, respect de ma naissance,
      Qui fais un crime de mes feux?
T'écouterai-je, amour, dont la douce puissance
Contre ce fier tyran fait révolter mes vœux?
      Pauvre princesse, auquel des deux
      Dois-tu prêter obéissance?
Rodrigue, ta valeur te rend digne de moi;
Mais, pour être vaillant, tu n'es pas fils de roi.

Impitoyable sort, dont la rigueur sépare
      Ma gloire d'avec mes désirs!
Est-il dit que le choix d'une vertu si rare
Coûte à ma passion de si grands déplaisirs?
      O Ciel! à combien de soupirs
      Faut-il que mon cœur se prépare,
Si jamais il n'obtient, sur un si long tourment,
Ni d'éteindre l'amour, ni d'accepter l'amant?

Mais c'est trop de scrupule, et ma raison s'étonne
      Du mépris d'un si digne choix :
Bien qu'aux monarques seuls ma naissance me donne,
Rodrigue, avec honneur, je vivrai sous tes lois.
      Après avoir vaincu deux rois,
      Pourrois-tu manquer de couronne?
Et ce grand nom de Cid que tu viens de gagner,
Ne fait-il pas trop voir sur qui tu dois régner?

Il est digne de moi, mais il est à Chimène;
      Le don que j'en ai fait me nuit.
Entre eux la mort d'un père a si peu mis de haine,

---

[1] Comment, après ces belles choses, peut-on ramener encore sur la scène notre pitoyable Infante? (VOLT.)

Que le devoir du sang à regret le poursuit :
>Ainsi n'espérons aucun fruit
>De son crime ni de ma peine,

Puisque, pour me punir, le destin a permis
Que l'amour dure même entre deux ennemis.

SCÈNE IV
L'INFANTE, LÉONOR

L'INFANTE

Où viens-tu, Léonor ?

LÉONOR

Vous applaudir, Madame,
Sur le repos qu'enfin a retrouvé votre âme.

L'INFANTE

D'où viendroit ce repos dans un comble d'ennui ?

LÉONOR

Si l'amour vit d'espoir, et s'il meurt avec lui,
Rodrigue ne peut plus charmer votre courage :
Vous savez le combat où Chimène l'engage.
Puisqu'il faut qu'il y meure, ou qu'il soit son mari,
Votre espérance est morte, et votre esprit guéri.

L'INFANTE

Oh ! qu'il s'en faut encor !

LÉONOR

Que pouvez-vous prétendre ?

L'INFANTE

Mais plutôt quel espoir me pourrois-tu défendre ?
Si Rodrigue combat sous ces conditions,
Pour en rompre l'effet j'ai trop d'inventions ;
L'amour, ce doux auteur de mes cruels supplices,
Aux esprits des amants apprend trop d'artifices.

LÉONOR

Pourrez-vous quelque chose, après qu'un père mort
N'a pu dans leurs esprits allumer de discord ?

Car Chimène aisément montre par sa conduite
Que la haine aujourd'hui ne fait pas sa poursuite.
Elle obtient un combat, et pour son combattant
C'est le premier offert qu'elle accepte à l'instant.
Elle n'a point recours à ces mains généreuses
Que tant d'exploits fameux rendent si glorieuses;
Don Sanche lui suffit et mérite son choix,
Parce qu'il va s'armer pour la première fois :
Elle aime en ce duel son peu d'expérience;
Comme il est sans renom, elle est sans défiance!
Un tel choix, et si prompt, vous doit bien faire voir
Qu'elle cherche un combat qui force son devoir,
Qui livre à son Rodrigue une victoire aisée,
Et l'autorise enfin à paroître apaisée.

L'INFANTE

Je le remarque assez; et toutefois mon cœur,
A l'envi de Chimène, adore ce vainqueur.
A quoi me résoudrai-je, amante infortunée?

LÉONOR

A vous mieux souvenir de qui vous êtes née;
Le Ciel vous doit un roi, vous aimez un sujet!

L'INFANTE

Mon inclination a bien changé d'objet.
Je n'aime plus Rodrigue, un simple gentilhomme;
Non, ce n'est plus ainsi que mon amour le nomme :
Si j'aime, c'est l'auteur de tant de beaux exploits,
C'est le valeureux Cid, le maître de deux rois.
Je me vaincrai pourtant, non de peur d'aucun blâme,
Mais pour ne troubler pas une si belle flamme;
Et quand, pour m'obliger, on l'auroit couronné,
Je ne veux point reprendre un bien que j'ai donné.
Puisqu'en un tel combat sa victoire est certaine,
Allons encore un coup le donner à Chimène.
Et toi, qui vois les traits dont mon cœur est percé,
Viens me voir achever comme j'ai commencé.

SCÈNE V [1]

CHIMÈNE, ELVIRE

CHIMÈNE

Elvire, que je souffre! et que je suis à plaindre!
Je ne sais qu'espérer, et je vois tout à craindre.
Aucun vœu ne m'échappe où j'ose consentir;
Je ne souhaite rien sans un prompt repentir :
A deux rivaux pour moi je fais prendre les armes;
Le plus heureux succès me coûtera des larmes;
Et, quoi qu'en ma faveur en ordonne le sort,
Mon père est sans vengeance, ou mon amant est mort.

ELVIRE

D'un et d'autre côté je vous vois soulagée [2] :
Ou vous avez Rodrigue, ou vous êtes vengée;
Et quoi que le destin puisse ordonner de vous,
Il soutient votre gloire, et vous donne un époux.

CHIMÈNE

Quoi! l'objet de ma haine, ou bien de ma colère!
L'assassin de Rodrigue, ou celui de mon père!
De tous les deux côtés on me donne un mari
Encor tout teint du sang que j'ai le plus chéri.
De tous les deux côtés mon âme se rebelle;
Je crains plus que la mort la fin de ma querelle :
Allez, vengeance, amour, qui troublez mes esprits,
Vous n'avez point pour moi de douceur à ce prix.

---

[1] Chimène, qui arrive à la place de l'Infante sans la voir, ne fait ici que renouveler ce défaut dont nous avons tant parlé, qui consiste dans l'interruption des scènes : défaut qui n'était pas reconnu dans le chaos dont Corneille a tiré le théâtre. (VOLT.)

[2] Il est probable que ces raisonnements d'Elvire contribuent un peu à refroidir cette scène; mais aussi ils contribuent beaucoup à laver Chimène de l'affront que les critiques injustes lui ont fait de se conduire en fille dénaturée; car le spectacteur est du parti d'Elvire contre Chimène; il trouve, comme Elvire, que Chimène en a fait assez, et qu'elle doit s'en remettre à l'événement du combat. (VOLT.)

Et toi, puissant moteur du destin qui m'outrage,
Termine ce combat sans aucun avantage,
Sans faire aucun des deux ni vaincu ni vainqueur.

ELVIRE

Ce seroit vous traiter avec trop de rigueur.
Ce combat pour votre âme est un nouveau supplice,
S'il vous laisse obligée à demander justice,
A témoigner toujours ce haut ressentiment,
Et poursuivre toujours la mort de votre amant.
Madame, il vaut bien mieux que sa rare vaillance,
Lui couronnant le front, vous impose silence,
Que la loi du combat étouffe vos soupirs,
Et que le roi vous force à suivre vos désirs.

CHIMÈNE

Quand il sera vainqueur, crois-tu que je me rende?
Mon devoir est trop fort, et ma perte trop grande:
Et ce n'est pas assez, pour leur faire la loi,
Que celle du combat et le vouloir du roi.
Il peut vaincre don Sanche avec fort peu de peine,
Mais non pas avec lui la gloire de Chimène:
Et, quoi qu'à sa victoire un monarque ait promis,
Mon honneur lui fera mille autres ennemis.

ELVIRE

Gardez, pour vous punir de cet orgueil étrange,
Que le Ciel à la fin ne souffre qu'on vous venge.
Quoi! vous voulez encor refuser le bonheur
De pouvoir maintenant vous taire avec honneur!
Que prétend ce devoir, et qu'est-ce qu'il espère?
La mort de votre amant vous rendra-t-elle un père?
Est-ce trop peu pour vous que d'un coup de malheur?
Faut-il perte sur perte et douleur sur douleur?
Allez, dans le caprice où votre humeur s'obstine,
Vous ne méritez pas l'amant qu'on vous destine;
Et nous verrons du Ciel l'équitable courroux
Vous laisser par sa mort don Sanche pour époux.

CHIMÈNE

Elvire, c'est assez des peines que j'endure ;
Ne les redouble point par ce funeste augure.
Je veux, si je puis, les éviter tous deux,
Sinon en ce combat Rodrigue a tous mes vœux.
Non qu'une folle ardeur de son côté me penche ;
Mais s'il étoit vaincu, je serois à don Sanche ;
Cette appréhension fait naître mon souhait.
Que vois-je ? malheureuse ! Elvire, c'en est fait.

SCÈNE VI [1]

D. SANCHE, CHIMÈNE, ELVIRE

D. SANCHE

Madame, à vos genoux j'apporte cette épée...

CHIMÈNE

Quoi ! du sang de Rodrigue encor toute trempée !
Perfide, oses-tu bien te montrer à mes yeux,
Après m'avoir ôté ce que j'aimais le mieux ?
Éclate, mon amour, tu n'as plus rien à craindre ;
Mon père est satisfait, cesse de te contraindre.
Un même coup a mis ma gloire en sûreté,
Mon âme au désespoir, ma flamme en liberté.

D. SANCHE

D'un esprit plus rassis...

CHIMÈNE

　　　　　　　Tu me parles encore,
Exécrable assassin d'un héros que j'adore !

---

[1] L'Académie a condamné cette scène, et on peut voir les raisons qu'elle en rapporte ; mais il n'y a point de lecteur sensé qui ne prévienne ce jugement, et qui ne voie qu'il n'est pas naturel que l'erreur de Chimène dure si longtemps. Ce qui n'est pas dans le naturel ne peut toucher. Ce vain artifice affaiblit l'intérêt qu'on pourrait prendre à la scène suivante. Il ne reste que l'impression que Chimène a faite pendant toute la pièce. Cette impression est si forte, qu'elle remue encore les cœurs, malgré toutes ces fautes. (VOLT.)

Va, tu l'as pris en traître ; un guerrier si vaillant
N'eût jamais succombé sous un tel assaillant.
N'espère rien de moi, tu ne m'as point servie ;
En croyant me venger, tu m'as ôté la vie.

D. SANCHE

Étrange impression, qui, loin de m'écouter...

CHIMÈNE

Veux-tu que de sa mort je t'écoute vanter,
Que j'entende à loisir avec quelle insolence
Tu peindras son malheur, mon crime et ta vaillance ?

SCÈNE VII

D. FERNAND, D. DIÈGUE, D. ARIAS, D. SANCHE,
D. ALONSE, CHIMÈNE, ELVIRE

CHIMÈNE

Sire, il n'est plus besoin de vous dissimuler
Ce que tous mes efforts ne vous ont pu celer.
J'aimois, vous l'avez su ; mais pour venger mon père,
J'ai bien voulu proscrire une tête si chère.
Votre Majesté, Sire, elle-même a pu voir
Comme j'ai fait céder mon amour au devoir.
Enfin Rodrigue est mort, et sa mort m'a changée
D'implacable ennemie en amante affligée :
J'ai dû cette vengeance à qui m'a mise au jour,
Et je dois maintenant ces pleurs à mon amour.
Don Sanche m'a perdue en prenant ma défense,
Et du bras qui me perd je suis la récompense !
Sire, si la pitié peut émouvoir un roi,
De grâce, révoquez une si dure loi.
Pour prix d'une victoire où je perds ce que j'aime,
Je lui laisse mon bien : qu'il me laisse à moi-même ;
Qu'en un cloître sacré je pleure incessamment
Jusqu'au dernier soupir mon père et mon amant.

D. DIÈGUE

Enfin elle aime, Sire, et ne croit plus un crime
D'avouer par sa bouche un amour légitime.

D. FERNAND

Chimène, sors d'erreur, ton amant n'est pas mort,
Et don Sanche vaincu t'a fait un faux rapport.

D. SANCHE

Sire, un peu trop d'ardeur, malgré moi, l'a déçue.
Je venois du combat lui raconter l'issue.
Ce généreux guerrier dont son cœur est charmé,
« Ne crains rien, m'a-t-il dit quand il m'a désarmé ;
« Je laisserois plutôt la victoire incertaine
« Que de répandre un sang hasardé pour Chimène :
« Mais puisque mon devoir m'appelle auprès du roi [1],
« Va de notre combat l'entretenir pour moi,
« De la part du vainqueur lui porter ton épée. »
Sire, j'y suis venu : cet objet l'a trompée ;
Elle m'a cru vainqueur, me voyant de retour,
Et soudain sa colère a trahi son amour
Avec tant de transport et tant d'impatience,
Que je n'ai pu gagner un moment d'audience.
Pour moi, bien que vaincu, je me répute heureux,
Et malgré l'intérêt de mon cœur amoureux,
Perdant infiniment, j'aime encor ma défaite,
Qui fait le beau succès d'une amour si parfaite.

D. FERNAND

Ma fille, il ne faut point rougir d'un si beau feu,
Ni chercher le moyen d'en faire un désaveu ;
Une louable honte en vain t'en sollicite ;
Ta gloire est dégagée et ton devoir est quitte ;
Ton père est satisfait ; et c'étoit le venger
Que mettre tant de fois ton Rodrigue en danger.
Tu vois comme le Ciel autrement en dispose ;

---

[1] Quel devoir l'appelle auprès du roi au temps de ce combat ? (Volt.)

Ayant tant fait pour lui, fais pour toi quelque chose,
Et ne sois point rebelle à mon commandement,
Qui te donne un époux aimé si chèrement.

SCÈNE VIII

D. FERNAND,
D. DIÈGUE, D. ARIAS, D. RODRIGUE, D. ALONSE,
D. SANCHE, L'INFANTE,
CHIMÈNE, LÉONOR, ELVIRE

L'INFANTE

Sèche tes pleurs, Chimène, et reçois sans tristesse
Ce généreux vainqueur des mains de ta princesse.

D. RODRIGUE

Ne vous offensez point, Sire, si devant vous
Un respect amoureux me jette à ses genoux.
Je ne viens point ici demander ma conquête,
Je viens tout de nouveau vous apporter ma tête [1],
Madame; mon amour n'emploiera point pour moi
Ni la loi du combat, ni le vouloir du roi.
Si tout ce qui s'est fait est trop peu pour un père,
Dites par quels moyens il vous faut satisfaire.
Faut-il combattre encor mille et mille rivaux,
Aux deux bouts de la terre étendre mes travaux,
Forcer moi seul un camp, mettre en fuite une armée,
Des héros fabuleux passer la renommée?
Si mon crime par là se peut enfin laver,
J'ose tout entreprendre, et puis tout achever.
Mais si ce fier honneur, toujours inexorable,
Ne se peut apaiser sans la mort du coupable,
N'armez plus contre moi le pouvoir des humains;

---

[1] Rodrigue a offert sa tête si souvent, que cette nouvelle offre ne peut plus produire le même effet. Les personnages doivent toujours conserver leur caractère, mais non pas dire toujours les mêmes choses. L'unité de caractère n'est belle que par la variété des idées. (VOLT.)

Ma tête est à vos pieds, vengez-vous par vos mains.
Vos mains seules ont droit de vaincre un invincible;
Prenez une vengeance à tout autre impossible.
Mais, du moins, que la mort suffise à me punir :
Ne me bannissez point de votre souvenir;
Et, puisque mon trépas conserve votre gloire,
Pour vous en revancher [1] conservez ma mémoire,
Et dites quelquefois, en déplorant mon sort :
« S'il ne m'avoit aimée, il ne seroit pas mort. »

CHIMÈNE

Relève-toi, Rodrigue. Il faut l'avouer, Sire,
Je vous en ai trop dit pour m'en pouvoir dédire;
Rodrigue a des vertus que je ne puis haïr;
Et quand un roi commande, on lui doit obéir.
Mais, à quoi que déjà vous m'ayez condamnée,
Pourrez-vous à vos yeux souffrir cet hyménée?
Et quand de mon devoir vous voulez cet effort,
Toute votre justice en est-elle d'accord?
Si Rodrigue à l'État devient si nécessaire,
De ce qu'il fait pour vous dois-je être le salaire,
Et me livrer moi-même au reproche éternel
D'avoir trempé mes mains dans le sang paternel [2] ?

D. FERNAND

Le temps assez souvent a rendu légitime
Ce qui sembloit d'abord ne se pouvoir sans crime.

---

[1] Le mot de *revancher* est devenu bas : on dirait aujourd'hui *pour m'en récompenser*. (VOLT.)

[2] Il semble que ces derniers beaux vers que dit Chimène la justifient entièrement. Elle n'épouse point le Cid; elle fait même des remontrances au roi. J'avoue que je ne conçois pas comment on a pu l'accuser d'indécence, au lieu de la plaindre et de l'admirer. Elle dit à la vérité au roi : *C'est à moi d'obéir ;* mais elle ne dit pas : *J'obéirai.* Le spectateur sent bien pourtant qu'elle obéira; et c'est en cela, ce me semble, que consiste la beauté du dénoûment.
La réponse du roi et les derniers vers qu'il prononce achèvent de justifier Corneille. Comment pouvait-on dire que Chimène était une fille dénaturée, quand le roi lui-même n'espère rien pour Rodrigue que du temps, de sa protection, et de la valeur même de ce héros? (VOLT.)

Rodrigue t'a gagnée, et tu dois être à lui ;
Mais, quoique sa valeur t'ait conquise aujourd'hui,
Il faudroit que je fusse ennemi de ta gloire,
Pour lui donner sitôt le prix de sa victoire.
Cet hymen différé ne rompt point une loi
Qui, sans marquer de temps, lui destine ta foi.
Prends un an, si tu veux, pour essuyer tes larmes.
  Rodrigue, cependant, il faut prendre les armes.
Après avoir vaincu les Maures sur nos bords,
Renversé leurs desseins, repoussé leurs efforts,
Va jusqu'en leur pays leur reporter la guerre,
Commander mon armée et ravager leur terre.
A ce seul nom de Cid ils trembleront d'effroi ;
Ils t'ont nommé seigneur, ils te voudront pour roi.
Mais, parmi tes hauts faits, sois-lui toujours fidèle ;
Reviens-en, s'il se peut, encor plus digne d'elle ;
Et par tes grands exploits fais-toi si bien priser,
Qu'il lui soit glorieux alors de t'épouser.

D. RODRIGUE

Pour posséder Chimène, et pour votre service,
Que peut-on m'ordonner que mon bras n'accomplisse ?
Quoi qu'absent de ses yeux il me faille endurer,
Sire, ce m'est trop d'heur de pouvoir espérer.

D. FERNAND

Espère en ton courage, espère en ma promesse ;
Et, possédant déjà le cœur de ta maîtresse,
Pour vaincre un point d'honneur qui combat contre toi,
Laisse faire le temps, ta vaillance et ton roi [1].

---

[1] Les reproches incontestables que l'on peut faire au *Cid* sont : 1° le rôle de l'Infante, qui a le double inconvénient d'être inutile et de venir se mêler mal à propos aux situations les plus intéressantes ; 2° l'imprudence du roi de Castille, qui ne prend aucune mesure pour prévenir la descente des Maures, quoiqu'il en soit instruit à temps, et qui par conséquent joue un rôle peu digne de la royauté ; 3° l'invraisemblance de la scène où don Sanche apporte son épée à Chimène, qui se persuade que Rodrigue est mort, et persiste dans une méprise beaucoup trop prolongée ; 4° la violation fréquente de cette règle

essentielle, qui défend de laisser jamais la scène vide, et que les acteurs entrent et sortent sans se parler et sans se voir; 5° la monotonie qui se fait sentir dans toutes les scènes entre Chimène et Rodrigue, où ce dernier offre continuellement de mourir. Voilà, ce me semble, les vrais défauts qu'on peut blâmer dans la conduite du *Cid;* ils sont assez graves. Remarquons pourtant qu'il n'y en a pas un qui soit capital, c'est-à-dire qui fasse crouler l'ouvrage par les fondements, ou qui détruise l'intérêt. (LA HARPE.)

FIN DU CID

EXAMEN DU CID

Ce poëme a tant d'avantages du côté du sujet et des pensées brillantes dont il est semé, que la plupart de ses auditeurs n'ont pas voulu voir les défauts de sa conduite, et ont laissé enlever leurs suffrages au plaisir que leur a donné sa représentation. Bien que ce soit celui de tous mes ouvrages réguliers où je me suis permis le plus de licence, il passe encore pour le plus beau auprès de ceux qui ne s'attachent pas à la dernière sévérité des règles; et, depuis 1636 qu'il tient sa place sur nos théâtres, l'histoire ni l'effort de l'imagination n'y ont rien fait voir qui en ait effacé l'éclat. Aussi a-t-il les deux grandes conditions que demande Aristote aux tragédies parfaites, et dont l'assemblage se rencontre si rarement chez les anciens et les modernes. Il les assemble même plus fortement et plus noblement que les espèces que pose ce philosophe.

Une maîtresse que son devoir pousse à poursuivre la mort de son amant, qu'elle tremble d'obtenir, a les passions plus vives et plus allumées que tout ce qui peut se passer entre un mari et sa femme, une mère et son fils, un frère et sa sœur; et la haute vertu, dans un naturel sensible à ses passions, qu'elle dompte sans les affoiblir, et à qui elle laisse toute leur force pour en triompher plus glorieusement, a quelque chose de plus touchant, de plus élevé et de plus aimable que cette médiocre bonté, capable d'une foiblesse, et même d'un crime, où nos anciens étaient contraints d'arrêter le caractère le plus parfait des rois et des princes dont ils faisoient leurs héros, afin que ces taches et ces forfaits, défigurant ce qu'ils leur laissoient de vertu, s'accommodassent au goût et aux souhaits de leurs spectateurs, et fortifiassent l'horreur qu'ils avoient conçue de leur domination et de la monarchie.

Rodrigue suit ici son devoir sans rien relâcher de sa passion : Chimène fait la même chose à son tour, sans laisser ébranler son dessein par la douleur où elle se voit abîmée; et si la présence de son amant lui fait faire quelques faux pas, c'est une glissade dont elle se relève à l'heure même; et non-seulement elle connoît si bien sa faute, qu'elle en avertit; mais elle fait un prompt désaveu de tout ce qu'une vue si chère lui a pu arracher. Il n'est point besoin qu'on lui reproche qu'il est honteux de souffrir l'entretien de son amant après qu'il a tué son père; elle avoue que c'est la seule prise que la médisance aura sur elle. Si elle s'emporte jusqu'à lui dire qu'elle veut bien qu'on sache qu'elle l'adore et le poursuit, ce n'est point une résolution si ferme qu'elle l'empêche de cacher son amour de tout son pouvoir lorsqu'elle est en présence du roi. S'il lui échappe de l'encourager au combat contre don Sanche par ces paroles :

> Sors vainqueur d'un combat dont Chimène est le prix,

elle ne se contente pas de s'enfuir de honte au même moment; mais sitôt qu'elle est avec Elvire, avec qui elle ne déguise rien de ce qui se passe dans son âme, et que la vue de ce cher objet ne lui fait plus de violence, elle forme un souhait plus raisonnable, qui satisfait sa vertu et son amour tout ensemble, et demande au Ciel que le combat se termine

> Sans faire aucun des deux ni vaincu ni vainqueur.

Si elle ne dissimule point qu'elle penche du côté de Rodrigue de peur d'être à don Sanche, pour qui elle a de l'aversion, cela ne détruit pas la protestation qu'elle a faite un peu auparavant, que, malgré la loi de ce combat et les promesses que le roi a faites à Rodrigue, elle lui fera mille autres ennemis s'il en sort victorieux. Ce grand éclat même qu'elle laisse faire à son amour après qu'elle le croit mort est suivi d'une opposition vigoureuse à l'exécution de cette loi qui la donne à son amant, et elle ne se tait qu'après que le roi l'a différée et lui a laissé lieu d'espérer qu'avec le temps il y pourra survenir quelque obstacle. Je sais bien que le silence passe d'ordinaire pour une marque de consentement; mais quand les rois parlent, c'en est une de contradiction. On ne manque jamais de leur applaudir quand on entre dans leurs sentiments; et le seul moyen de leur contredire avec le respect qui leur est dû, c'est de se taire, quand leurs ordres ne sont pas si pressants qu'on ne puisse remettre à s'excuser de leur obéir lorsque le temps en sera venu, et conserver cependant une espérance légitime d'un empêchement qu'on ne peut encore déterminément prévoir.

Il est vrai que dans ce sujet il faut se contenter de tirer Rodrigue de péril, sans le pousser jusqu'à son mariage avec Chimène. Il est historique, et a plu en son temps; mais bien sûrement il déplairoit au nôtre, et j'ai peine à voir que Chimène y consente chez l'auteur espagnol, bien qu'il donne plus de trois ans de durée à la comédie qu'il en a faite. Pour ne pas contredire l'histoire, j'ai cru ne me pouvoir dispenser d'en jeter quelque idée, mais avec incertitude de l'effet; et ce n'étoit que par là que je pouvois accorder la bienséance du théâtre avec la vérité de l'événement.

Les deux visites que Rodrigue fait à sa maîtresse ont quelque chose qui choque la bienséance de la part de celle qui le souffre. La rigueur du devoir vouloit qu'elle refusât de lui parler et s'enfermât dans son cabinet au lieu de l'écouter; mais permettez-moi de dire, avec un des premiers esprits de notre siècle, « que leur « conversation est remplie de si beaux sentiments, que plusieurs « n'ont pas connu ce défaut, et que ceux qui l'ont connu l'ont « toléré. » J'irai plus outre, et dirai que presque tous ont souhaité que ces entretiens se fissent; et j'ai remarqué aux premières représentations que, lorsque ce malheureux amant se présentoit devant elle, il s'élevoit un certain frémissement dans l'assemblée, qui marquoit une curiosité merveilleuse et un redoublement d'attention pour ce qu'ils avoient à se dire dans un état si pitoyable. Aristote dit « qu'il y a des absurdités qu'il faut laisser dans un « poëme quand on peut espérer qu'elles seront bien reçues, et il « est du devoir du poëte, en ce cas, de les couvrir de tant de bril- « lants qu'elles puissent éblouir ». Je laisse au jugement de mes auditeurs si je me suis assez bien acquitté de ce devoir pour justifier par là ces deux scènes. Les pensées de la première des deux sont quelquefois trop spirituelles pour partir de personnes fort affligées; mais, outré que je n'ai fait que la paraphraser de l'espagnol, si nous ne nous permettions quelque chose de plus ingénieux que le cours ordinaire de la passion, nos poëmes ramperaient souvent, et les grandes douleurs ne mettroient dans la bouche de nos acteurs que des exclamations et des *hélas!* Pour ne déguiser rien, cette offre que fait Rodrigue de son épée à Chimène, et cette protestation de se laisser tuer par don Sanche, ne me plairoient pas maintenant. Ces beautés étaient de mise en ce temps-là, et ne le seroient plus en celui-ci. La première est dans l'orgueil espagnol, et l'autre est tirée sur ce modèle. Toutes les deux ont fait effet en ma faveur, mais je ferois scrupule d'en étaler de pareilles à l'avenir sur notre théâtre.

J'ai dit ailleurs ma pensée touchant l'Infante et le roi; il reste néanmoins quelque chose à examiner sur la manière dont ce dernier agit, qui ne paroît pas assez vigoureuse, en ce qu'il ne fait pas arrêter le comte après le soufflet donné, et n'envoie pas des gardes à don Diègue et à son fils. Sur quoi on peut considérer que don Fernand étoit le premier roi de Castille, et ceux qui en avoient été les maîtres avant lui n'ayant eu titre que de comtes, il n'étoit peut-être pas assez absolu sur les grands seigneurs de son royaume pour le pouvoir faire. Chez don Guillem de Castro, qui a traité ce sujet avant moi, et qui devait mieux connoître que moi quelle étoit l'autorité de ce premier monarque de son pays, le soufflet se donne en sa présence, et en celle de deux ministres d'État qui lui conseillent, après que le comte s'est retiré fièrement et avec bravade, et que don Diègue a fait la même chose en soupirant, de ne le pousser point à bout, parce qu'il a quantité d'amis dans les Asturies, qui se pourroient révolter et prendre parti avec les Maures dont son État est environné. Ainsi il se résout d'accommoder l'affaire sans bruit, et recommande le secret à ses deux ministres qui ont été seuls témoins de l'action. C'est sur cet exemple que je me suis cru bien fondé à le faire agir plus mollement qu'on ne le feroit en ce temps-ci, où l'autorité royale est plus absolue. Je ne pense pas non plus qu'il fasse une chose bien grande de ne jeter point l'alarme de nuit dans sa ville, sur l'avis incertain qu'il a du dessein des Maures, puisqu'on faisoit bonne garde sur les murs

CHIMÈNE.

Sors vainqueur d'un combat dont Chimène est le prix.

et sur le port; mais il est inexcusable de n'y donner aucun ordre après leur arrivée, et de laisser tout faire à Rodrigue. La loi du combat qu'il propose à Chimène avant que de le permettre à don Sanche contre Rodrigue n'est pas si injuste que quelques-uns ont voulu le dire, parce qu'elle est plutôt une menace pour la faire dédire de la demande de ce combat, qu'un arrêt qu'il lui veuille faire exécuter. Cela paroît en ce qu'après la victoire de Rodrigue il n'en exige pas précisément l'effet de sa parole, et la laisse en état d'espérer que cette condition n'aura point lieu.

Je ne puis dénier que la règle des vingt-quatre heures presse trop les accidents de cette pièce. La mort du comte et l'arrivée des Maures s'y pouvoient entresuivre d'aussi près qu'elles font, parce que cette arrivée est une surprise, qui n'a point de communication ni de mesure à prendre avec le reste; mais il n'en va pas ainsi du combat de don Sanche, dont le roi étoit le maître, et pouvoit lui choisir un autre temps que deux heures après la fuite des Maures. Leur défaite avoit assez fatigué Rodrigue toute la nuit, pour mériter deux ou trois jours de repos; et même il y avoit quelque apparence qu'il n'en étoit pas échappé sans blessures, quoique je n'en aie rien dit, parce qu'elles n'auroient fait que nuire à la conclusion de l'action.

Cette même règle presse aussi trop Chimène de demander justice au roi la seconde fois. Elle l'avoit fait le soir d'auparavant, et n'avoit aucun sujet d'y retourner le lendemain matin pour importuner le roi, dont elle n'avoit encore aucun lieu de se plaindre, puisqu'elle ne pouvoit encore dire qu'il lui eût manqué de promesse. Le roman lui auroit donné sept ou huit jours de patience avant que de l'en presser de nouveau; mais les vingt-quatre heures ne l'ont pas permis. C'est l'incommodité de la règle. Passons à celle de l'unité de lieu, qui ne m'a pas moins donné de gêne en cette pièce.

Je l'ai placée dans Séville, bien que Fernand n'en ait jamais été le maître; et j'ai été obligé à cette falsification pour former quelque vraisemblance à la descente des Maures, dont l'armée ne pouvoit venir si vite par terre que par eau. Je ne voudrois pas assurer toutefois que le flux de la mer monte effectivement jusque-là; mais comme dans notre Seine il fait encore plus de chemin qu'il ne lui en faut faire sur le Guadalquivir pour battre les murailles de cette ville, cela peut suffire à fonder quelque probabilité parmi nous, pour ceux qui n'ont point été sur le lieu même.

Cette arrivée des Maures ne laisse pas d'avoir le défaut que j'ai marqué ailleurs, et qu'ils se présentent d'eux-mêmes, sans être appelés dans la pièce ni directement ni indirectement par aucun acteur du premier acte. Ils ont plus de justesse dans l'irrégularité de l'auteur espagnol. Rodrigue, n'osant plus se montrer à la cour, les va combattre sur la frontière, et ainsi le premier acteur les va chercher et leur donne place dans le poëme; au contraire de ce qui arrive ici, où ils semblent se venir faire de fête exprès pour en être battus, et lui donner moyen de rendre à son roi un service d'importance qui lui fasse obtenir sa grâce. C'est une seconde incommodité de la règle dans cette tragédie.

Tout s'y passe donc dans Séville, et garde ainsi quelque espèce d'unité de lieu en général; mais le lieu particulier change de scène en scène; et tantôt c'est le palais du roi, tantôt l'appartement de l'infante, tantôt la maison de Chimène, et tantôt une rue ou place publique. On le détermine aisément pour les scènes détachées; mais pour celles qui ont leur liaison ensemble comme les quatre dernières du premier acte, il est malaisé d'en choisir un qui convienne à toutes. Le comte et don Diègue se querellent au sortir du palais, cela se peut passer dans une rue; mais, après le soufflet reçu, don Diègue ne peut pas demeurer dans cette rue à faire ses plaintes, en attendant que son fils survienne, qu'il ne soit tout aussitôt environné du peuple, et ne reçoive l'offre de quelques amis. Ainsi, il serait plus à propos qu'il se plaignît dans sa maison, où le met l'Espagnol, pour laisser aller ses sentiments en liberté; mais en ce cas il faudroit délier les scènes comme il a fait. En l'état où elles sont ici, on peut dire qu'il faut quelquefois aider au théâtre, et suppléer favorablement ce qui ne s'y peut représenter. Deux personnes s'y arrêtent pour parler, et quelquefois il faut présumer qu'elles marchent; ce qu'on ne peut exposer sensiblement à la vue, parce qu'ils échapperoient aux yeux avant que d'avoir pu dire ce qu'il est nécessaire qu'ils fassent savoir à l'auditeur. Ainsi, par une fiction de théâtre, on peut s'imaginer que don Diègue et le comte, sortant du palais du roi, avancent toujours en se querellant, et sont arrivés devant la maison de ce premier, lorsqu'il reçoit le soufflet qui l'oblige à y entrer pour y chercher du secours. Si cette fiction poétique ne vous satisfait point, laissons-le dans la place publique, et disons que le concours du peuple autour de lui après cette offense, et les offres de service que lui font les premiers amis qui s'y rencontrent, sont des circonstances que le roman ne doit pas oublier, mais que, ces menues actions ne servant de rien à la principale, il n'est pas besoin que le poëte s'en embarrasse sur la scène. Horace l'en dispense par ces vers :

> Hoc amet, hoc spernat promissi carminis auctor...
> Pleraque negligat.

Et ailleurs :

> Semper ad eventum festinet.

C'est ce qui m'a fait négliger, au troisième acte, de donner à don Diègue, pour aide à chercher son fils, aucun des cinq cents amis qu'il avoit chez lui. Il y a grande apparence que quelques-uns d'eux l'y accompagnoient, et même que quelques autres le cherchoient pour lui d'un autre côté; mais ces accompagnements inutiles de personnes qui n'ont rien à dire, puisque celui qu'ils accompagnent a seul tout l'intérêt à l'action; ces sortes d'accompagnement, dis-je, ont toujours mauvaise grâce au théâtre, et d'autant plus que les comédiens n'emploient à ces personnages muets que leurs moucheurs de chandelles et leurs valets, qui ne savent quelle posture tenir.

Les funérailles du comte étoient encore une chose fort embarrassante, soit qu'elles se soient faites avant la fin de la pièce, soit que le corps ait demeuré en présence dans son hôtel, en attendant qu'on y donnât ordre. Le moindre mot que j'en eusse laissé dire, pour en prendre soin, eût rompu toute la chaleur de l'attention et rempli l'auditeur d'une fâcheuse idée. J'ai cru plus à propos de les dérober à son imagination par mon silence, aussi bien que le lieu précis de ces quatre scènes du premier acte dont je viens de parler; et je m'assure que cet artifice m'a si bien réussi que peu de personnes ont pris garde à l'un ni à l'autre, et que la plupart des spectateurs, laissant emporter leurs esprits à ce qu'ils ont vu et entendu de pathétique en ce poëme, ne se sont point avisés de réfléchir sur ces deux considérations.

J'achève par une remarque sur ce que dit Horace, que ce qu'on expose à la vue touche bien plus que ce qu'on n'apprend que par un récit.

C'est sur quoi je me suis fondé pour faire voir le soufflet que reçoit don Diègue, et cacher aux yeux la mort du comte, afin d'acquérir et de conserver à mon premier acteur l'amitié des auditeurs, si nécessaire pour réussir au théâtre. L'indignité d'un affront fait à un vieillard chargé d'années et de victoires les jette aisément dans le parti de l'offensé, et cette mort qu'on vient dire au roi tout simplement, sans aucune narration touchante, n'excite point en eux la commisération qu'y eût fait naître le spectacle de son sang, et ne leur donne aucune aversion pour ce malheureux amant, qu'ils ont vu forcé par ce qu'il devoit à son honneur d'en venir à cette extrémité, malgré l'intérêt et la tendresse de son amour.

FIN DE L'EXAMEN DU CID.

HORACE

TRAGÉDIE EN CINQ ACTES

ACTEURS

Tulle, roi de Rome.
Le vieil Horace, chevalier romain.
Horace, son fils.
Curiace, gentilhomme d'Albe, amant de Camille.
Valère, chevalier romain, amoureux de Camille.
Sabine, femme d'Horace et sœur de Curiace.
Camille, amante de Curiace, et sœur d'Horace.
Julie, dame romaine, confidente de Sabine et de Camille.
Flavian, soldat de l'armée d'Albe.
Procule, soldat de l'armée de Rome.

La scène est à Rome, dans une salle de la maison d'Horace.

HORACE [1]

ACTE PREMIER

SCÈNE I

SABINE [2], JULIE

SABINE

Approuvez ma foiblesse et souffrez ma douleur ;
Elle n'est que trop juste en un si grand malheur :
Si près de voir sur soi fondre de tels orages,
L'ébranlement sied bien aux plus fermes courages ;
Et l'esprit le plus mâle et le moins abattu
Ne sauroit sans désordre exercer sa vertu.
Quoique le mien s'étonne à ces rudes alarmes,
Le trouble de mon cœur ne peut rien sur mes larmes [3] ;

---

[1] Ce titre est celui que Corneille donna toujours à cette tragédie. C'est à tort que le titre *les Horaces* a prévalu depuis ; car si les frères d'Horace sont nommés dans la pièce, ils n'y paraissent pas, et Horace seul en est le héros.

[2] Corneille, dans l'examen des *Horaces*, dit que le personnage de Sabine est heureusement inventé, mais qu'il ne sert pas plus à l'action que l'Infante à celle du *Cid*.
Il est vrai que ce rôle n'est pas nécessaire à la pièce ; mais j'ose ici être moins sévère que Corneille : ce rôle est du moins incorporé à la tragédie ; c'est une femme qui tremble pour son mari et pour son frère. Elle ne cause aucun événement, il est vrai ; c'est un défaut sur un théâtre aussi perfectionné que le nôtre ; mais elle prend part à tous les événements, et c'est beaucoup pour un temps où l'art commençait à naître.
Observez que ce personnage débite souvent de très-beaux vers, et qu'il fait l'exposition d'une manière très-intéressante et très-noble. (VOLT.)

[3] *Un trouble qui a du pouvoir sur des larmes*, cela est louche et mal exprimé. (VOLT.)

Et, parmi les soupirs qu'il pousse vers les cieux,
Ma constance du moins règne encor sur mes yeux.
Quand on arrête là les déplaisirs d'une âme,
Si l'on fait moins qu'un homme on fait plus qu'une femme[1].
Commander à ses pleurs en cette extrémité,
C'est montrer pour le sexe assez de fermeté.

JULIE

C'en est peut-être assez pour une âme commune
Qui du moindre péril se fait une infortune ;
Mais de cette foiblesse un grand cœur est honteux ;
Il ose espérer tout dans un succès douteux.
Les deux camps sont rangés au pied de nos murailles ;
Mais Rome ignore encor comme on perd des batailles.
Loin de trembler pour elle, il lui faut applaudir ;
Puisqu'elle va combattre, elle va s'agrandir.
Bannissez, bannissez une frayeur si vaine,
Et concevez des vœux dignes d'une Romaine.

SABINE

Je suis Romaine, hélas ! puisque Horace est Romain ;
J'en ai reçu le titre en recevant sa main ;
Mais ce nœud me tiendroit en esclave enchaînée,
S'il m'empêchoit de voir en quels lieux je suis née.
Albe, où j'ai commencé de respirer le jour,
Albe, mon cher pays et mon premier amour[2],
Lorsque entre nous et toi je vois la guerre ouverte,
Je crains notre victoire autant que notre perte.
Rome, si tu te plains que c'est là te trahir,
Fais-toi des ennemis que je puisse haïr[3].

---

[1] Cette petite distinction, *moins qu'un homme, plus qu'une femme,* est trop recherchée pour la vraie douleur. (VOLT.)

[2] Voyez comme ces vers sont supérieurs à ceux du commencement : c'est ici un sentiment vrai ; il n'y a point de lieux communs, point de vaines sentences, rien de recherché ni dans les idées ni dans les expressions. (VOLT.)
Ce morceau, d'un pathétique doux, se fait remarquer d'autant plus qu'il contraste avec le ton de grandeur qui domine dans le reste de la pièce. (LA HARPE.)

[3] Ce vers admirable est resté en proverbe. (VOLT.)

Quand je vois de tes murs leur armée et la nôtre,
Mes trois frères dans l'une et mon mari dans l'autre,
Puis-je former des vœux, et sans impiété
Importuner le Ciel pour ta félicité?
Je sais que ton État, encore en sa naissance,
Ne sauroit sans la guerre affermir sa puissance;
Je sais qu'il doit s'accroître, et que tes grands destins
Ne le borneront pas chez les peuples latins;
Que les dieux t'ont promis l'empire de la terre;
Et que tu n'en peux voir l'effet que par la guerre.
Bien loin de m'opposer à cette noble ardeur,
Qui suit l'arrêt des dieux et court à ta grandeur,
Je voudrois déjà voir tes troupes couronnées
D'un pas victorieux franchir les Pyrénées.
Va jusqu'en l'Orient pousser tes bataillons,
Va sur les bords du Rhin planter tes pavillons,
Fais trembler sous tes pas les colonnes d'Hercule,
Mais respecte une ville à qui tu dois Romule :
Ingrate, souviens-toi que du sang de ses rois
Tu tiens ton nom, tes murs et tes premières lois.
Albe est ton origine : arrête, et considère
Que tu portes le fer dans le sein de ta mère.
Tourne ailleurs les efforts de ton bras triomphant,
Sa joie éclatera dans l'heur [1] de ses enfants;
Et se laissant ravir à l'amour maternelle,
Ses vœux seront pour toi, si tu n'es plus contre elle [2].

JULIE

Ce discours me surprend, vu que, depuis le temps
Qu'on a contre son peuple armé nos combattants,
Je vous ai vu pour elle autant d'indifférence
Que si d'un sang romain vous aviez pris naissance.

---

[1] *Heur* se plaçait où *bonheur* ne sauroit entrer; il a fait *heureux*, qui est si français, et il a cessé de l'être. (LA BRUYÈRE.)

[2] Tout un discours adressé à Rome! cela sans doute n'est pas naturel, mais les pensées que ce discours traduit sont naturelles.

J'admirois la vertu qui réduisoit en vous
Vos plus chers intérêts à ceux de votre époux,
Et je vous consolais au milieu de vos plaintes,
Comme si notre Rome eût fait toutes vos craintes [1].

SABINE

Tant qu'on ne s'est choqué qu'en de légers combats
Trop faibles pour jeter un des partis à bas,
Tant qu'un espoir de paix a pu flatter ma peine,
Oui, j'ai fait vanité d'être toute Romaine.
Si j'ai vu Rome heureuse avec quelque regret,
Soudain j'ai condamné ce mouvement secret;
Et si j'ai ressenti dans ses destins contraires
Quelque maligne [2] joie en faveur de mes frères,
Soudain, pour l'étouffer, rappelant ma raison,
J'ai pleuré quand la gloire entroit dans leur maison.
Mais aujourd'hui qu'il faut que l'une ou l'autre tombe,
Qu'Albe devienne esclave, ou que Rome succombe,
Et qu'après la bataille il ne demeure plus
Ni d'obstacle aux vainqueurs, ni d'espoir aux vaincus,
J'aurois pour mon pays une cruelle haine,
Si je pouvois encore être toute Romaine,
Et si je demandois votre triomphe aux dieux
Au prix de tant de sang qui m'est si précieux.
Je m'attache un peu moins aux intérêts d'un homme.
Je ne suis point pour Albe, et ne suis plus pour Rome :

---

[1] On ne fait pas une *crainte*, on la cause, on l'inspire, on l'excite, on la fait naître. (VOLT.)

Ne dit-on pas : Ce fils *fait* toute sa *joie?* Faut-il dire aussi qu'on ne *fait* pas la *joie? Fait toute sa joie* signifie est l'objet de toute sa joie; *eût fait toutes vos craintes* signifie *eût été l'objet de toutes vos craintes*.

[2] Pourquoi *maligne?* Cette joie n'est-elle pas naturelle? C'est que, d'après les mœurs de ces temps, la femme passait tout entière dans la patrie de son époux. Sabine a dit plus haut :

Je suis Romaine, hélas! puisque Horace est Romain.

Il est donc inutile de remplacer *maligne* par secrète, comme le veut Voltaire; Corneille a bien dit ce qu'il voulait dire.

Je crains pour l'une et l'autre en ce dernier effort,
Et serai du parti qu'affligera le sort [1].
Égale [2] à tous les deux jusques à la victoire,
Je prendrai part aux maux sans en prendre à la gloire,
Et je garde, au milieu de tant d'âpres rigueurs,
Mes larmes aux vaincus et ma haine aux vainqueurs [3].

JULIE

Qu'on voit naître souvent de pareilles traverses,
En des esprits divers des passions diverses [4] !
Et qu'à nos yeux Camille agit bien autrement !
Son frère est votre époux, le vôtre est son amant;
Mais elle voit d'un œil bien différent du vôtre
Son sang dans une armée et son amour dans l'autre.
Lorsque vous conserviez un esprit tout romain,
Le sien irrésolu, le sien tout incertain,
De la moindre mêlée appréhendoit l'orage,
De tous les deux partis détestoit l'avantage,
Au malheur des vaincus donnoit toujours ses pleurs,
Et nourrissoit ainsi d'éternelles douleurs.
Mais hier [5], quand elle sut qu'on avoit pris journée [6]
Et qu'enfin la bataille allait être donnée,
Une soudaine joie éclatant sur son front...

---

[1] Vers admirables où respire une tristesse noble et grave.

[2] *Égale...* C'est-à-dire également disposée, la même entre tous les deux. C'est un latinisme.

[3] Elle ne doit pas haïr son mari, ses enfants, s'ils sont victorieux : ce sentiment n'est pas permis; elle devrait plutôt dire : *Sans haïr les vainqueurs.* (Volt.)
Voltaire oublie que le théâtre ne repose pas sur la raison, mais sur la passion; si ce sentiment n'est pas permis, il est énergique; d'ailleurs il est vraisemblable, et cela suffit à la raison poétique. Sabine hait les vainqueurs à force d'aimer les vaincus. Quand le malheureux Virginius eut tué sa fille pour la sauver d'Appius, il vint dire aux soldats : *Misericordia se in speciem crudelitatis lapsum.* (Tite-Live, liv. III, ch. l.)

[4] Vers un peu embarrassés. *Traverses* n'est pas le mot propre, et *passions* veut dire ici *sentiments*.

[5] *Hier* est maintenant de deux syllabes.

[6] On ne dit pas *prendre journée*, mais *prendre jour*, parce que jour signifie *temps*, et que *journée* signifie *bataille*.

SABINE

Ah ! que je crains, Julie, un changement si prompt!
Hier, dans sa belle humeur, elle entretint Valère :
Pour ce rival, sans doute, elle quitte mon frère ;
Son esprit, ébranlé par les objets présents,
Ne trouve point d'absent aimable après deux ans.
Mais excusez l'ardeur d'une amour fraternelle,
Le soin que j'ai de lui me fait craindre tout d'elle :
Je forme des soupçons d'un trop léger sujet.
Près d'un jour si funeste on change peu d'objet.
Les âmes rarement sont de nouveau blessées,
Et dans un si grand trouble on a d'autres pensées :
Mais on n'a pas aussi de si doux entretiens,
Ni de contentements qui soient pareils aux siens [1].

JULIE

Les causes, comme à vous, m'en semblent fort obscures ;
Je ne me satisfais d'aucunes conjectures.
C'est assez de constance, en un si grand danger,
Que de le voir, l'attendre, et ne point s'affliger :
Mais certes c'en est trop d'aller jusqu'à la joie.

SABINE

Voyez qu'un bon génie à propos nous l'envoie [2],
Essayez sur ce point à la faire parler,
Elle vous aime assez pour ne vous rien celer.
Je vous laisse.

SCÈNE II

CAMILLE, SABINE, JULIE

SABINE

   Ma sœur, entretenez Julie [3] ;
J'ai honte de montrer tant de mélancolie ;

---

[1] Ce sont là de petits moyens, *des soupçons d'un trop léger sujet,* des pensées et un langage qui conviennent mieux à la comédie qu'à la tragédie.

[2] Tour vif et regrettable.

[3] Il semble que Camille vient sans aucun intérêt, et seulement pour faire con-

Et mon cœur, accablé de mille déplaisirs,
Cherche la solitude à cacher[1] ses soupirs.

SCÈNE III

CAMILLE, JULIE

CAMILLE

Qu'elle a tort de vouloir que je vous entretienne!
Croit-elle ma douleur moins vive que la sienne,
Et que, plus insensible à de si grands malheurs,
A mes tristes discours je mêle moins de pleurs?
De pareilles frayeurs mon âme est alarmée :
Comme elle je perdrai dans l'une et l'autre armée.
Je verrai mon amant, mon plus unique bien[2],
Mourir pour son pays, ou détruire le mien;
Et cet objet d'amour devenir, pour ma peine,
Digne de mes soupirs, ou digne de ma haine.
Hélas !

JULIE

Elle est pourtant plus à plaindre que vous :
On peut changer d'amant, mais non changer d'époux[3].
Oubliez Curiace, et recevez Valère,

---

versation. La tragédie ne permet pas qu'un personnage paraisse sans une raison importante... Sabine n'a pas une raison assez forte de s'en aller...
Cette idée d'entretenir Julie diminue l'intérêt... Il eût été plus théâtral et plus intéressant que Sabine eût reproché à Camille sa joie, et que Camille lui en eût expliqué la cause. (VOLT.)

[1] *A cacher*. La grammaire exige *pour cacher*.

[2] *Mon plus unique,* dans le sens du mot latin *unicus,* qui signifie quelquefois *chéri, cher :*

Tibi ille unicus, me etiam unico magis unicus. (PLAUT.)

[3] La tragédie descend ici au ton de la comédie. Cette subtilité d'ailleurs est bien froide; il faut d'autres consolations à la véritable douleur. On trouve quelquefois des choses semblables dans le théâtre grec : Sophocle fait dire à Antigone : « Qu'un époux vienne à mourir, j'en puis trouver un autre; mais « quand mon père et ma mère reposent dans la tombe, la perte d'un frère n'est « plus réparable. »

Vous ne tremblerez plus pour le parti contraire,
Vous serez toute nôtre, et votre esprit remis
N'aura plus rien à perdre au camp des ennemis.

CAMILLE

Donnez-moi des conseils qui soient plus légitimes,
Et plaignez mes malheurs sans m'ordonner des crimes.
Quoiqu'à peine à mes maux je puisse résister,
J'aime mieux les souffrir que de les mériter.

JULIE

Quoi! vous appelez un crime un change raisonnable?

CAMILLE

Quoi! le manque de foi vous semble pardonnable [1]?

JULIE

Envers un ennemi qui peut nous obliger?

CAMILLE

D'un serment solennel qui peut nous dégager?

JULIE

Vous déguisez en vain une chose trop claire;
Je vous vis encor hier entretenir Valère,
Et l'accueil gracieux qu'il recevait de vous
Lui permet de nourrir un espoir assez doux.

CAMILLE

Si je l'entretins hier et lui fis bon visage [2],
N'en imaginez rien qu'à son désavantage [3];
De mon contentement un autre était l'objet.
Mais, pour sortir d'erreur, sachez-en le sujet.
Je garde à Curiace une amitié trop pure
Pour souffrir plus longtemps qu'on m'estime parjure.
   Il vous souvient qu'à peine on voyoit de sa sœur
Par un heureux hymen mon frère possesseur,
Quand, pour comble de joie, il obtint de mon père

---

[1] Voilà la première de ces belles répliques qui abondent dans Corneille.

[2] *Faire bon visage* est du discours le plus familier. (VOLT.)

[3] Tout cela est d'un style un peu bourgeois. (VOLT.)

Que de ses chastes feux je serois le salaire.
Ce jour nous fut propice et funeste à la fois;
Unissant nos maisons, il désunit nos rois;
Un même instant conclut notre hymen et la guerre,
Fit naître notre espoir, et le jeta par terre [1],
Nous ôta tout sitôt qu'il nous eut tout promis,
Et, nous faisant amants, il nous fit ennemis.
Combien nos déplaisirs parurent lors extrêmes!
Combien contre le Ciel il vomit de blasphèmes!
Et combien de ruisseaux coulèrent de mes yeux!
Je ne vous le dis point, vous vîtes nos adieux.
Vous avez vu depuis les troubles de mon âme;
Vous savez pour la paix quels vœux a faits ma flamme,
Et quels pleurs j'ai versés à chaque événement,
Tantôt pour mon pays, tantôt pour mon amant.
Enfin mon désespoir, parmi ces longs obstacles,
M'a fait avoir recours à la voix des oracles;
Écoutez si celui qui me fut hier rendu
Eut droit de rassurer mon esprit éperdu.
Ce Grec si renommé, qui, depuis tant d'années,
Au pied de l'Aventin prédit nos destinées;
Lui qu'Apollon jamais n'a fait parler à faux,
Me promit par ces vers la fin de mes travaux [2]:
« Albe et Rome demain prendront une autre face [3];
« Tes vœux sont exaucés; elles auront la paix,
« Et tu seras unie avec ton Curiace,

---

[1] Non-seulement un *espoir jeté par terre* est une expression vicieuse, mais la même idée est exprimée ici en quatre façons différentes, ce qui est un vice plus grand. Il faudrait, autant qu'on le peut, éviter ces pléonasmes, c'est une abondance stérile. (Volt.)

[2] *Travaux* signifie *souffrances, douleurs*, comme en latin, *labor*.

[3] Un oracle doit produire un événement et servir au nœud de la pièce; ici il ne sert presque à rien qu'à donner un moment d'espérance... Le plus grand défaut de cette scène, c'est son inutilité. Cet entretien de Camille et de Julie roule sur un objet trop mince, et qui ne sert en rien, ni au nœud, ni au dénoûment. (Volt.)

« Sans qu'aucun mauvais sort t'en sépare jamais. »
Je pris sur cet oracle une entière assurance;
Et comme le succès passoit mon espérance,
J'abandonnai mon âme à des ravissements
Qui passoient les transports des plus heureux amants.
Jugez de leur excès : je rencontrai Valère;
Et, contre sa coutume, il ne put me déplaire.
Il me parla d'amour sans me donner d'ennui,
Je ne m'aperçus pas que je parlois à lui;
Je ne lui pus montrer de mépris ni de glace;
Tout ce que je voyois me sembloit Curiace,
Tout ce qu'on me disoit me parloit de ses feux,
Tout ce que je disois l'assuroit de mes vœux.
Le combat général aujourd'hui se hasarde,
J'en sus hier la nouvelle, et je n'y pris pas garde;
Mon esprit rejetoit ces funestes objets,
Charmé des doux pensers d'hymen et de la paix.
La nuit a dissipé des erreurs si charmantes;
Mille songes affreux, mille images sanglantes,
Ou plutôt mille amas de carnage et d'horreur,
M'ont arraché ma joie et rendu ma terreur :
J'ai vu du sang, des morts, et n'ai rien vu de suite,
Un spectre, en paroissant, prenoit soudain la fuite;
Ils s'effaçoient l'un l'autre; et chaque illusion
Redoubloit mon effroi par sa confusion.

JULIE

C'est en contraire sens qu'un songe s'interprète.

CAMILLE

Je le dois croire aussi, puisque je le souhaite.
Mais je me trouve enfin, malgré tous mes souhaits,
Au jour d'une bataille, et non pas d'une paix.

JULIE

Par là finit la guerre, et la paix lui succède.

CAMILLE

Dure à jamais le mal s'il y faut ce remède !

Soit que Rome y succombe, ou qu'Albe ait le dessous [1],
Cher amant, n'attends plus d'être un jour mon époux ;
Jamais, jamais ce nom ne sera pour un homme
Qui soit, ou le vainqueur, ou l'esclave de Rome.
  Mais quel objet nouveau se présente en ces lieux ?
Est-ce toi, Curiace ? en croirai-je mes yeux ?

SCÈNE IV

CURIACE, CAMILLE, JULIE

CURIACE

N'en doutez point, Camille ; et revoyez un homme
Qui n'est ni le vainqueur ni l'esclave de Rome.
Cessez d'appréhender de voir rougir mes mains
Du poids honteux des fers, ou du sang des Romains.
J'ai cru que vous aimiez assez Rome et la gloire
Pour mépriser ma chaîne, et haïr ma victoire ;
Et comme également, en cette extrémité,
Je craignois la victoire et la captivité...

CAMILLE

Curiace, il suffit, je devine le reste ;
Tu fuis une bataille à tes vœux si funeste ;
Et ton cœur tout à moi, pour ne me perdre pas,
Dérobe à ton pays le secours de ton bras.
Qu'un autre considère ici ta renommée,
Et te blâme, s'il veut, de m'avoir trop aimée ;
Ce n'est point à Camille à t'en mésestimer,
Plus ton amour paroît, plus elle doit t'aimer ;
Et si tu dois beaucoup aux lieux qui t'ont vu naître,
Plus tu quittes pour moi, plus tu le fais paroître.

---

[1] *Avoir le dessus* ou *le dessous* ne se dit que dans la poésie burlesque. (V.)
Racine a dit dans *Phèdre* :

>   Votre frère l'emporte, et Phèdre a le dessus ;

et Racine ne crut pas avoir fait un vers burlesque. (P.)

Mais as-tu vu mon père? et peut-il endurer
Qu'ainsi dans sa maison tu t'oses retirer?
Ne préfère-t-il point l'État à sa famille?
Ne regarde-t-il point Rome plus que sa fille?
Enfin notre bonheur est-il bien affermi?
T'a-t-il vu comme gendre, ou bien comme ennemi?

CURIACE

Il m'a vu comme gendre, avec une tendresse
Qui témoignoit assez une entière allégresse;
Mais il ne m'a point vu, par une trahison,
Indigne de l'honneur d'entrer dans sa maison.
Je n'abandonne point l'intérêt de ma ville;
J'aime encor mon honneur en adorant Camille:
Tant qu'a duré la guerre on m'a vu constamment
Aussi bon citoyen que véritable amant;
D'Albe avec mon amour j'accordois la querelle;
Je soupirois pour vous en combattant pour elle;
Et s'il falloit encor que l'on en vînt aux coups,
Je combattrois pour elle en soupirant pour vous.
Oui, malgré les désirs de mon âme charmée,
Si la guerre duroit, je serois dans l'armée.
C'est la paix qui chez vous me donne un libre accès,
La paix à qui nos feux doivent ce beau succès.

CAMILLE

La paix, et le moyen de croire un tel miracle!

JULIE

Camille, pour le moins, croyez-en votre oracle[1];
Et sachons pleinement par quels heureux effets
L'heure d'une bataille a produit cette paix.

CURIACE

L'auroit-on jamais cru? Déjà les deux armées,
D'une égale chaleur au combat animées,

---

[1] On sent ici combien Sabine ferait un meilleur effet que la confidente Julie. Ce n'est point à Julie à dire: *Sachons pleinement*, c'est toujours à la personne la plus intéressée à interroger. (VOLT.)

ACTE I, SCÈNE IV

Se menaçoient des yeux, et, marchant fièrement,
N'attendoient, pour donner, que le commandement,
Quand notre dictateur devant les rangs s'avance,
Demande à votre prince un moment de silence :
Et l'ayant obtenu : « Que faisons-nous, Romains?
« Dit-il, et quel démon nous fait venir aux mains [1] ?
« Souffrons que la raison éclaire enfin nos âmes.
« Nous sommes vos voisins, nos filles sont vos femmes ;
« Et l'hymen nous a joints par tant et tant de nœuds,
« Qu'il est peu de nos fils qui ne soient vos neveux.
« Nous ne sommes qu'un sang et qu'un peuple en deux villes:
« Pourquoi nous déchirer par des guerres civiles,
« Où la mort des vaincus affoiblit les vainqueurs,
« Et le plus beau triomphe est arrosé de pleurs?
« Nos ennemis communs attendent avec joie
« Qu'un des partis défaits leur donne l'autre en proie,
« Lassé, demi-rompu, vainqueur, mais, pour tout fruit,
« Dénué d'un secours par lui-même détruit.
« Ils ont assez longtemps joui de nos divorces [2] :
« Contre eux dorénavant joignons toutes nos forces,
« Et noyons dans l'oubli ces petits différends
« Qui de si bons guerriers font de mauvais parents.
« Que si l'ambition de commander aux autres
« Fait marcher aujourd'hui vos troupes et les nôtres,
« Pourvu qu'à moins de sang nous voulions l'apaiser,
« Elle nous unira, loin de nous diviser.

---

1 J'ose dire que, dans ce discours imité de Tite-Live, l'auteur français est au-dessus du romain, plus nerveux, plus touchant : et, quand on songe qu'il était gêné par la rime et par une langue embarrassée d'articles, et qui souffre peu d'inversions, qu'il a surmonté toutes ces difficultés, qu'il n'a employé le secours d'aucune épithète, que rien n'arrête l'éloquente rapidité de son discours, c'est là qu'on reconnaît le grand Corneille. Il n'y a que *que tant et tant de nœuds* à reprendre. (VOLT.)

2 Ce mot de *divorces*, s'il ne signifiait que les querelles, serait impropre ; mais ici il dénote les querelles de deux peuples unis, et par là il est juste, nouveau et excellent. (VOLT.)

« Nommons des combattants pour la cause commune,
« Que chaque peuple aux siens attache sa fortune;
« Et, suivant ce que d'eux ordonnera le sort,
« Que le parti plus foible obéisse au plus fort,
« Mais sans indignité pour des guerriers si braves;
« Qu'ils deviennent sujets sans devenir esclaves,
« Sans honte, sans tribut, et sans autre rigueur,
« Que de suivre en tous lieux les drapeaux du vainqueur :
« Ainsi nos deux États ne feront qu'un empire. »
Il semble qu'à ces mots notre discorde expire :
Chacun, jetant les yeux dans un rang ennemi,
Reconnoit un beau-frère, un cousin, un ami.
Ils s'étonnent comment leurs mains, de sang avides,
Voloient sans y penser à tant de parricides,
Et font paroître un front couvert tout à la fois
D'horreur pour la bataille et d'ardeur pour ce choix.
Enfin l'offre s'accepte, et la paix désirée
Sous ces conditions est aussitôt jurée;
Trois combattront pour tous ; mais, pour les mieux choisir,
Nos chefs ont voulu prendre un peu plus de loisir ;
Le vôtre est au sénat, le nôtre dans sa tente.

CAMILLE

O dieux ! que ce discours rend mon âme contente !

CURIACE

Dans deux heures au plus, par un commun accord,
Le sort de nos guerriers règlera notre sort.
Cependant tout est libre attendant qu'on les nomme.
Rome est dans notre camp, et notre camp dans Rome.
D'un et d'autre côté l'accès étant permis,
Chacun va renouer avec ses vieux amis [1].
Pour moi, ma passion m'a fait suivre vos frères ;
Et mes désirs ont eu des succès si prospères,

---

[1] On doit avouer que *renouer avec ses vieux amis* est de la prose familière, qu'il faut éviter dans le style tragique. (VOLT.)

ACTE I, SCÈNE IV

Que l'auteur de vos jours m'a promis à demain [1]
Le bonheur sans pareil de vous donner la main [2].
Vous ne deviendrez pas rebelle à sa puissance?

CAMILLE

Le devoir d'une fille est dans l'obéissance.

CURIACE

Venez donc recevoir ce doux commandement [3]
Qui doit mettre le comble à mon contentement.

CAMILLE

Je vais suivre vos pas, mais pour revoir mes frères,
Et savoir d'eux encor la fin de nos misères [4].

JULIE

Allez, et cependant au pied de nos autels
J'irai rendre pour vous grâces aux immortels.

---

[1] *A demain* est trop du style de la comédie.

[2] *Ce bonheur sans pareil* n'était pas si ridicule qu'aujourd'hui. Ce fut Boileau qui proscrivit toutes ces expressions communes de *sans pareil*, *sans seconde*, *à nul autre pareil*, *à nulle autre seconde*. (VOLT.)

[3] Ce vers et le précédent sont de pure comédie : aussi les retrouve-t-on mot à mot dans la comédie du *Menteur*; mais l'auteur aurait dû les retrancher de la tragédie des *Horaces*. (VOLT.)

[4] *Misère* est, en poésie, un terme noble, qui signifie *calamité* et non pas *indigence*.

>   Hécube près d'Ulysse acheva sa *misère*...
>   Peut-être je devrais, plus humble en ma *misère*... (RACINE.)

(VOLT.)

FIN DU PREMIER ACTE

ACTE DEUXIÈME

SCÈNE I

HORACE, CURIACE

CURIACE

Ainsi Rome n'a point séparé son estime;
Elle eût cru faire ailleurs un choix illégitime [1].
Cette superbe ville en vos frères et vous
Trouve les trois guerriers qu'elle préfère à tous,
Et ne nous opposant d'autres bras que les vôtres,
D'une seule maison brave toutes les nôtres.
Nous croirons, à la voir tout entière en vos mains,
Que, hors les fils d'Horace, il n'est point de Romains.
Ce choix pouvoit combler trois familles de gloire,
Consacrer hautement leurs noms à la mémoire :
Oui, l'honneur que reçoit la vôtre par ce choix
En pouvoit à bon titre immortaliser trois;
Et, puisque c'est chez vous que mon heur et ma flamme
M'ont fait placer ma sœur et choisir une femme,
Ce que je vais vous être et ce que je vous suis,
Me font y prendre part autant que je le puis.
Mais un autre intérêt tient ma joie en contrainte,
Et parmi ces douceurs mêle beaucoup de crainte;
La guerre en tel éclat a mis votre valeur,
Que je tremble pour Albe, et prévois son malheur.

---

[1] *Illégitime* pourrait n'être pas le mot propre en prose; on dirait *un mauvais choix, un choix dangereux*, etc.; mais ici *illégitime* devient une expression forte, et signifie qu'il y aurait de l'injustice à ne point choisir les trois plus braves. (VOLT.)

Puisque vous combattez, sa perte est assurée;
En vous faisant nommer le destin l'a jurée :
Je vois trop dans ce choix ses funestes projets,
Et me compte déjà pour un de vos sujets.

HORACE

Loin de trembler pour Albe, il vous faut plaindre Rome,
Voyant ceux qu'elle oublie et les trois qu'elle nomme.
C'est un aveuglement pour elle bien fatal
D'avoir tant à choisir et de choisir si mal.
Mille de ses enfants, beaucoup plus dignes d'elle,
Pouvoient bien mieux que nous soutenir sa querelle.
Mais, quoique ce combat me promette un cercueil,
La gloire de ce choix m'enfle d'un juste orgueil;
Mon esprit en conçoit une mâle assurance :
J'ose espérer beaucoup de mon peu de vaillance;
Et, du sort envieux, quels que soient les projets,
Je ne me compte point pour un de vos sujets.
Rome a trop cru de moi; mais mon âme ravie
Remplira son attente, ou quittera la vie.
Qui veut mourir ou vaincre est vaincu rarement :
Ce noble désespoir périt malaisément[1].
Rome, quoi qu'il en soit, ne sera point sujette,
Que mes derniers soupirs n'assurent ma défaite[2].

CURIACE

Hélas! c'est bien ici que je dois être plaint!
Ce que veut mon pays, mon amitié le craint.
Dures extrémités de voir Albe asservie,
Ou sa victoire au prix d'une si chère vie;

---

[1] Un *désespoir* qui *périt malaisément* n'a pas un sens clair; de plus, Horace n'a point de désespoir. (VOLT.) — C'est une résolution désespérée que celle de vaincre ou de mourir : telle est la résolution d'Horace, très-bien caractérisée, à ce qu'il nous semble, par l'expression de *noble désespoir*, qui d'ailleurs est très-belle. (P.)

[2] Nous voyons ici en lutte deux grandes pensées, deux grands sentiments personnifiés dans Horace et dans Curiace. Ces deux personnages se font ressortir l'un par l'autre.

Et que l'unique bien où tendent ses désirs
S'achète seulement par vos derniers soupirs !
Quels vœux puis-je former et quel bonheur attendre ?
De tous les côtés j'ai des pleurs à répandre ;
De tous les deux côtés mes désirs sont trahis.

HORACE

Quoi ! vous me pleureriez, mourant pour mon pays ?
Pour un cœur généreux ce trépas a des charmes ;
La gloire qui le suit ne souffre point de larmes ;
Et je le recevrois en bénissant mon sort,
Si Rome et tout l'État perdoient moins à ma mort.

CURIACE

A vos amis pourtant permettez de le craindre ;
Dans un si beau trépas ils sont les seuls à plaindre :
La gloire en est pour vous, et la perte pour eux ;
Il vous fait immortel, et les rend malheureux :
On perd tout quand on perd un ami si fidèle.
Mais Flavian m'apporte ici quelque nouvelle.

SCÈNE II

HORACE, CURIACE, FLAVIAN

CURIACE

Albe de trois guerriers a-t-elle fait le choix ?

FLAVIAN

Je viens pour vous l'apprendre.

CURIACE

                     Hé bien ! qui sont les trois ?

FLAVIAN

Vos deux frères et vous.

CURIACE

           Qui ?

FLAVIAN

                  Vous et vos deux frères [1].

---

[1] Ce n'est pas ici une battologie ; cette répétition, *vous et vos deux frères*,

Mais pourquoi ce front triste et ces regards sévères ?
Ce choix vous déplaît-il ?

CURIACE

Non ; mais il me surprend ;
Je m'estimais trop peu pour un honneur si grand.

FLAVIAN

Dirai-je au dictateur, dont l'ordre ici m'envoie,
Que vous le recevez avec si peu de joie ?
Ce morne et froid accueil me surprend à mon tour.

CURIACE

Dis-lui que l'amitié, l'alliance et l'amour
Ne pourront empêcher que les trois Curiaces
Ne servent leur pays contre les trois Horaces.

FLAVIAN

Contre eux ! Ah ! c'est beaucoup me dire en peu de mots.

CURIACE

Porte-lui ma réponse et nous laisse en repos.

SCÈNE III

HORACE, CURIACE

CURIACE

Que désormais le ciel, les enfers et la terre
Unissent leur fureur à nous faire la guerre ;
Que les hommes, les dieux, le démon et le sort.
Préparent contre nous un général effort[1] ;
Je mets à faire pis, en l'état où nous sommmes,
Le sort et les démons, et les dieux et les hommes.
Ce qu'ils ont de cruel, et d'horrible et d'affreux,

---

est sublime par la situation. Voilà la première scène au théâtre où un simple messager ait fait un effet tragique en croyant apporter des nouvelles ordinaires. J'ose croire que c'est la perfection de l'art. (VOLT.)

1 Cet entassement, cette répétition, cette combinaison de *ciel*, de *dieux*, d'*enfers*, de *démons*, de *terre* et d'*homme*, de *cruel*, d'*horrible*, d'*affreux*, est, je l'avoue, bien condamnable. Cependant le dernier vers fait presque pardonner ce défaut. (VOLT.)

C'est bien moins que l'honneur qu'on nous fait à tous deux.
HORACE
Le sort qui de l'honneur nous ouvre la barrière,
Offre à notre constance une illustre matière :
Il épuise sa force à former un malheur,
Pour mieux se mesurer avec notre valeur;
Et comme il voit en nous des âmes peu communes,
Hors de l'ordre commun il nous fait des fortunes[1].
Combattre un ennemi pour le salut de tous,
Et contre un inconnu s'exposer seul aux coups,
D'une simple vertu c'est l'effet ordinaire;
Mille déjà l'ont fait, mille pourroient le faire :
Mourir pour le pays est un si digne sort,
Qu'on brigueroit en foule une si belle mort.
Mais vouloir au public immoler ce qu'on aime,
S'attacher au combat contre un autre soi-même,
Attaquer un parti qui prend pour défenseur
Le frère d'une femme et l'amant d'une sœur,
Et, rompant tous ces nœuds, s'armer pour la patrie,
Contre un sang qu'on voudroit racheter de sa vie,
Une telle vertu n'appartenoit qu'à nous[2].
L'éclat de son grand nom lui fait peu de jaloux,
Et peu d'hommes au cœur l'ont assez imprimée
Pour oser aspirer à tant de renommée.
CURIACE
Il est vrai que nos noms ne sauroient plus périr.
L'occasion est belle, il nous la faut chérir.
Nous serons les miroirs d'une vertu bien rare :
Mais votre fermeté tient un peu du barbare;
Peu, même des grands cœurs, tireroient vanité

---

[1] Ce mot de *fortune* au pluriel ne doit jamais être employé sans épithète, *bonnes* et *mauvaises fortunes*, *fortunes diverses*, mais jamais *des fortunes*. Cependant le sens est si beau, et la poésie a tant de priviléges, que je ne crois pas qu'on puisse condamner ces vers. (VOLT.)

[2] Ce mot *vertu* revient plusieurs fois; pour le comprendre partout, il faut remonter au sens propre de *vertu*, *force d'âme*.

D'aller par ce chemin à l'immortalité.
A quelque prix qu'on mette une telle fumée,
L'obscurité vaut mieux que tant de renommée.

Pour moi, je l'ose dire, et vous l'avez pu voir,
Je n'ai point consulté pour suivre mon devoir ;
Notre longue amitié, l'amour ni l'alliance
N'ont pu mettre un moment mon esprit en balance ;
Et puisque par ce choix Albe montre, en effet,
Qu'elle m'estime autant que Rome vous a fait [1],
Je crois faire pour elle autant que vous pour Rome ;
J'ai le cœur aussi bon ; mais enfin je suis homme.
Je vois que votre honneur demande tout mon sang,
Que tout le mien consiste à vous percer le flanc ;
Près d'épouser la sœur, qu'il faut tuer le frère,
Et que pour mon pays j'ai le sort si contraire :
Encor qu'à mon devoir je courre sans terreur,
Mon cœur s'en effarouche, et j'en frémis d'horreur :
J'ai pitié de moi-même, et jette un œil d'envie
Sur ceux dont notre guerre a consumé la vie,
Sans souhait toutefois de pouvoir reculer.
Ce triste et fier honneur m'émeut sans m'ébranler :
J'aime ce qu'il me donne, et je plains ce qu'il m'ôte ;
Et si Rome demande une vertu plus haute,
Je rends grâces aux dieux de n'être pas Romain,
Pour conserver encor quelque chose d'humain [2].

---

[1] *Faire* est ici un mot explétif qui remplace le verbe *estimer*. C'est ainsi que Bossuet a dit dans l'oraison funèbre de Condé. « Servez donc ce roi immortel et si plein de miséricorde qui vous comptera un soupir et un verre d'eau donné en son nom plus que tous les autres ne *feront* jamais tout votre sang répandu. » Et Corneille lui-même, act. II, sc. v, fait dire à Camille :

Et je te traiterois comme j'ai *fait* mon frère.

[2] Cette tirade fit un effet surprenant sur tout le public, et les deux derniers vers sont devenus un proverbe ou plutôt une maxime admirable. (VOLT.)

C'est qu'il n'y a point ici de sentiments étudiés, c'est la nature même qui parle. Mais ce qui est remarquable, c'est que le beau rôle est à Curiace, et néanmoins c'est Horace à la fin qui nous entraîne.

HORACE

Si vous n'êtes Romain, soyez digne de l'être [1] ;
Et si vous m'égalez, faites-le mieux paroître.
La solide vertu dont je fais vanité [2]
N'admet point de foiblesse avec sa fermeté ;
Et c'est mal de l'honneur entrer dans la carrière,
Que dès le premier pas regarder en arrière.
Notre malheur est grand, il est au plus haut point ;
Je l'envisage entier ; mais je n'en frémis point.
Contre qui que ce soit que mon pays m'emploie,
J'accepte aveuglément cette gloire avec joie :
Celle de recevoir de tels commandements
Doit étouffer en nous tous autres sentiments.
Qui, près de la servir, considère autre chose,
A faire ce qu'il doit lâchement se dispose :
Ce droit saint et sacré rompt tout autre lien.
Rome a choisi mon bras, je n'examine rien.
Avec une allégresse aussi pleine et sincère
Que j'épousai la sœur, je combattrai le frère ;
Et, pour trancher enfin ces discours superflus,
Albe vous a nommé, je ne vous connois plus.

CURIACE

Je vous connois encore, et c'est ce qui me tue [3] ;

---

[1] Plus les vers qui précèdent sont admirables, plus il est difficile d'y trouver une réponse. Celle-ci est la plus belle qu'on puisse imaginer.

[2] Il y a ici une sorte de contradiction dans les termes. On ne peut faire *vanité* de ce qui est *solide* ; il fallait : *dont je me fais un devoir,* ou *dont je me fais la gloire.* (La Harpe.)

[3] A ces mots, *je ne vous connais plus, — je vous connais encore,* on se récria d'admiration : on n'avait jamais rien vu de si sublime ; il n'y a pas dans Longin un seul exemple d'une pareille grandeur. Ce sont ces traits qui ont mérité à Corneille le nom de grand, non-seulement pour le distinguer de son frère, mais du reste des hommes. (Volt.)

Horace montre partout cette espèce de rigidité farouche qui dans les premiers temps de la république endurcissait toutes les vertus romaines, et qui convenait d'ailleurs à un guerrier farouche, qu'on voit dans la suite de la pièce répandre le sang de sa sœur... Curiace, au contraire, fait voir une fer-

Mais cette âpre vertu ne m'étoit pas connue;
Comme notre malheur elle est au plus haut point;
Souffrez que je l'admire, et ne l'imite point.

HORACE

Non, non, n'embrassez pas de vertu par contrainte;
Et puisque vous trouvez plus de charme à la plainte,
En toute liberté goûtez un bien si doux;
Voici venir ma sœur pour se plaindre avec vous :
Je vais revoir la vôtre, et résoudre son âme
A se bien souvenir qu'elle est toujours ma femme,
A vous aimer encor si je meurs par vos mains,
Et prendre en son malheur des sentiments romains.

SCÈNE IV

HORACE, CURIACE, CAMILLE

HORACE

Avez-vous su l'état qu'on fait de Curiace[1],
Ma sœur?

CAMILLE

Hélas! mon sort a bien changé de face.

HORACE

Armez-vous de constance, et montrez-vous ma sœur;
Et si par mon trépas il retourne vainqueur,
Ne le recevez point en meurtrier d'un frère,
Mais en homme d'honneur qui fait ce qu'il doit faire,
Qui sert bien son pays et sait montrer à tous
Par sa haute vertu qu'il est digne de vous :
Comme si je vivois, achevez l'hyménée.

---

meté mesurée et même douce... C'est avec cette opposition si belle et si dramatique que Corneille a fait un chef-d'œuvre de la scène entre ces deux guerriers. (LA HARPE.)

[1] L'*état* ne se dit plus, et je voudrais qu'on le dît : notre langue n'est pas assez riche pour bannir tant de termes dont Corneille s'est servi heureusement. (VOLT.)

Mais si ce fer aussi tranche sa destinée,
Faites à ma victoire un pareil traitement :
Ne me reprochez point la mort de votre amant.
Vos larmes vont couler, et votre cœur se presse :
Consumez avec lui toute cette foiblesse,
Querellez ciel et terre, et maudissez le sort;
Mais après le combat ne pensez plus au mort[1].

(A Curiace.)

Je ne vous laisserai qu'un moment avec elle,
Puis nous irons ensemble où l'honneur nous appelle.

SCÈNE V

CURIACE, CAMILLE

CAMILLE

Iras-tu, Curiace? et ce funeste honneur
Te plaît-il aux dépens de tout notre bonheur?

CURIACE

Hélas! je vois trop bien qu'il faut, quoi que je fasse,
Mourir ou de douleur ou de la main d'Horace.
Je vais, comme au supplice, à cet illustre emploi;
Je maudis mille fois l'état qu'on fait de moi;
Je hais cette valeur qui fait qu'Albe m'estime :
Ma flamme au désespoir passe jusques au crime,
Elle se prend au Ciel, et l'ose quereller;
Je vous plains, je me plains; mais il y faut aller.

CAMILLE

Non, je te connais mieux : tu veux que je te prie,
Et qu'ainsi mon pouvoir t'excuse à ta patrie.
Tu n'es que trop fameux par tes autres exploits;
Albe a reçu par eux tout ce que tu lui dois.
Autre n'a mieux que toi soutenu cette guerre,
Autre de plus de morts n'a couvert notre terre;

---

[1] Horace est brutal envers sa sœur : cela prépare le dénoûment.

Ton nom ne peut plus croître; il ne lui manque rien.
Souffre qu'un autre ici puisse ennoblir le sien.

CURIACE

Que je souffre à mes yeux qu'on ceigne une autre tête[1]
Des lauriers immortels que la gloire m'apprête,
Ou que tout mon pays reproche à ma vertu
Qu'il auroit triomphé si j'avois combattu,
Et que sous mon amour ma valeur endormie
Couronne tant d'exploits d'une telle infamie!
Non, Albe, après l'honneur que j'ai reçu de toi,
Tu ne succomberas ni vaincras que par moi :
Tu m'as commis ton sort, je t'en rendrai bon compte.
Je vivrai sans reproche, ou périrai sans honte.

CAMILLE

Quoi! tu ne veux pas voir qu'ainsi tu me trahis!

CURIACE

Avant que d'être à vous, je suis à mon pays.

CAMILLE

Mais te priver pour lui toi-même d'un beau-frère,
Ta sœur de son mari!

CURIACE

    Telle est notre misère.
Le choix d'Albe et de Rome ôte toute douceur
Aux noms jadis si doux de beau-frère et de sœur.

CAMILLE

Tu pourras donc, cruel, me présenter sa tête,
Et demander ma main pour prix de ta conquête!

CURIACE

Il n'y faut plus penser : en l'état où je suis,
Vous aimer sans espoir, c'est tout ce que je puis.
Vous en pleurez, Camille?

CAMILLE

    Il faut bien que je pleure :

---

[1] Après quelques soupirs que demandait la nature, comme ce caractère de Curiace se relève tout à coup fier, généreux, enthousiaste!

Mon insensible amant m'ordonne que je meure ;
Et quand l'hymen pour nous allume son flambeau,
Il l'éteint de sa main pour m'ouvrir le tombeau.
Ce cœur impitoyable à ma perte s'obstine,
Et dit qu'il m'aime encore alors qu'il m'assassine[1].

CURIACE

Que les pleurs d'une amante ont de puissants discours[2] !
Et qu'un bel œil est fort avec un tel secours[3] !
Que mon cœur s'attendrit à cette triste vue !
Ma constance contre elle à regret s'évertue.
N'attaquez plus ma joie avec tant de douleurs,
Et laissez-moi sauver ma vertu de vos pleurs ;
Je sens qu'elle chancelle et défend mal la place,
Plus je suis votre amant, moins je suis Curiace ;
Foible d'avoir déjà combattu l'amitié,
Vaincroit-elle à la fois l'amour et la pitié ?
Allez, ne m'aimez plus, ne versez plus de larmes,
Ou j'oppose l'offense à de si fortes armes ;
Je me défendrai mieux contre votre courroux ;
Et, pour le mériter, je n'ai plus d'yeux pour vous.
Vengez-vous d'un ingrat, punissez un volage.
Vous ne vous montrez point sensible à cet outrage !
Je n'ai plus d'yeux pour vous, vous en avez pour moi !
En faut-il plus encor ? je renonce à ma foi[4].

---

[1] Il y a dans ces adieux comme un présage du dénoûment, et une mélancolie pareille à celle qu'on a vue dans les adieux de Chimène et du Cid.

[2] Remarquez qu'on peut dire *le langage des pleurs*, comme on dit *le langage des yeux* : pourquoi ? Parce que les regards et les pleurs expriment le sentiment ; mais on ne peut dire *le discours des pleurs*, parce que ce mot discours tient au raisonnement. Les pleurs n'ont point de discours ; et, de plus, *avoir des discours* est un barbarisme. (VOLT.)

[3] On reconnaît ici le faux goût du temps. Ainsi dans *Polyeucte* :

Sur mes pareils, Néarque, un *bel œil* est bien fort.

[4] J'ose penser qu'il y a ici plus d'artifice et de subtilité que de naturel. On sent trop que Curiace ne parle pas sérieusement. Ce trait de rhéteur refroidit ; mais Camille répond avec des sentiments si vrais, qu'ils couvrent tout d'un coup ce petit défaut. (VOLT.)

Rigoureuse vertu dont je suis la victime,
Ne peux-tu résister sans le secours d'un crime?

CAMILLE

Ne fais point d'autre crime, et j'atteste les dieux
Qu'au lieu de t'en haïr je t'en aimerai mieux :
Oui, je te chérirai tout ingrat et perfide,
Et cesse d'aspirer au nom de fratricide.
Pourquoi suis-je Romaine? ou que n'es-tu Romain?
Je te préparerais des lauriers de ma main,
Je t'encouragerais au lieu de te distraire,
Et je te traiterais comme j'ai fait mon frère.
Hélas! j'étais aveugle en mes vœux aujourd'hui;
J'en ai fait contre toi quand j'en ai fait pour lui.
Il revient : quel malheur, si l'amour de sa femme
Ne peut non plus sur lui que le mien sur ton âme!

SCÈNE VI

HORACE, CURIACE, SABINE, CAMILLE

CURIACE

Dieux! Sabine le suit! Pour ébranler mon cœur
Est-ce peu de Camille? y joignez-vous ma sœur?
Et, laissant à ces pleurs vaincre ce grand courage,
L'amenez-vous ici chercher même avantage?

SABINE

Non, non, mon frère; non, je ne viens en ce lieu [1]
Que pour vous embrasser et pour vous dire adieu.
Votre sang est trop bon, n'en craignez rien de lâche,
Rien dont la fermeté de ces grands cœurs se fâche;
Si ce malheur illustre ébranlait l'un de vous,
Je le désavouerois pour frère ou pour époux.
Pourrois-je toutefois vous faire une prière

---

[1] Camille ne s'adressait qu'à Curiace; Sabine s'adresse à la fois à son frère et à son époux. Moins passionnée que Camille, elle parle avec plus de calme.

Digne d'un tel époux et digne d'un tel frère?
Je veux d'un coup si noble ôter l'impiété,
A l'honneur qui l'attend rendre sa pureté,
La mettre en son état sans mélange de crimes,
Enfin je veux vous faire ennemis légitimes.
 Du saint nœud qui vous joint je suis le seul lien;
Quand je ne serai plus, vous ne vous serez rien.
Brisez votre alliance, et rompez-en la chaîne;
Et puisque votre honneur veut des effets de haine,
Achetez par ma mort le droit de vous haïr.
Albe le veut, et Rome; il faut leur obéir :
Qu'un de vous deux me tue, et que l'autre me venge;
Alors votre combat n'aura plus rien d'étrange,
Et du moins l'un des deux sera juste agresseur,
Ou pour venger sa femme, ou pour venger sa sœur.
Mais quoi! vous souilleriez une gloire si belle,
Si vous vous animiez par quelque autre querelle :
Le zèle du pays vous défend de tels soins,
Vous feriez peu pour lui si vous vous étiez moins;
Il lui faut, et sans haine, immoler un beau-frère.
Ne différez donc plus ce que vous devez faire;
Commencez par sa sœur à répandre son sang;
Commencez par sa femme à lui percer le flanc,
Commencez par Sabine à faire de vos vies
Un digne sacrifice à vos chères patries[1] :
Vous êtes ennemis en ce combat fameux,
Vous d'Albe, vous de Rome, et moi de toutes deux.
Quoi! me réservez-vous à voir une victoire
Où, pour haut appareil d'une pompeuse gloire,

---

[1] Quand Sabine vient proposer à son frère et à son mari de lui donner la mort, on sait trop qu'ils ne le feront ni l'un ni l'autre. Ce n'est donc qu'une vaine déclamation; car Sabine ne doit pas plus le demander qu'ils ne doivent le faire; c'est un remplissage amené par des sentiments peu naturels. (La Harpe.)
 Ne peut-on pas répondre que tout ce discours de Sabine est ironique? Dès lors toute cette critique tombe.

Je verrai les lauriers d'un frère ou d'un mari
Fumer encor d'un sang que j'aurai tant chéri?
Pourrai-je entre vous deux régler alors mon âme,
Satisfaire aux devoirs et de sœur et de femme,
Embrasser le vainqueur en pleurant le vaincu?
Non, non : avant ce coup Sabine aura vécu;
Ma mort le préviendra de qui que je l'obtienne;
Le refus de vos mains y condamne la mienne.
Sus donc! qui vous retient? Allez, cœurs inhumains,
J'aurai trop de moyens pour y forcer vos mains;
Vous ne les aurez point au combat occupées,
Que ce corps au milieu n'arrête vos épées;
Et, malgré vos refus, il faudra que leurs coups
Se fassent jour ici pour aller jusqu'à vous[1].

HORACE

O ma femme!

CURIACE

O ma sœur!

CAMILLE

Courage! ils s'amollissent[2].

SABINE

Vous poussez des soupirs, vos visages pâlissent!
Quelle peur vous saisit? Sont-ce là ces grands cœurs,
Ces héros qu'Albe et Rome ont pris pour défenseurs?

HORACE

Que t'ai-je fait, Sabine? et quelle est mon offense
Qui t'oblige à chercher une telle vengeance?
Que t'a fait mon honneur? et par quel droit viens-tu

---

[1] Voltaire dit que Sabine est inutile, qu'elle n'est introduite dans la pièce que pour se plaindre. Sabine est dans la pièce ce qu'une femme est au sein de sa famille; elle est avec son mari, son frère, sa belle-sœur, son beau-père; elle ne se bat point comme Horace et Curiace, mais elle tremble pour ceux qui se battent; elle n'est point tuée comme Camille, mais elle est en proie à des alarmes plus cruelles que la mort. (GEOFFROY.)

[2] Comparez dans *Polyeucte* :

Mais, courage! il s'émeut! je vois couler ses larmes.

Avec toute ta force attaquer ma vertu ?
Du moins contente-toi de l'avoir étonnée,
Et me laisse achever cette grande journée.
Tu me viens de réduire en un étrange point ;
Aime assez ton mari pour n'en triompher point :
Va-t'en et ne rends plus la victoire douteuse ;
La dispute déjà m'en est assez honteuse ;
Souffre qu'avec honneur je termine mes jours.

SABINE

Va, cesse de me craindre, on vient à ton secours.

SCÈNE VII

Le vieil HORACE, HORACE, CURIACE, SABINE, CAMILLE

LE VIEIL HORACE [1]

Qu'est-ce-ci, mes enfants ? écoutez-vous vos flammes ?
Et perdez-vous encor le temps avec des femmes [2] ?
Prêts à verser du sang, regardez-vous des pleurs ?
Fuyez, et laissez-les déplorer leurs malheurs.
Leurs plaintes ont pour vous trop d'art et de tendresse,
Elles vous feroient part enfin de leur foiblesse :
Et ce n'est qu'en fuyant qu'on pare de tels coups.

SABINE

N'appréhendez rien d'eux, ils sont dignes de vous [3] :
Malgré tous nos efforts, vous en devez attendre
Ce que vous souhaitez et d'un fils et d'un gendre ;
Et si notre foiblesse avoit pu les changer,

---

[1] Dès cet instant Camille et Sabine ne sont plus rien. On ne voit plus que Rome, on n'entend plus que le vieil Horace. Les deux femmes sortent sans qu'on y fasse attention. (La Harpe.)

[2] *Avec des femmes* seroit comique en toute autre occasion ; mais je ne sais si cette expression commune ne va pas ici jusqu'à la noblesse, tant elle peint bien le vieil Horace. (Volt.)

[3] On voit bien que c'est toujours de la part de Sabine le même langage ironique.

Nous vous laissons ici pour les encourager.
   Allons, ma sœur, allons, ne perdons plus de larmes;
Contre tant de vertus ce sont de foibles armes;
Ce n'est qu'au désespoir qu'il nous faut recourir :
Tigres, allez combattre; et nous, allons mourir.

SCÈNE VIII

Le vieil HORACE, HORACE, CURIACE

HORACE

Mon père, retenez des femmes qui s'emportent[1],
Et, de grâce, empêchez surtout qu'elles ne sortent;
Leur amour importun viendroit avec éclat
Par des cris et des pleurs troubler notre combat;
Et ce qu'elles nous sont feroit qu'avec justice
On nous imputeroit ce mauvais artifice.
L'honneur d'un si beau choix seroit trop acheté
Si l'on nous soupçonnoit de quelque lâcheté.

LE VIEIL HORACE

J'en aurai soin. Allez, vos frères vous attendent;
Ne pensez qu'aux devoirs que vos pays demandent[2].

CURIACE

Quel adieu vous dirai-je? et par quels compliments...

LE VIEIL HORACE

Ah! n'attendrissez point ici mes sentiments.
Pour vous encourager ma voix manque de termes;
Mon cœur ne forme point de pensers assez fermes;

---

[1] La vérité veut que le vieil Horace assiste au combat; mais il faut qu'il revienne sur le théâtre. Le poëte suppose donc qu'il reste pour retenir Sabine et Camille. Cette raison n'est peut-être pas très-forte; mais elle suffit pour motiver la conduite d'Horace le père, et amener sans invraisemblance ce qui va suivre.

[2] Des pays ne demandent point *des devoirs;* la patrie *impose des devoirs,* elle en demande l'accomplissement. (Volt.)

Moi-même en cet adieu j'ai les larmes aux yeux[1].
Faites votre devoir, et laissez faire aux dieux[2].

---

[1] Cette larme paternelle qui tombe des yeux de l'inflexible vieillard touche cent fois plus que les larmes superflues des deux femmes. (LA HARPE.)

[2] J'ai cherché dans tous les anciens et dans tous les théâtres étrangers une situation pareille, un pareil mélange de grandeur d'âme, de douleur, de bienséance, et je ne l'ai point trouvé : je remarquerai surtout que chez les Grecs il n'y a rien dans ce goût. (VOLT.)

Voilà la tendresse comme doit la ressentir une grande âme qui se trouble et avoue son trouble. Ce vieillard, qui paraît impitoyable et dur, sait même consoler sa fille et sa bru, Camille et Sabine, et les consoler comme on console, c'est-à-dire en prenant part à leurs peines et en les ressentant. (SAINT-MARC GIRARDIN.)

FIN DU DEUXIÈME ACTE

ACTE TROISIÈME

SCÈNE I

SABINE

Prenons parti, mon âme, en de telles disgrâces[1];
Soyons femme d'Horace, ou sœur des Curiaces :
Cessons de partager nos inutiles soins;
Souhaitons quelque chose et craignons un peu moins.
Mais las! quel parti prendre en un sort si contraire?
Quel ennemi choisir d'un époux ou d'un frère?
La nature ou l'amour parle pour chacun d'eux,
Et la loi du devoir m'attache à tous les deux.
Sur leurs hauts sentiments réglons plutôt les nôtres;
Soyons femme de l'un ensemble et sœur des autres;
Regardons leur honneur comme un souverain bien;
Imitons leur constance, et ne craignons plus rien.
La mort qui les menace est une mort si belle,
Qu'il en faut sans frayeur attendre la nouvelle.
N'appelons point alors les destins inhumains;
Songeons pour quelle cause et non par quelles mains :
Revoyons les vainqueurs sans penser qu'à la gloire
Que toute leur maison reçoit de leur victoire;

---

[1] Ce monologue de Sabine est absolument inutile, et fait languir la pièce. Les comédiens voulaient alors des monologues. La déclamation approchait du chant, surtout celle des femmes. Les auteurs avaient cette complaisance pour elles. (VOLT.)
Ce monologue est curieux par la subtile logique qui y règne. Il se divise en deux parties, dont l'une est la réfutation de l'autre. Du reste, chaque pensée prise isolément a de l'énergie et de l'éclat.

Et, sans considérer aux dépens de quel sang
Leur vertu les élève en cet illustre rang,
Faisons nos intérêts de ceux de leur famille :
En l'une je suis femme, en l'autre je suis fille,
Et tiens à toutes deux par de si forts liens,
Qu'on ne peut triompher que par les bras des miens.
Fortune, quelques maux que ta rigueur m'envoie,
J'ai trouvé le moyen d'en tirer de la joie,
Et puis voir aujourd'hui le combat sans terreur,
Les morts sans désespoir, les vainqueurs sans horreur.

 Flatteuse illusion, erreur douce et grossière,
Vain effort de mon âme, impuissante lumière
De qui le faux brillant prend droit de m'éblouir,
Que tu sais peu durer et tôt t'évanouir!
Pareille à ces éclairs, qui dans le fort des ombres
Poussent un jour qui fuit et rend les nuits plus sombres[1],
Tu n'as frappé mes yeux d'un moment de clarté
Que pour les abîmer dans plus d'obscurité.
Tu charmois trop ma peine, et le Ciel, qui s'en fâche,
Me vend déjà bien cher ce moment de relâche.
Je sens mon pauvre cœur percé de tous les coups
Qui m'ôtent maintenant un frère ou mon époux.
Quand je songe à leur mort, quoi que je me propose,
Je songe par quels bras et non pour quelle cause,
Et ne vois les vainqueurs en leur illustre rang
Que pour considérer aux dépens de quel sang.
La maison des vaincus touche seule mon âme;
En l'une je suis fille, en l'autre je suis femme,
Et tiens à toutes deux par de si forts liens
Qu'on ne peut triompher que par la mort des miens.

---

[1] La tragédie admet les métaphores, mais non pas les comparaisons : pourquoi? parce que la métaphore, quand elle est naturelle, appartient à la passion; les comparaisons n'appartiennent qu'à l'esprit. (Volt.)

 Remarquons que ces vers sont pittoresques : chose rare dans Corneille et très-ordinaire dans Racine.

C'est donc là cette paix que j'ai tant souhaitée?
Trop favorables dieux, vous m'avez écoutée!
Quels foudres lancez-vous quand vous vous irritez,
Si même vos faveurs ont tant de cruautés?
Et de quelle façon punissez-vous l'offense,
Si vous traitez ainsi les vœux de l'innocence [1]?

SCÈNE II [2]

SABINE, JULIE

SABINE

En est-ce fait, Julie? et que m'apportez-vous?
Est-ce la mort d'un frère, ou celle d'un époux?
Le funeste succès de leurs armes impies
De tous les combattants a-t-il fait des hosties [3]?
Et m'enviant l'horreur que j'aurois des vainqueurs,
Pour tous tant qu'ils étoient demande-t-il mes pleurs?

JULIE

Quoi! ce qui s'est passé, vous l'ignorez encore?

SABINE

Vous faut-il étonner de ce que je l'ignore?
Et ne savez-vous pas que de cette maison
Pour Camille et pour moi l'on fait une prison?
Julie, on nous renferme; on a peur de nos larmes:
Sans cela nous serions au milieu de leurs armes;

---

[1] Ces quatre derniers vers semblent dignes de la tragédie; mais ce monologue ne semble qu'une amplification. (VOLT.)

[2] Cette seconde scène n'est mise ici que pour gagner du temps; nous attendons avec inquiétude la nouvelle du combat. Mais autant la première scène a refroidi les esprits, autant cette seconde les échauffe : pourquoi? C'est qu'on y apprend quelque chose de nouveau et d'intéressant. (VOLT.)

[3] *Hostie* ne se dit plus, et c'est dommage; il ne reste plus que le mot de *victime*. (VOLT.)

Ce mot *hostie*, si bien employé ici, l'est encore mieux dans *Polyeucte*, à cause du caractère religieux de la pièce :

Cette seconde *hostie* est digne de ta rage.

Et par les désespoirs d'une chaste amitié [1]
Nous aurions des deux camps tiré quelque pitié.

JULIE

Il n'étoit pas besoin d'un si tendre spectacle ;
Leur vue à leur combat apporte assez d'obstacle.
Sitôt qu'ils ont paru prêts à se mesurer,
On a dans les deux camps entendu murmurer.
A voir de tels amis, des personnes si proches,
Venir pour leur patrie aux mortelles approches,
L'un s'émeut de pitié, l'autre est saisi d'horreur ;
L'autre d'un si grand zèle admire la fureur ;
Tel porte jusqu'aux cieux leur vertu sans égale,
Et tel l'ose nommer sacrilége et brutale.
Ces divers sentiments n'ont pourtant qu'une voix,
Tous accusent leurs chefs, tous détestent leur choix ;
Et, ne pouvant souffrir un combat si barbare,
On s'écrie, on s'avance, enfin on les sépare.

SABINE

Que je vous dois d'encens, grands dieux qui m'exaucez !

JULIE

Vous n'êtes pas, Sabine, encore où vous pensez :
Vous pouvez espérer, vous avez moins à craindre ;
Mais il vous reste encore assez de quoi vous plaindre.
En vain d'un sort si triste on les veut garantir,
Ces cruels généreux n'y peuvent consentir.
La gloire de ce choix leur est si précieuse,
Et charme tellement leur âme ambitieuse,
Qu'alors on les déplore ils s'estiment heureux,
Et prennent pour affront la pitié qu'on a d'eux.
Le trouble des deux camps souille leur renommée,

---

[1] On n'emploie plus aujourd'hui *désespoir* au pluriel ; il fait pourtant un très-bel effet. *Mes déplaisirs, mes craintes, mes douleurs, mes ennuis*, disent plus que *mon déplaisir, ma crainte*, etc. Pourquoi ne pourrait-on pas dire *mes désespoirs*, comme on dit *mes espérances*? Ne peut-on pas désespérer de plusieurs choses, comme on peut en espérer plusieurs? (VOLT.)

Ils combattront plutôt et l'une et l'autre armée,
Et mourront par les mains qui leur font d'autres lois,
Que pas un d'eux renonce aux honneurs d'un tel choix.

SABINE

Quoi! dans leur dureté ces cœurs d'acier s'obstinent!

JULIE

Oui; mais d'un autre côté les deux camps se mutinent,
Et leurs cris, des deux parts poussés en même temps,
Demandent la bataille ou d'autres combattants.
La présence des chefs à peine est respectée;
Leur pouvoir est douteux, leur voix mal écoutée;
Le roi même s'étonne, et pour dernier effort :
« Puisque chacun, dit-il, s'échauffe en ce discord[1],
« Consultons des grands dieux la majesté sacrée,
« Et voyons si ce change à leurs bontés agrée.
« Quel impie osera se prendre à leur vouloir,
« Lorsqu'en un sacrifice ils nous l'auront fait voir? »
Il se tait, et ces mots semblent être des charmes :
Même aux six combattants ils arrachent les armes;
Et ce désir d'honneur qui leur ferme les yeux,
Tout aveugle qu'il est, respecte encor les dieux.
Leur plus bouillante ardeur cède à l'avis de Tulle;
Et, soit par déférence, ou par un prompt scrupule,
Dans l'une et l'autre armée on s'en fait une loi,
Comme si toutes deux le connoissoient pour roi.
Le reste s'apprendra par la mort des victimes.

SABINE

Les dieux n'avoueront point un combat plein de crimes;
J'en espère beaucoup, puisqu'il est différé,
Et je commence à voir ce que j'ai désiré.

---

[1] *En ce discord* ne se dit plus; mais il est à regretter. (VOLT.)

SCÈNE III

SABINE, CAMILLE[1], JULIE

SABINE
Ma sœur, que je vous die une bonne nouvelle.
CAMILLE
Je pense la savoir, s'il faut la nommer telle,
On l'a dite à mon père, et j'étois avec lui;
Mais je n'en conçois rien qui flatte mon ennui.
Ce délai de nos maux rendra leurs coups plus rudes,
Ce n'est qu'un plus long terme à nos inquiétudes;
Et tout l'allégement qu'il en faut espérer,
C'est de pleurer plus tard ceux qu'il faudra pleurer.
SABINE
Les dieux n'ont pas en vain inspiré ce tumulte.
CAMILLE
Disons plutôt, ma sœur, qu'en vain on les consulte.
Ces mêmes dieux à Tulle ont inspiré ce choix,
Et la voix du public n'est pas toujours leur voix.
Ils descendent bien moins dans de si bas étages
Que dans l'âme des rois, leurs vivantes images,
De qui l'indépendante et sainte autorité
Est un rayon secret de leur autorité[2].
JULIE
C'est vouloir sans raison vous former des obstacles,
Que de chercher leur voix ailleurs qu'en leurs oracles;
Et vous ne vous pouvez figurer tout perdu,
Sans démentir celui qui vous fut hier rendu.

---

[1] La présence de Camille donne à cette scène un peu de mouvement.

[2] Les pressentiments de Camille sont naturels; mais ce qui ne l'est pas, ce sont ces longues dissertations, ces espèces de plaidoiries d'un personnage contre un autre. Ce défaut s'explique par la nécessité où était l'auteur de mettre au fait de tout des spectateurs qui ne saisissaient pas rapidement.

CAMILLE

Un oracle jamais ne se laisse comprendre[1] ;
On l'entend d'autant moins que plus on croit l'entendre :
Et, loin de s'assurer sur un pareil arrêt,
Qui n'y voit rien d'obscur doit croire que tout l'est.

SABINE

Sur ce qu'il fait pour nous prenons plus d'assurance,
Et souffrons les douceurs d'une juste espérance.
Quand la faveur du Ciel ouvre à demi ses bras,
Qui ne s'en promet rien ne la mérite pas ;
Il empêche souvent qu'elle ne se déploie ;
Et lorsqu'elle descend, son refus la renvoie.

CAMILLE

Le Ciel agit sans nous en ces événements,
Et ne les règle point dessus nos sentiments[2].

JULIE

Il ne vous a fait peur que pour faire grâce.
Adieu ; je vais savoir comme enfin tout se passe[3].
Modérez vos frayeurs ; j'espère, à mon retour,
Ne vous entretenir que de propos d'amour,
Et que nous n'emploierons la fin de la journée
Qu'aux doux préparatifs d'un heureux hyménée.

SABINE

J'ose encor l'espérer.

CAMILLE

Moi, je n'espère rien.

JULIE

L'effet vous fera voir que nous en jugeons bien.

---

[1] Un oracle dit-il tout ce qu'il semble dire ? (RACINE, *Iphigénie*.)

[2] *Dessus* était alors une préposition ; aujourd'hui il ne s'emploie plus que comme adverbe.

[3] Ce vers de comédie démontre l'inutilité de la scène. (VOLT.)

SCÈNE IV

SABINE, CAMILLE

SABINE

Parmi nos déplaisirs, souffrez que je vous blâme[1] ;
Je ne puis approuver tant de trouble en votre âme.
Que feriez-vous, ma sœur, au point où je me vois,
Si vous aviez à craindre autant que je le dois,
Et si vous attendiez de leurs armes fatales
Des maux pareils aux miens et des pertes égales ?

CAMILLE

Parlez plus sainement de vos maux et des miens.
Chacun voit ceux d'autrui d'un autre œil que les siens :
Mais à bien regarder ceux où le Ciel me plonge,
Les vôtres auprès d'eux me sembleront un songe.
La seule mort d'Horace est à craindre pour vous ;
Des frères ne sont rien à l'égal d'un époux :
L'hymen qui nous attache en une autre famille[2]
Nous détache de celle où l'on a vécu fille ;
On voit d'un œil divers des nœuds si différents,
Et pour suivre un mari l'on quitte ses parents[3].
Mais si près d'un hymen l'amant que donne un père
Nous est moins qu'un époux et non pas moins qu'un frère,
Nos sentiments entre eux demeurent suspendus,
Notre choix impossible et nos vœux confondus.
Ainsi, ma sœur, du moins vous avez dans vos plaintes
Où porter vos souhaits et terminer vos craintes ;
Mais si le Ciel s'obstine à nous persécuter,
Pour moi j'ai tout à craindre et rien à souhaiter.

---

[1] Cette scène est encore froide. On sent trop que Sabine et Camille ne sont là que pour amuser le peuple en attendant qu'il arrive un événement intéressant ; elles répètent ce qu'elles ont déjà dit.
Corneille manque à la grande règle, *semper ad eventum festinat*. (VOLT.)

[2] Il faut *nous attache à une autre famille*. (VOLT.)

[3] Ces vers sont trop familiers. (VOLT.)

SABINE

Quand il faut que l'un meure, et par les mains de l'autre,
C'est un raisonnement bien mauvais que le vôtre [1].
Quoique ce soit, ma sœur, des nœuds bien différents,
C'est sans les oublier qu'on quitte ses parents :
L'hymen n'efface point ces profonds caractères;
Pour aimer un mari l'on ne hait pas ses frères;
La nature en tout temps garde ses premiers droits;
Aux dépens de leur vie on ne fait point de choix :
Aussi bien qu'un époux ils sont d'autres nous-mêmes;
Et tous maux sont pareils alors qu'ils sont extrêmes [2].
Mais l'amant qui vous charme, et pour qui vous brûlez,
Ne vous est, après tout, que ce que vous voulez :
Une mauvaise humeur, un peu de jalousie
En fait assez souvent passer la fantaisie [3].
Ce que peut le caprice, osez-le par raison,
Et laissez votre sang hors de comparaison.
C'est crime d'opposer des liens volontaires
A ceux que la naissance a rendus nécessaires.
Si donc le Ciel s'obstine à nous persécuter,
Seule j'ai tout à craindre et rien à souhaiter.
Mais pour vous le devoir vous donne dans vos plaintes
Où porter vos souhaits et terminer vos craintes.

CAMILLE

Je le vois bien, ma sœur, vous n'aimâtes jamais,
Vous ne connaissez point ni l'amour ni ses traits :
On peut lui résister quand il commence à naître,

---

[1] Ce mot seul de *raisonnement* est la condamnation de cette scène et de toutes celles qui lui ressemblent; tout doit être action dans une tragédie : non que chaque scène doive être un événement; mais chaque scène doit servir à nouer ou à dénouer l'intrigue; chaque discours doit être préparation ou obstacle. C'est en vain qu'on cherche à mettre des contrastes entre les caractères dans ces scènes inutiles, si ces contrastes ne produisent rien. (VOLT.)

[2] Ce beau vers est d'une grande vérité; il est triste qu'il soit perdu dans une amplification. (VOLT.)

[3] Vers comique qui gâterait la plus belle tirade. (VOLT.)

Mais non pas le bannir quand il s'est rendu maître,
Et que l'aveu d'un père, engageant notre foi,
A fait de ce tyran un légitime roi.
Il règne avec douceur, mais il règne par force[1] ;
Et quand l'âme une fois a goûté son amorce,
Vouloir ne plus aimer, c'est ce qu'elle ne peut,
Puisqu'elle ne peut plus vouloir que ce qu'il veut ;
Ses chaînes sont pour nous aussi fortes que belles.

SCÈNE V

Le vieil HORACE, SABINE, CAMILLE

LE VIEIL HORACE [2]

Je viens vous apporter de fâcheuses nouvelles,
Mes filles ; mais en vain je voudrois vous celer
Ce qu'on ne vous sauroit longtemps dissimuler :
Vos frères sont aux mains, les dieux ainsi l'ordonnent.

SABINE

Je veux bien l'avouer, ces nouvelles m'étonnent,
Et je m'imaginois dans la divinité
Beaucoup moins d'injustice et bien plus de bonté.
Ne nous consolez point ; contre tant d'infortune
La pitié parle en vain, la raison importune :
Nous avons en nos mains la fin de nos douleurs,
Et qui veut bien mourir peut braver les malheurs.
Nous pourrions aisément faire en votre présence
De notre désespoir une fausse constance [3] ;

---

[1] Ces maximes détachées, qui sont un défaut quand la passion doit parler, avaient le mérite de la nouveauté ; on s'écriait : *C'est connaître le cœur humain !* Mais c'est le connaître bien mieux que de faire dire en sentiment ce qu'on n'exprimait guère alors qu'en sentences, défaut éblouissant que les auteurs imitaient de Sénèque. (Volt.)

[2] Comme l'arrivée du vieil Horace rend la vie au théâtre qui languissait ! quel moment et quelle noble simplicité ! (Volt.)

[3] Phrase louche et mal expliquée. Le poëte veut sans doute dire : *Au lieu de laisser voir notre désespoir, nous pourrions afficher une constance inébranlable.*

Mais quand on peut sans honte être sans fermeté,
L'affecter au dehors c'est une lâcheté :
L'usage d'un tel art nous le laissons aux hommes,
Et ne voulons passer que pour ce que nous sommes.
Nous ne demandons point qu'un courage si fort
S'abaisse, à notre exemple, à se plaindre du sort ;
Recevez sans frémir ces mortelles alarmes ;
Voyez couler nos pleurs sans y mêler vos larmes ;
Enfin, pour toute grâce, en de tels déplaisirs,
Gardez votre constance, et souffrez nos soupirs.

LE VIEIL HORACE.

Loin de blâmer les pleurs que je vous vois répandre,
Je crois faire beaucoup de m'en pouvoir défendre,
Et cèderois peut-être à de si rudes coups,
Si je prenois ici même intérêt que vous ;
Non qu'Albe par son choix m'ait fait haïr vos frères,
Tous trois me sont encor des personnes bien chères ;
Mais enfin l'amitié n'est pas de même rang,
Et n'a point les effets de l'amour ni du sang ;
Je ne sens point pour eux la douleur qui tourmente
Sabine comme sœur, Camille comme amante ;
Je puis les regarder comme nos ennemis,
Et donne sans regret mes souhaits à mes fils.
Ils sont, grâces aux dieux, dignes de leur patrie,
Aucun étonnement n'a leur gloire flétrie ;
Et j'ai vu leur honneur croître de la moitié,
Quand ils ont des deux camps refusé la pitié.
Si par quelque foiblesse ils l'avoient mendiée,
Si leur haute vertu ne l'eût répudiée,
Ma main bientôt sur eux m'eût vengé hautement [1]
De l'affront que m'eût fait ce mol consentement.

---

[1] Ce discours du vieil Horace est plein d'un art d'autant plus beau qu'il ne paraît pas. On ne voit que la hauteur d'un Romain et la chaleur d'un vieillard qui préfère l'honneur à la nature : mais cela même prépare tout ce qu'il dit dans la scène suivante ; c'est là qu'est le vrai génie. (VOLT.)

Mais lorsque en dépit d'eux on en a voulu d'autres,
Je ne le cèle point, j'ai joint mes vœux aux vôtres.
Si le Ciel pitoyable eût écouté ma voix,
Albe seroit réduite à faire un autre choix,
Nous pourrions voir tantôt triompher les Horaces,
Sans voir leurs bras souillés du sang des Curiaces;
Et de l'événement d'un combat plus humain
Dépendroit maintenant l'honneur du nom romain.
La prudence des dieux autrement en dispose[1];
Sur leur ordre éternel mon esprit se repose;
Il s'arme en ce besoin de générosité,
Et du bonheur public fait sa félicité.
Tâchez d'en faire autant pour soulager vos peines;
Et songez toutes deux que vous êtes Romaines;
Vous l'êtes devenue, et vous l'êtes encor :
Un si glorieux titre est un digne trésor.
Un jour, un jour viendra que par toute la terre
Rome se fera craindre à l'égal du tonnerre,
Et que, tout l'univers tremblant dessous ses lois,
Ce grand nom deviendra l'ambition des rois.
Les dieux à notre Énée ont promis cette gloire.

SCÈNE VI[2]

Le vieil HORACE, SABINE, CAMILLE, JULIE

LE VIEIL HORACE

Nous venez-vous, Julie, apprendre la victoire[3]?

---

[1] Dirons-nous que le vieil Horace aime sa patrie plus qu'il n'aime ses enfants? Non...; il aime ses enfants avec faiblesse et avec émotion, comme nous les aimons tous; mais il aime sa patrie avec une sorte de fermeté décidée à tout faire et à tout souffrir pour elle. (Saint-Marc Girardin.)

[2] Cette scène soutient à elle seule tout le troisième acte, qui est, dit Corneille, un des plus *artificieux* qu'il y ait au théâtre, comme le second est des plus pathétiques.

[3] Il semble intolérable qu'une suivante ait vu le combat, et que ce père des trois champions de Rome reste inutilement avec des femmes pendant que ses

JULIE

Mais plutôt du combat les funestes effets[1].
Rome est sujette d'Albe, et vos fils sont défaits;
Des trois les deux sont morts, son époux seul vous reste.

LE VIEIL HORACE

O d'un triste combat effet vraiment funeste[2]!
Rome est sujette d'Albe! et, pour l'en garantir,
Il n'a pas employé jusqu'au dernier soupir!
Non, non, cela n'est point; on vous trompe, Julie :
Rome n'est point sujette, ou mon fils est sans vie;
Je connois mieux mon sang; il sait mieux son devoir.

JULIE

Mille de nos remparts comme moi l'ont pu voir.
Il s'est fait admirer tant qu'ont duré ses frères;
Mais quand il s'est vu seul contre trois adversaires,
Près d'être enfermé d'eux, sa fuite l'a sauvé.

LE VIEIL HORACE

Et nos soldats trahis ne l'ont point achevé!
Dans leurs rangs à ce lâche ils ont donné retraite!

JULIE

Je n'ai rien voulu voir après cette défaite.

CAMILLE

O mes frères!

LE VIEIL HORACE

Tout beau! ne les pleurez pas tous;
Deux jouissent d'un sort dont leur père est jaloux.
Que des plus nobles fleurs leur tombe soit couverte;

---

enfants sont aux mains. On ne peut répondre qu'il est resté pour empêcher ces femmes d'aller séparer les combattants, comme s'il n'y avait pas tant d'autres moyens! (Volt.)

1 Corneille a été frappé, en lisant Tite-Live, de cette péripétie dans le combat, du retour d'Horace après sa fuite. Il a imaginé de transporter cette péripétie sur le théâtre, en ne faisant d'abord annoncer au vieil Horace que la première partie du combat.

2 Remarquons que les premières paroles d'Horace ne sont pas pour ses fils, mais pour sa patrie.

La gloire de leur mort m'a payé de leur perte :
Ce bonheur a suivi leur courage invaincu,
Qu'ils ont vu Rome libre autant qu'ils ont vécu,
Et ne l'auront point vue obéir qu'à son prince,
Ni d'un État voisin devenir la province.
Pleurez l'autre, pleurez l'irréparable affront
Que sa fuite honteuse imprime à notre front ;
Pleurez le déshonneur de toute votre race,
Et l'opprobre éternel qu'il laisse au nom d'Horace.

JULIE

Que vouliez-vous qu'il fît contre trois ?

LE VIEIL HORACE

Qu'il mourût[1] !
Ou qu'un beau désespoir alors le secourût[2] :

---

[1] Voilà ce fameux *qu'il mourût*, ce trait du plus grand sublime, ce mot auquel il n'en est aucun de comparable dans toute l'antiquité. Tout l'auditoire fut si transporté qu'il n'entendit jamais le vers faible qui suit ; et le morceau : *N'eût-il que d'un instant reculé sa défaite*, étant plein de chaleur, augmente encore la force du *qu'il mourût*. Que de beautés ! Et d'où naissent-elles ? D'une simple méprise très-naturelle, sans complication d'événements, sans aucune intrigue recherchée, sans aucun effort. Il y a d'autres beautés tragiques ; mais celle-ci est au premier rang.

Il est vrai que le vieil Horace, qui était présent quand les Horaces et les Curiaces ont refusé qu'on nommât d'autres champions, a dû être présent au combat. Cela gâte jusqu'au *qu'il mourût*. (Volt.)

Non, le *qu'il mourût* n'est point gâté, et ne saurait l'être. Quoi qu'en dise Voltaire, il n'est point prouvé que le vieil Horace dût être présent au combat. Il est Romain, le *qu'il mourût* l'atteste assez ; mais il est père, et lui-même a dit, dans l'autre scène, à Camille et Sabine :

Loin de blâmer les pleurs que je vous vois répandre,
Je crois faire beaucoup de m'en pouvoir défendre.

Il ne pardonnerait pas à ses fils de s'être déshonorés par une lâcheté ; mais il veut être ni le témoin ni de leur mort ni de celle des Curiaces. Corneille nous paraît avoir admirablement assorti toutes les parties de ce grand caractère. (Palissot.)

[2] Voltaire trouve ce vers faible. J'oserai proposer un avis contraire au sien. Horace devait-il s'arrêter sur le mot *qu'il mourût?* Il est beau pour un Romain, mais il est dur pour un père, et Horace est à la fois l'un et l'autre. Quelle est donc l'idée qui doit suivre naturellement cet arrêt terrible d'un vieux républicain, *qu'il mourût?* C'est assurément la possibilité consolante que, même en

N'eût-il que d'un moment reculé sa défaite,
Rome eût été du moins un peu plus tard sujette ;
Il eût avec honneur laissé mes cheveux gris :
Et c'étoit de sa vie un assez digne prix.
Il est de tout son sang comptable à sa patrie ;
Chaque goutte épargnée a sa gloire flétrie ;
Chaque instant de sa vie, après ce lâche tour,
Met d'autant plus ma honte avec la sienne au jour.
J'en romprai bien le cours ; et ma juste colère,
Contre un indigne fils usant des droits d'un père,
Saura bien faire voir dans sa punition
L'éclatant désaveu d'une telle action.

SABINE

Écoutez un peu moins ces ardeurs généreuses,
Et ne nous rendez point tout à fait malheureuses.

LE VIEIL HORACE

Sabine, votre cœur se console aisément,
Nos malheurs jusqu'ici vous touchent foiblement :
Vous n'avez point encor de part à nos misères,
Le Ciel vous a sauvé votre époux et vos frères ;
Si nous sommes sujets, c'est de votre pays :
Vos frères sont vainqueurs quand nous sommes trahis ;
Et, voyant le haut point où leur gloire se monte,
Vous regardez fort peu ce qui nous vient de honte.
Mais votre trop d'amour pour cet infâme époux
Vous donnera bientôt à plaindre comme à nous.

---

combattant contre trois, en se résolvant à la mort, il y échappe cependant. C'es Rome qui a prononcé *qu'il mourût ;* c'est la nature qui, ne renonçant jamais à l'espérance, ajoute tout de suite :

Ou qu'un beau désespoir alors le secourût.

Je veux bien que Rome soit ici plus sublime que la nature, cela doit être ; mais la nature n'est pas *faible* quand elle dit ce qu'elle doit dire. (La Harpe.)
Ce qui est sublime dans cette scène, ce n'est pas seulement cette réponse, c'est toute la scène, c'est la gradation des sentiments du vieil Horace, et le développement de ce grand caractère, dont le *qu'il mourût* n'est qu'un dernier éclat. (Marmontel.)

Vos pleurs en sa faveur sont de foibles défenses.
J'atteste des grands dieux les suprêmes puissances
Qu'avant ce jour fini ces mains, ces propres mains
Laveront dans son sang la honte des Romains.

SABINE

Suivons-le promptement, la colère l'emporte.
Dieux! verrons-nous toujours des malheurs de la sorte?
Nous faudra-t-il toujours en craindre de plus grands,
Et toujours redouter la main de nos parents[1]?

---

[1] Ce dernier vers est de la plus grande beauté; non-seulement il dit ce dont il s'agit, mais il prépare ce qui doit suivre. (VOLT.)

FIN DU TROISIÈME ACTE

ACTE QUATRIÈME

SCÈNE I

Le vieil HORACE, CAMILLE

LE VIEIL HORACE

Ne me parlez jamais en faveur d'un infâme.
Qu'il me fuie à l'égal des frères de sa femme;
Pour conserver un sang qu'il tient si précieux
Il n'a rien fait encor, s'il n'évite mes yeux.
Sabine y peut mettre ordre, ou derechef j'atteste
Le souverain pouvoir de la troupe céleste [1]!...

CAMILLE

Ah! mon père, prenez un plus doux sentiment;
Vous verrez Rome même en user autrement,
Et, de quelques malheurs que le Ciel l'ait comblée,
Excuser la vertu sous le nombre accablée.

LE VIEIL HORACE

Le jugement de Rome est peu pour mon regard [2];
Camille, je suis père, et j'ai mes droits à part.
Je sais trop comme agit la vertu véritable;
C'est sans en triompher que le nombre l'accable,
Et sa mâle vigueur, toujours en même point,
Succombe sous la force, et ne lui cède point.
Taisez-vous; et sachons ce que nous veut Valère.

---

[1] *Derechef* et *la troupe céleste* sont hors d'usage. *La troupe céleste* est bannie du style noble, surtout depuis que Scaron l'a employée dans le style burlesque. (VOLT.)

[2] *Pour mon regard* est suranné et hors d'usage : c'est pourtant une expression nécessaire. (VOLT.)

SCÈNE II

Le vieil HORACE, VALERE, CAMILLE

VALÈRE

Envoyé par le roi pour consoler un père,
Et pour lui témoigner...

LE VIEIL HORACE

N'en prenez aucun soin,
C'est un soulagement dont je n'ai pas besoin ;
Et j'aime mieux voir morts que couverts d'infamie
Ceux que vient de m'ôter une main ennemie.
Tous deux pour leur pays sont morts en gens d'honneur ;
Il me suffit.

VALÈRE

Mais l'autre est un rare bonheur ;
De tous les trois chez vous il doit tenir la place.

LE VIEIL HORACE

Que n'a-t-on vu périr en lui le nom d'Horace !

VALÈRE

Seul vous le maltraitez après ce qu'il a fait.

LE VIEIL HORACE

C'est à moi seul aussi de punir son forfait.

VALÈRE

Quel forfait trouvez-vous en sa bonne conduite ?

LE VIEIL HORACE

Quel éclat de vertu trouvez-vous en sa fuite ?

VALÈRE

La fuite est glorieuse en cette occasion.

LE VIEIL HORACE

Vous redoublez ma honte et ma confusion [1].
Certes l'exemple est rare et digne de mémoire,

---

[1] Cette méprise dure trop longtemps pour être naturelle. C'est le même défaut que dans la scène de Chimène avec don Sanche dans le *Cid*.

De trouver dans la fuite un chemin à la gloire !
VALÈRE
Quelle confusion et quelle honte à vous
D'avoir produit un fils qui nous conserve tous,
Qui fait triompher Rome et lui gagne un empire ?
A quels plus grands honneurs faut-il qu'un père aspire ?
LE VIEIL HORACE
Quels honneurs, quel triomphe, et quel empire enfin,
Lorsque Albe sous ses lois range notre destin ?
VALÈRE
Que parlez-vous ici d'Albe et de sa victoire ?
Ignorez-vous encor la moitié de l'histoire ?
LE VIEIL HORACE
Je sais que par sa fuite il a trahi l'État.
VALÈRE
Oui, s'il eût en fuyant terminé le combat ;
Mais on a bientôt vu qu'il ne fuyoit qu'en homme
Qui savoit ménager l'avantage de Rome.
LE VIEIL HORACE
Quoi ! Rome donc triomphe [1] ?
VALÈRE
                     Apprenez, apprenez
La valeur de ce fils qu'à tort vous condamnez.
Resté seul contre trois, mais en cette aventure
Tous trois étant blessés, et lui seul sans blessure,
Trop foible pour eux tous, trop fort pour chacun d'eux,
Il sait bien se tirer d'un pas si hasardeux :
Il fuit pour mieux combattre, et cette prompte ruse
Divise adroitement trois frères qu'elle abuse ;
Chacun le suit d'un pas ou plus ou moins pressé,
Selon qu'il se rencontre ou plus ou moins blessé ;
Leur ardeur est égale à poursuivre sa fuite,

---

[1] Que ce mot est pathétique ! comme il sort des entrailles d'un vieux Romain ! (VOLT.)

Mais leurs coups inégaux séparent leur poursuite [1].
Horace, les voyant l'un de l'autre écartés,
Se retourne, et déjà les croit demi-domptés;
Il attend le premier, et c'étoit votre gendre.
L'autre, tout indigné qu'il ait osé l'attendre,
En vain en l'attaquant fait paroître un grand cœur;
Le sang qu'il a perdu ralentit sa vigueur.
Albe à son tour commence à craindre un sort contraire;
Elle crie au second qu'il secoure son frère;
Il se hâte, et s'épuise en efforts superflus :
Il trouve en le joignant que son frère n'est plus.

CAMILLE

Hélas!

VALÈRE

    Tout hors d'haleine il prend pourtant sa place,
Et redouble bientôt la victoire d'Horace [2] :
Son courage sans force est un débile appui;
Voulant venger son frère, il tombe auprès de lui.
L'air résonne des cris qu'au ciel chacun envoie :
Albe en jette d'angoisse, et les Romains de joie.
Comme notre héros se voit près d'achever [3],
C'est peu pour lui de vaincre, il veut encor braver [4] :
« J'en viens d'immoler deux aux mânes de mes frères,
« Rome aura le dernier de mes trois adversaires;
« C'est à ses intérêts que je vais l'immoler, »
Dit-il; et tout d'un temps on le voit y voler.
La victoire entre eux deux n'étoit pas incertaine;
L'Albain, percé de coups, ne se traînoit qu'à peine;
Et, comme une victime aux marches de l'autel,

---

[1] Le mot propre était *leur force inégale*. (La Harpe.)

[2] *Redouble la victoire* (*geminata victoria*), expression plus latine que française. (La Harpe.)

[3] *Comme*, etc., construction peu faite pour la vivacité d'un récit. (La Harpe.)

[4] *Braver* est un verbe actif qui demande toujours un régime; de plus, ce n'est pas ici une bravade, c'est un sentiment généreux d'un citoyen qui venge ses frères et sa patrie. (Volt.)

Il sembloit présenter sa gorge au coup mortel :
Aussi le reçoit-il, peu s'en faut, sans défense;
Et son trépas de Rome établit la puissance.

LE VIEIL HORACE

O mon fils! ô ma joie! ô l'honneur de nos jours!
O d'un État penchant l'inespéré secours!
Vertu digne de Rome, et sang digne d'Horace!
Appui de ton pays et gloire de ta race!
Quand pourrai-je étouffer dans tes embrassements
L'erreur dont j'ai formé de si faux sentiments?
Quand pourra mon amour baigner avec tendresse
Ton front victorieux de larmes d'allégresse [1]?

VALÈRE

Vos caresses bientôt pourront se déployer :
Le roi dans un moment vous le va renvoyer,
Et remet à demain la pompe qu'il prépare
D'un sacrifice aux dieux pour un bonheur si rare.
Aujourd'hui seulement on s'acquitte vers eux
Par des chants de victoire et par de simples vœux;
C'est où le roi le mène; et tandis il m'envoie [2]
Faire office vers vous de douleur et de joie [3].
Mais cet office encor n'est pas assez pour lui;
Il y viendra lui-même, et peut-être aujourd'hui :
Il croit mal reconnoître une vertu si pure
Si de sa propre bouche il ne vous en assure,

---

[1] Dans le vieil Horace l'amour paternel éclate surtout quand, d'accord avec le devoir, il n'a plus à se contraindre... Il pleure alors sans plus vouloir se cacher, ce vieux Romain qui au départ de ses fils s'accusait d'avoir les larmes aux yeux : il pleure, et ses larmes de joie nous touchent plus vivement encore que ses larmes d'inquiétude, parce qu'elles nous découvrent le fond de cet amour paternel qui jusque-là se dérobait à nos yeux avec une sorte de pudeur. (SAINT-MARC GIRARDIN.)

[2] *Mener à des chants et à des vœux* n'est ni noble ni juste; mais le récit de Valère est si beau, qu'on pardonne aisément ces petites fautes. — *Et tandis il m'envoie; tandis* sans un *que* est absolument proscrit. (VOLT.)

[3] *Faire office de douleur* n'est pas français, et je ne sais s'il l'a jamais été. (VOLT.)

S'il ne vous dit chez vous combien vous doit l'État.

LE VIEIL HORACE

De tels remercîments ont pour moi trop d'éclat ;
Et je me tiens déjà trop payé par les vôtres
Du service d'un fils et du sang des deux autres.

VALÈRE

Il ne sait ce que c'est d'honorer à demi,
Et son sceptre arraché des mains de l'ennemi
Fait qu'il tient cet honneur qu'il lui plaît de vous faire
Au-dessous du mérite et du fils et du père.
Je vais lui témoigner quels nobles sentiments
La vertu vous inspire en tous vos mouvements,
Et combien vous montrez d'ardeur pour son service.

LE VIEIL HORACE

Je vous devrai beaucoup pour un si bon office[1].

SCÈNE III

Le vieil HORACE, CAMILLE

LE VIEIL HORACE

Ma fille, il n'est plus temps de répandre des pleurs ;
Il sied mal d'en verser où l'on voit tant d'honneurs :
On pleure injustement des pertes domestiques
Quand on en voit sortir des victoires publiques.
Rome triomphe d'Albe, et c'est assez pour nous ;
Tous nos maux à ce prix doivent nous être doux.
En la mort d'un amant vous ne perdez qu'un homme
Dont la perte est aisée à réparer dans Rome :
Après cette victoire, il n'est point de Romain

---

[1] Ici la pièce est finie, l'action est complétement terminée. *Il* s'agissait de la victoire, et elle est remportée ; du destin de Rome, il est décidé. (VOLT.)

Le sort de Rome est décidé sans doute, mais non le sort de cette famille obligée de se sacrifier à l'ambition de Rome. Horace est encore intéressant, quoiqu'il devienne malheureux et criminel ; Horace le père est digne de pitié, car il est près de perdre l'honneur et l'appui de sa maison. L'unité d'intérêt subsiste avec le danger des personnages qui nous ont intéressés dans le cours de la pièce. (GEOFFROY.)

Qui ne soit glorieux de vous donner la main [1].
Il me faut à Sabine en porter la nouvelle ;
Ce coup sera sans doute assez rude pour elle ;
Et ses trois frères morts par la main d'un époux
Lui donneront des pleurs [2] bien plus justes qu'à vous ;
Mais j'espère aisément en dissiper l'orage,
Et qu'un peu de prudence aidant son grand courage
Fera bientôt régner sur un si noble cœur
Le généreux amour qu'elle doit au vainqueur.
Cependant étouffez cette lâche tristesse ;
Recevez-le, s'il vient, avec moins de foiblesse,
Faites-vous voir sa sœur, et qu'en un même flanc [3]
Le Ciel vous a tous deux formés du même sang.

SCÈNE IV

CAMILLE

Oui, je lui ferai voir, par d'infaillibles marques,
Qu'un véritable amour brave la main des Parques,
Et ne prend point de lois de ces cruels tyrans
Qu'un astre injurieux nous donne pour parents.
Tu blâmes ma douleur ! tu l'oses nommer lâche !
Je l'aime d'autant plus que plus elle te fâche,
Impitoyable père, et par un juste effort
Je la veux rendre égale aux rigueurs de mon sort.
En vit-on jamais un dont les rudes traverses
Prissent en moins de rien tant de faces diverses ;

---

[1] L'auteur répète trop souvent cette idée, et ce n'est pas là le temps de parler de mariage à Camille. (Volt.)

[2] *Lui donneront des pleurs justes* n'est pas français. C'est Sabine qui donnera des pleurs ; ce ne sont pas ses frères morts qui lui en donneront. Un accident fait couler des pleurs et ne les donne pas. (Volt.)

[3] *Faites-vous voir... et qu'en...* est un solécisme, parce que *faites-vous voir* signifie *montrez-vous, soyez sa sœur ; montrez-vous, soyez, paraissez*, ne peut régir un *que*. Ajoutez qu'après lui avoir dit : *Faites-vous voir sa sœur*, il est très-superflu de dire qu'elle est sortie du même flanc. (Volt.)

Qui fût doux tant de fois et tant de fois cruel,
Et portât tant de coups avant le coup mortel?
Vit-on jamais une âme en un jour plus atteinte
De joie et de douleur, d'espérance et de crainte,
Asservie en esclave à plus d'événements,
Et le piteux jouet de plus de changements?
Un oracle m'assure; un songe me travaille :
La paix calme l'effroi que me fait la bataille :
Mon hymen se prépare; et presque en un moment,
Pour combattre mon frère on choisit mon amant :
Ce choix me désespère, et tous le désavouent;
La partie est rompue, et les dieux la renouent!
Rome semble vaincue, et seul des trois Albains
Curiace en mon sang n'a point trempé ses mains.
O dieux! sentois-je alors des douleurs trop légères
Pour le malheur de Rome et la mort des deux frères?
Et me flattois-je trop quand je croyais pouvoir
L'aimer encor sans crime et nourrir quelque espoir?
Sa mort m'en punit bien, et la façon cruelle
Dont mon âme éperdue en reçoit la nouvelle;
Son rival me l'apprend, et, faisant à mes yeux
D'un si triste succès le récit odieux,
Il porte sur le front une allégresse ouverte
Que le bonheur public fait bien moins que ma perte,
Et, bâtissant en l'air sur le malheur d'autrui,
Aussi bien que mon frère il triomphe de lui.
Mais ce n'est rien encore au prix de ce qui reste :
On demande ma joie en un jour si funeste;
Il me faut applaudir aux exploits du vainqueur,
Et baiser une main qui me perce le cœur!
En un sujet de pleurs si grand, si légitime,
Se plaindre est une honte, et soupirer, un crime;
Leur brutale vertu veut qu'on s'estime heureux,
Et si l'on n'est barbare, on n'est point généreux!
    Dégénérons, mon cœur, d'un si vertueux père;

Soyons indigne sœur d'un si généreux frère !
C'est gloire de passer pour un cœur abattu
Quand la brutalité fait la haute vertu.
Éclatez, mes douleurs : à quoi bon vous contraindre?
Quand on a tout perdu, que sauroit-on plus craindre?
Pour ce cruel vainqueur n'ayez point de respect;
Loin d'éviter ses yeux, croissez à son aspect,
Offensez sa victoire, irritez sa colère,
Et prenez, s'il se peut, plaisir à lui déplaire.
Il vient : préparons-nous à montrer constamment
Ce que doit une amante à la mort d'un amant[1].

SCÈNE V

HORACE, CAMILLE, PROCULE, portant en sa main
les trois épées des Curiaces.

HORACE

Ma sœur, voici le bras qui venge nos deux frères[2];
Le bras qui rompt le cours de nos destins contraires,
Qui nous rend maîtres d'Albe; enfin voici le bras
Qui seul fait aujourd'hui le sort des deux États.
Vois ces marques d'honneur, ces témoins de ma gloire,
Et rends ce que tu dois à l'heur de ma victoire.

CAMILLE

Recevez donc mes pleurs; c'est ce que je lui dois.

HORACE

Rome n'en veut point voir après de tels exploits;

---

1 Voltaire appelle ce monologue une vaine déclamation. « On voit, dit-il, « une femme qui s'étudie à montrer son affliction, qui répète, pour ainsi dire, « sa leçon avec douleur. » — C'est seulement une belle et vive récapitulation de toute la pièce. On n'y entend pas *une leçon de douleur*, mais bien une leçon de fureur et d'injures; car Camille ne veut pas seulement paraître chagrine, elle veut insulter son frère.

2 Ni la bienséance, ni l'humanité, ni le devoir, ne permettaient à Horace de venir faire à sa sœur une pareille insulte. (VOLT.)

Il ne s'agit pas de savoir si la conduite d'Horace est conforme à la bienséance, mais si elle est dramatique.

Et nos deux frères morts dans le malheur des armes
Sont trop payés de sang pour exiger des larmes :
Quand la perte est vengée, on n'a plus rien perdu.

CAMILLE

Puisqu'ils sont satisfaits par le sang épandu,
Je cesserai pour eux de paroître affligée,
Et j'oublierai leur mort que vous avez vengée.
Mais qui me vengera de celle d'un amant,
Pour me faire oublier sa perte en un moment?

HORACE

Que dis-tu, malheureuse?

CAMILLE

O mon cher Curiace!

HORACE

O d'une indigne sœur insupportable audace!
D'un ennemi public, dont je reviens vainqueur,
Le nom est dans ta bouche, et l'amour dans ton cœur [1]!
Ton ardeur criminelle à la vengeance aspire!
Ta bouche la demande, et ton cœur la respire!
Suis moins ta passion, règle mieux tes désirs;
Ne me fais plus rougir d'entendre tes soupirs.
Tes flammes désormais doivent être étouffées;
Bannis-les de ton âme, et songe à mes trophées;
Qu'ils soient dorénavant ton unique entretien.

CAMILLE

Donne-moi donc, barbare, un cœur comme le tien;
Et, si tu veux enfin que je t'ouvre mon âme,
Rends-moi mon Curiace, ou laisse agir ma flamme.
Ma joie et mes douleurs dépendaient de son sort :
Je l'adorois vivant, et je le pleure mort.
Ne cherche plus ta sœur où tu l'avois laissée;

---

[1] Voltaire trouve le reproche évidemment injuste; il voudrait qu'Horace lui-même plaignît Curiace, parce que c'est son beau-frère, et que d'ailleurs il n'y a plus d'ennemis. — Tout cela peut être très-conforme à la bienséance; mais tout cela ne feroit qu'une scène bourgeoise et peu dramatique.

Tu ne revois en moi qu'une amante offensée,
Qui, comme une furie attachée à tes pas,
Te veut incessamment reprocher son trépas.
Tigre altéré de sang, qui me défends les larmes,
Qui veux que dans sa mort je trouve encor des charmes,
Et que, jusques au ciel élevant tes exploits,
Moi-même je le tue une seconde fois !
Puissent tant de malheurs accompagner ta vie,
Que tu tombes au point de me porter envie,
Et toi bientôt souiller par quelque lâcheté [1]
Cette gloire si chère à ta brutalité !

HORACE

O Ciel ! qui vit jamais une pareille rage !
Crois-tu donc que je sois insensible à l'outrage,
Que je souffre en mon sang ce mortel déshonneur ?
Aime, aime cette mort qui fait notre bonheur ;
Et préfère du moins au souvenir d'un homme
Ce que doit ta naissance aux intérêts de Rome.

CAMILLE

Rome, l'unique objet de mon ressentiment [2] !
Rome, à qui vient ton bras d'immoler mon amant !
Rome, qui t'a vu naître et que ton cœur adore !
Rome, enfin, que je hais parce qu'elle t'honore !
Puissent tous ses voisins, ensemble conjurés,
Saper ses fondements encor mal assurés ;
Et si ce n'est assez de toute l'Italie,
Que l'Orient contre elle à l'Occident s'allie,

---

[1] Il ne pouvait y avoir pour Horace d'injure plus sanglante que le souhait de lâcheté.

[2] L'imprécation de Camille a toujours passé pour la plus belle qu'il y ait au théâtre, et le génie de Corneille s'y fait sentir dans toute sa vigueur... Camille doit s'emporter contre Rome, parce que son frère n'oppose à ses douleurs que l'intérêt de Rome, et que c'est à ce grand intérêt qu'il se vante d'immoler Curiace ; l'excès de la passion, d'ailleurs, ne raisonne pas ; et si l'emportement de Camille avait moins de violence, la férocité d'Horace serait révoltante. Il fallait amener ce trait de barbarie consacré par l'histoire, et Corneille n'avait que ce moyen de le rendre supportable. (PALISSOT.)

Que cent peuples unis des bouts de l'univers
Passent pour la détruire et les monts et les mers ;
Qu'elle-même sur soi renverse ses murailles,
Et de ses propres mains déchire ses entrailles !
Que le courroux du Ciel, allumé par mes vœux,
Fasse pleuvoir sur elle un déluge de feux !
Puissé-je de mes yeux y voir tomber la foudre,
Voir ses maisons en cendre et tes lauriers en poudre,
Voir le dernier Romain à son dernier soupir,
Moi seule en être cause et mourir de plaisir [1] !

HORACE, mettant l'épée à la main, et poursuivant sa sœur qui s'enfuit.

C'est trop, ma passion à la raison fait place.
Va dedans les enfers plaindre ton Curiace [2] !

CAMILLE, blessée derrière le théâtre.

Ah ! traître !.

HORACE, revenant sur le théâtre.

Ainsi reçoive un châtiment soudain
Quiconque ose pleurer un ennemi romain !

SCÈNE VI

HORACE, PROCULE [3]

PROCULE

Que venez-vous de faire !

HORACE

Un acte de justice.

---

[1] « Plusieurs juges sévères, dit Voltaire, n'ont pas aimé le *mourir de plaisir*, « ils ont dit que l'hyperbole est si forte, qu'elle va jusqu'à la plaisanterie. »
Ce n'est point là une hyperbole qui aille jusqu'à la plaisanterie ; c'est un dernier coup de pinceau plein de vigueur... Que veut dire le *mourir de plaisir*, sinon mourir de l'excès de ravissement qu'une vengeance satisfaite peut seule éprouver ? (PALISSOT.)
Voltaire a imité cette imprécation dans *Mahomet*...

[2] *Dedans*, employé ici comme préposition, ne s'emploie plus maintenant que comme adverbe.

[3] D'où vient ce Procule ? à quoi sert ce Procule, ce personnage subalterne qui n'a pas dit un mot jusqu'ici ? (VOLT.)

HORACE.

Va dedans les enfers plaindre ton Curiace.

ACTE IV, SCÈNE VII

Un semblable forfait veut un pareil supplice.
PROCULE
Vous deviez la traiter avec moins de rigueur.
HORACE
Ne me dis point qu'elle est et mon sang et ma sœur ;
Mon père ne peut plus l'avouer pour sa fille :
Qui maudit son pays renonce à sa famille ;
Des noms si pleins d'amour ne lui sont plus permis ;
De ses plus chers parents il fait ses ennemis :
Le sang même les arme en haine de son crime ;
La plus prompte vengeance en est plus légitime ;
Et ce souhait impie, encore qu'impuissant,
Est un monstre qu'il faut étouffer en naissant.

SCÈNE VII

HORACE, SABINE, PROCULE

SABINE
A quoi s'arrête ici ton illustre colère [1] ?
Viens voir mourir ta sœur dans les bras de ton père,
Viens repaître tes yeux d'un spectacle si doux ;
Ou, si tu n'es point las de ces généreux coups,
Immole au cher pays des vertueux Horaces
Ce reste malheureux du sang des Curiaces ;
Si prodigue du tien, n'épargne pas le leur ;
Joins Sabine à Camille et ta femme à ta sœur.
Nos crimes sont pareils ainsi que nos misères :
Je soupire comme elle et déplore mes frères ;
Plus coupable en ce point contre tes dures lois,
Qu'elle n'en pleuroit qu'un, et que j'en pleure trois ;
Qu'après son châtiment ma faute continue.
HORACE
Sèche tes pleurs, Sabine, ou les cache à ma vue ;

---

[1] Cette conversation de Sabine et d'Horace, après le meurtre de Camille, est aussi inutile que la scène de Procule ; elle ne produit aucun changement. (VOLT.)

Rends-toi digne du nom de ma chaste moitié,
Et ne m'accable point d'une indigne pitié.
Si l'absolu pouvoir d'une pudique flamme
Ne nous laisse à tous deux qu'un penser et qu'une âme,
C'est à toi d'élever tes sentiments aux miens,
Non à moi de descendre à la honte des tiens.
Je t'aime, et je connois la douleur qui te presse :
Embrasse ma vertu pour vaincre ta foiblesse [1] ;
Participe à ma gloire, au lieu de la souiller ;
Tâche à t'en revêtir, non à m'en dépouiller.
Es-tu de mon honneur si mortelle ennemie,
Que je te plaise mieux couvert d'une infamie?
Sois plus femme que sœur, et, te réglant sur moi,
Fais-toi de mon exemple une immuable loi.

SABINE

Cherche pour t'imiter des âmes plus parfaites.
Je ne t'impute point les pertes que j'ai faites ;
J'en ai les sentiments que je dois en avoir,
Et je m'en prends au sort plutôt qu'à ton devoir.
Mais enfin je renonce à la vertu romaine [2],
Si pour la posséder je dois être inhumaine,
Et ne puis voir en moi la femme du vainqueur
Sans y voir des vaincus la déplorable sœur.
Prenons part en public aux victoires publiques ;
Pleurons dans la maison nos malheurs domestiques ;
Et ne regardons point des biens communs à tous
Quand nous voyons des maux qui ne sont que pour nous.
Pourquoi veux-tu, cruel, agir d'une autre sorte?
Laisse en entrant ici tes lauriers à la porte ;
Mêle tes pleurs aux miens. Quoi! ces lâches discours

---

[1] Est-ce là le langage qu'il doit tenir à sa femme, quand il vient d'assassiner sa sœur dans un moment de colère? (VOLT.)

[2] C'est une répétition un peu froide des vers de Curiace :
Je rends grâces aux dieux de n'être pas Romain.
(VOLT.)

N'arment point ta vertu contre mes tristes jours !
Mon crime redoublé n'émeut point ta colère !
Que Camille est heureuse ! elle a pu te déplaire ;
Elle a reçu de toi ce qu'elle a prétendu,
Et recouvre là-bas tout ce qu'elle a perdu.
Cher époux, cher auteur du tourment qui me presse,
Écoute la pitié, si ta colère cesse.
Exerce l'une ou l'autre, après de tels malheurs,
A punir ma foiblesse, ou finir mes douleurs.
Je demande la mort pour grâce, ou pour supplice :
Qu'elle soit un effet d'amour ou de justice,
N'importe ; tous ses traits n'auront rien que de doux
Si je les vois partir de la main d'un époux.

HORACE

Quelle injustice aux dieux d'abandonner aux femmes
Un empire si grand sur les plus belles âmes [1],
Et de se plaire à voir de si foibles vainqueurs
Régner si puissamment sur les plus nobles cœurs !
A quel point ma vertu devient-elle réduite [2] ?
Rien ne la sauroit plus garantir que la fuite.
Adieu ; ne me suis point, ou retiens tes soupirs.

SABINE, seule.

O colère, ô pitié, sourdes à mes désirs,
Vous négligez mon crime, et ma douleur vous lasse ;
Et je n'obtiens de vous ni supplice ni grâce !
Allons-y par nos pleurs faire encore un effort,
Et n'employons après que nous à notre mort [3].

---

[1] Cette tendresse est-elle convenable à l'assassin de sa sœur, qui n'a aucun remords de cette indigne action, et qui parle encore de la vertu ? Voyez comme ces sentences et ces discours vagues sur le pouvoir des femmes conviennent peu devant le corps sanglant de Camille qu'Horace vient d'assassiner. (VOLT.)

[2] *Devient réduite* n'est pas français. (VOLT.)

[3] Sabine parle toujours de mourir : il n'en faut pas tant parler quand on ne meurt point. (VOLT.)

FIN DU QUATRIÈME ACTE

ACTE CINQUIÈME[1]

SCENE I

Le vieil HORACE, HORACE

LE VIEIL HORACE

Retirons nos regards de cet objet funeste,
Pour admirer ici le jugement céleste :
Quand la gloire nous enfle, il sait bien comme il faut
Confondre notre orgueil qui s'élève trop haut ;
Nos plaisirs les plus doux ne vont point sans tristesse ;
Il mêle à nos vertus des marques de foiblesse,
Et rarement accorde à notre ambition
L'entier et pur honneur d'une bonne action.
Je ne plains point Camille, elle étoit criminelle ;
Je me tiens plus à plaindre, et je te plains plus qu'elle,
Moi, d'avoir mis au jour un cœur si peu romain ;
Toi, d'avoir par sa mort déshonoré ta main.
Je ne la trouve point injuste ni trop prompte ;
Mais tu pouvois, mon fils, t'en épargner la honte ;
Son crime, quoique énorme et digne du trépas,
Étoit mieux impuni que puni par ton bras.

HORACE

Disposez de mon sang, les lois vous en font maître :

---

[1] Corneille, dans son jugement sur *Horace*, s'exprime ainsi : *Tout ce cinquième acte est encore une des causes du peu de satisfaction que laisse cette tragédie ; il est tout en plaidoyers,* etc. Après un si noble aveu, il ne faut parler de la pièce que pour rendre hommage au génie d'un homme assez grand pour se condamner lui-même ; si j'ose ajouter quelque chose, c'est qu'on verra de beaux détails dans ces plaidoyers. (VOLT.)

J'ai cru devoir le sien aux lieux qui m'ont vu naître.
Si dans vos sentiments mon zèle est criminel,
S'il m'en faut recevoir un reproche éternel,
Si ma main en devient honteuse et profanée¹,
Vous pouvez d'un seul mot trancher ma destinée :
Reprenez tout ce sang de qui ma lâcheté
A si brutalement souillé la pureté.
Ma main n'a pu souffrir de crime en votre race,
Ne souffrez point de tache en la maison d'Horace.
C'est en ces actions dont l'honneur est blessé
Qu'un père tel que vous se montre intéressé :
Son amour doit se taire où toute excuse est nulle²,
Lui-même il y prend part lorsqu'il les dissimule ;
Et de sa propre gloire il fait trop peu de cas,
Quand il ne punit point ce qu'il n'approuve pas.

LE VIEIL HORACE

Il n'use pas toujours d'une rigueur extrême ;
Il épargne ses fils bien souvent pour soi-même ;
Sa vieillesse sur eux aime à se soutenir,
Et ne les punit point, de peur de se punir.
Je te vois d'un autre œil que tu ne te regardes ;
Je sais... Mais le roi vient ; je vois entrer ses gardes.

SCÈNE II

TULLE, VALÈRE, LE VIEIL HORACE, HORACE, TROUPE DE GARDES

LE VIEIL HORACE

Ah ! Sire, un tel honneur a trop d'excès pour moi ;
Ce n'est point en ce lieu que je dois voir mon roi.

---

1 Une action est honteuse, mais la main ne l'est pas ; elle est souillée, coupable, etc. (VOLT.)

2 *Est nulle,* expression qui doit être bannie des vers. (VOLT.)

Permettez qu'à genoux...
TULLE [1]
Non, levez-vous, mon père :
Je fais ce qu'en ma place un bon prince doit faire.
Un si rare service et si fort important
Veut l'honneur le plus rare et le plus éclatant :
Vous en aviez déjà sa parole pour gage ;
Je ne l'ai pas voulu différer davantage.
J'ai su par son rapport, et je n'en doutois pas,
Comme de vos deux fils vous portez le trépas;
Et que déjà votre âme étant trop résolue,
Ma consolation vous seroit superflue :
Mais je viens de savoir quel étrange malheur
D'un fils victorieux a suivi la valeur,
Et que son trop d'amour pour la cause publique,
Par ses mains à son père ôte une fille unique.
Ce coup est un peu rude à l'esprit le plus fort,
Et je doute comment vous portez cette mort.
LE VIEIL HORACE
Sire, avec déplaisir, mais avec patience.
TULLE
C'est l'effet vertueux de votre expérience.
Beaucoup par un long âge ont appris comme vous
Que le malheur succède au bonheur le plus doux :
Peu savent comme vous s'appliquer ce remède,
Et dans leur intérêt toute leur vertu cède.
Si vous pouvez trouver dans ma compassion
Quelque soulagement pour votre affliction,
Ainsi que votre mal sachez qu'elle est extrême,
Et que je vous en plains autant que je vous aime.

---

[1] Il n'est pas vraisemblable que Tullus vienne juger Horace chez lui. Corneille a prévu l'objection, c'est pourquoi il fait dire à Tullus :

．．．．．．．．．．．．． Je ferai justice,
J'aime à la rendre à tous, à toute heure, en tout lieu.

ACTE V, SCÈNE II

VALÈRE

Sire, puisque le Ciel entre les mains des rois
Dépose sa justice et la force des lois [1],
Et que l'État demande aux princes légitimes
Des prix pour les vertus, des peines pour les crimes,
Souffrez qu'un bon sujet vous fasse souvenir
Que vous plaignez beaucoup ce qu'il vous faut punir;
Souffrez...

LE VIEIL HORACE

Quoi! qu'on envoie un vainqueur au supplice?

TULLE

Permettez qu'il achève, et je ferai justice.
J'aime à la rendre à tous, à toute heure, en tout lieu;
C'est par elle qu'un roi se fait un demi-dieu;
Et c'est dont je vous plains, qu'après un tel service
On puisse contre lui me demander justice.

VALÈRE

Souffrez donc, ô grand roi, le plus juste des rois,
Que tous les gens de bien vous parlent par ma voix:
Non que nos cœurs jaloux de ses honneurs s'irritent;
S'il en reçoit beaucoup, ses hauts faits les méritent:
Ajoutez-y plutôt que d'en diminuer;
Nous sommes tous encor prêts d'y contribuer;
Mais puisque d'un tel crime il s'est montré capable,
Qu'il triomphe en vainqueur, et périsse en coupable.
Arrêtez sa fureur, et sauvez de ses mains,
Si vous voulez régner, le reste des Romains;
Il y va de la perte ou du salut du reste.
La guerre avoit un cours si sanglant, si funeste,

---

1 Ici commence un réquisitoire en forme. « Il faut convenir que ce *Valère*
« fait là un fort mauvais personnage; il n'a encore paru dans la pièce que pour
« faire un compliment; on n'en a parlé que comme d'un homme sans consé-
« quence. C'est un défaut capital que Corneille tâche en vain de pallier dans
« son examen. » (VOLT.)

Et les nœuds de l'hymen, durant nos bons destins,
Ont tant de fois uni des peuples si voisins,
Qu'il est peu de Romains que le parti contraire
N'intéresse en la mort d'un gendre ou d'un beau-frère,
Et qui ne soient forcés de donner quelques pleurs,
Dans le bonheur public, à leurs propres malheurs :
Si c'est offenser Rome, et que l'heur de ses armes
L'autorise à punir ce crime de nos larmes,
Quel sang épargnera ce barbare vainqueur
Qui ne pardonne pas à celui de sa sœur,
Et ne peut excuser cette douleur pressante
Que la mort d'un amant jette au cœur d'une amante,
Quand, près d'être éclairés du nuptial flambeau,
Elle voit avec lui son espoir au tombeau ?
Faisant triompher Rome, il se l'est asservie ;
Il a sur nous un droit et de mort et de vie,
Et nos jours criminels ne pourront plus durer
Qu'autant qu'à sa clémence il plaira l'endurer.
Je pourrois ajouter aux intérêts de Rome
Combien un pareil coup est indigne d'un homme ;
Je pourrois demander qu'on mît devant vos yeux
Ce grand et rare exploit d'un bras victorieux.
Vous verriez un beau sang, pour accuser sa rage,
D'un frère si cruel rejaillir au visage.
Vous verriez des horreurs qu'on ne peut concevoir ;
Son âge et sa beauté vous pourroient émouvoir :
Mais je hais ces moyens qui sentent l'artifice[1].
Vous avez à demain remis le sacrifice ;
Pensez-vous que les dieux, vengeurs des innocents,
D'une main parricide acceptent de l'encens ?
Sur vous ce sacrilége attireroit sa peine ;
Ne le considérez qu'en objet de leur haine ;

---

[1] Ce trait est de l'art oratoire, et non de l'art tragique ; mais, quelque chose que pût dire Valère, il ne pouvait toucher. (VOLT.)

Et croyez avec nous qu'en tous ses trois combats
Le bon destin de Rome a plus fait que son bras,
Puisque ces mêmes dieux, auteurs de sa victoire,
Ont permis qu'aussitôt il en souillât la gloire,
Et qu'un si grand courage, après ce noble effort,
Fût digne en même jour de triomphe et de mort.
Sire, c'est ce qu'il faut que votre arrêt décide.
En ce lieu Rome a vu le premier parricide;
La suite en est à craindre, et la haine des cieux.
Sauvez-nous de sa main, et redoutez les dieux.

TULLE

Défendez-vous, Horace.

HORACE

    A quoi bon me défendre?
Vous savez l'action, vous la venez d'entendre;
Ce que vous en croyez me doit être une loi.
Sire, on se défend mal contre l'avis d'un roi;
Et le plus innocent devient souvent coupable
Quand aux yeux de son prince il paroît condamnable;
C'est crime qu'envers lui se vouloir excuser :
Notre sang est son bien, il en peut disposer;
Et c'est à nous de croire, alors qu'il en dispose,
Qu'il ne s'en prive point sans une juste cause.
Sire, prononcez donc, je suis prêt d'obéir;
D'autres aiment la vie, et je la dois haïr.
Je ne reproche point à l'ardeur de Valère
Qu'en amant de la sœur il accuse le frère :
Mes vœux avec les siens conspirent aujourd'hui;
Il demande ma mort, je la veux comme lui.
Un seul point entre nous met cette différence,
Que mon honneur par là cherche son assurance;
Et qu'à ce même but nous voulons arriver,
Lui pour flétrir ma gloire, et moi pour la sauver.
Sire, c'est rarement qu'il s'offre une matière

A montrer d'un grand cœur la vertu tout entière[1];
Suivant l'occasion, elle agit plus ou moins,
Et paroît forte ou foible aux yeux de ses témoins.
Le peuple, qui voit tout seulement par l'écorce,
S'attache à son effet pour juger de sa force;
Il veut que ses dehors gardent un même cours;
Qu'ayant fait un miracle elle en fasse toujours :
Après une action pleine, haute, éclatante,
Tout ce qui brille moins remplit mal son attente :
Il veut qu'on soit égal en tout temps, en tous lieux :
Il n'examine point si lors on pouvoit mieux,
Ni que, s'il ne voit pas sans cesse une merveille,
L'occasion est moindre, et la vertu pareille :
Son injustice accable et détruit les grands noms;
L'honneur des premiers faits se perd par les seconds :
Et quand la renommée a passé l'ordinaire,
Si l'on n'en veut déchoir il faut ne plus rien faire.
Je ne vanterai point les exploits de mon bras;
Votre Majesté, Sire[2], a vu mes trois combats :
Il est bien malaisé qu'un pareil les seconde;
Qu'une autre occasion à celle-ci réponde,
Et que tout mon courage, après de si grands coups,
Parvienne à des succès qui n'aillent au-dessous;
Si bien que, pour laisser une illustre mémoire,
La mort seule aujourd'hui peut conserver ma gloire :
Encor la falloit-il sitôt que j'eus vaincu,
Puisque pour mon honneur j'ai déjà trop vécu.
Un homme tel que moi voit sa gloire ternie,
Quand il tombe en péril de quelque ignominie :
Et ma main auroit su déjà m'en garantir;
Mais sans votre congé mon sang n'ose sortir;
Comme il vous appartient, votre aveu doit se prendre;

---

[1] Ces vers sont beaux, parce qu'ils sont vrais et bien écrits. (VOLT.)
[2] On ne connaissait point alors le titre de *Majesté*. (VOLT.)

C'est vous le dérober qu'autrement le répandre.
Rome ne manque point de généreux guerriers ;
Assez d'autres sans moi soutiendront vos lauriers ;
Que Votre Majesté désormais m'en dispense ;
Et si ce que j'ai fait vaut quelque récompense,
Permettez, ô grand roi, que de ce bras vainqueur
Je m'immole à ma gloire, et non pas à ma sœur.

SCÈNE III

TULLE, VALÈRE, le vieil HORACE, HORACE
SABINE

SABINE

Sire, écoutez Sabine ; et voyez dans son âme
Les douleurs d'une sœur et celles d'une femme,
Qui, toute désolée à vos sacrés genoux,
Pleure pour sa famille et craint pour son époux.
Ce n'est pas que je veuille avec cet artifice
Dérober un coupable au bras de la justice ;
Quoi qu'il ait fait pour vous, traitez le comme tel,
Et punissez en moi ce noble criminel ;
De mon sang malheureux expiez tout son crime :
Vous ne changerez point pour cela de victime ;
Ce n'en sera point prendre une injuste pitié,
Mais en sacrifier la plus chère moitié.
Les nœuds de l'hyménée et son amour extrême
Font qu'il vit plus en moi qu'il ne vit en lui-même ;
Et si vous m'accordez de mourir aujourd'hui,
Il mourroit plus en moi qu'il ne mourroit en lui[1].
La mort que je demande, et qu'il faut que j'obtienne,
Augmentera sa peine et finira la mienne.

---

[1] Ces subtilités de Sabine jettent beaucoup de froid sur cette scène. (VOLT.)

Sire, voyez l'excès de mes tristes ennuis,
Et l'effroyable état où mes jours sont réduits.
Quelle horreur d'embrasser un homme dont l'épée
De toute ma famille a la trame coupée !
Et quelle impiété de haïr un époux
Pour avoir bien servi les siens, l'État et vous !
Aimer un bras souillé du sang de tous mes frères !
N'aimer pas un mari qui finit nos misères !
Sire, délivrez-moi, par un heureux trépas,
Des crimes de l'aimer et de ne l'aimer pas :
J'en nommerai l'arrêt une faveur bien grande.
Ma main peut me donner ce que je vous demande ;
Mais ce trépas enfin me sera bien plus doux
Si je puis de sa honte affranchir mon époux,
Si je puis par mon sang apaiser la colère
Des dieux, qu'a pu fâcher sa vertu trop sévère,
Satisfaire en mourant aux mânes de sa sœur,
Et conserver à Rome un si bon défenseur.

LE VIEIL HORACE

Sire, c'est donc à moi de répondre à Valère.
Mes enfants avec lui conspirent contre un père :
Tous trois veulent me perdre, et s'arment sans raison
Contre si peu de sang qui reste en ma maison.

(A Sabine.)

Toi, qui par tes douleurs à ton devoir contraires
Veux quitter un mari pour rejoindre tes frères,
Va plutôt consulter leurs mânes généreux ;
Ils sont morts, mais pour Albe, et s'en tiennent heureux :
Puisque le Ciel vouloit qu'elle fût asservie,
Si quelque sentiment demeure après la vie,
Ce malheur semble moindre, et moins rudes ses coups,
Voyant que tout l'honneur en retombe sur nous ;
Tous trois désavoueront la douleur qui te touche,
Les larmes de tes yeux, les soupirs de ta bouche,

L'horreur que tu fais voir d'un mari vertueux.
Sabine, sois leur sœur, suis ton devoir comme eux.

(Au roi.)

Contre ce cher époux Valère en vain s'anime :
Un premier mouvement ne fut jamais un crime.
Et la louange est due au lieu du châtiment,
Quand la vertu produit ce premier mouvement.
Aimer nos ennemis avec idolâtrie,
De rage en leur trépas maudire la patrie,
Souhaiter à l'État un malheur infini,
C'est ce qu'on nomme crime, et ce qu'il a puni.
Le seul amour de Rome a sa main animée;
Il seroit innocent s'il l'avoit moins aimée.
Qu'ai-je dit, Sire? il l'est, et ce bras paternel
L'auroit déjà puni s'il étoit criminel;
J'aurois su mieux user de l'entière puissance
Que me donnent sur lui les droits de la naissance;
J'aime trop l'honneur, Sire, et ne suis point de rang
A souffrir ni d'affront ni de crime en mon sang.
C'est dont je ne veux point de témoin que Valère;
Il a vu quel accueil lui gardoit ma colère,
Lorsqu'ignorant encore la moitié du combat
Je croyois que sa fuite avoit trahi l'État.
Qui le fait se charger des soins de ma famille?
Qui le fait, malgré moi, vouloir venger ma fille?
Et par quelle raison, dans son juste trépas,
Prend-il un intérêt qu'un père ne prend pas?
On craint qu'après sa sœur il n'en maltraite d'autres!
Sire, nous n'avons part qu'à la honte des nôtres;
Et de quelque façon qu'un autre puisse agir,
Qui ne nous touche point ne nous fait point rougir.

(A Valère.)

Tu peux pleurer, Valère, et même aux yeux d'Horace,
Il ne prend intérêt qu'aux crimes de sa race :

Qui n'est point de son sang ne peut faire d'affront
Aux lauriers immortels qui lui ceignent le front.
Lauriers, sacrés rameaux qu'on veut réduire en poudre,
Vous qui mettez sa tête à couvert de la foudre,
L'abandonnerez-vous à l'infâme couteau
Qui fait choir les méchants sous la main d'un bourreau ?
Romains, souffrirez-vous qu'on vous immole un homme
Sans qui Rome aujourd'hui cesseroit d'être Rome,
Et qu'un Romain s'efforce à tacher le renom
D'un guerrier à qui tous doivent un si beau nom ?
Dis, Valère, dis-nous, si tu veux qu'il périsse,
Où tu penses choisir un lieu pour son supplice :
Sera-ce entre ces murs que mille et mille voix
Font résonner encor du bruit de ses exploits ?
Sera-ce hors des murs, au milieu de ces places
Qu'on voit fumer encor du sang des Curiaces,
Entre leurs trois tombeaux, et dans ce champ d'honneur
Témoin de sa vaillance et de notre bonheur ?
Tu ne saurois cacher ta peine à sa victoire :
Dans les murs, hors des murs tout parle de sa gloire ;
Tout s'oppose à l'effort de ton injuste amour,
Qui veut d'un si beau sang souiller un si beau jour.
Albe ne pourra pas souffrir un tel spectacle ;
Et Rome par ses pleurs y mettra trop d'obstacle.
  Vous les préviendrez, Sire, et par un juste arrêt
Vous saurez embrasser bien mieux son intérêt.
Ce qu'il a fait pour elle il peut encor le faire ;
Il peut la garantir encor d'un sort contraire.
Sire, ne donnez rien à mes débiles ans :
Rome aujourd'hui m'a vu père de quatre enfants ;
Trois en ce même jour sont morts pour sa querelle
Il m'en reste encor un, conservez-le pour elle :
N'ôtez pas à ces murs un si puissant appui ;
Et souffrez, pour finir, que je m'adresse à lui.
  Horace, ne crois pas que le peuple stupide

Soit le maître absolu d'un renom bien solide.
Sa voix tumultueuse assez souvent fait bruit :
Mais un moment l'élève, un moment le détruit,
Et ce qu'il contribue à notre renommée
Toujours en moins de rien se dissipe en fumée.
C'est aux rois, c'est aux grands, c'est aux esprits bien faits
A voir la vertu pleine en ses moindres effets ;
C'est d'eux seule qu'on reçoit la véritable gloire,
Eux seuls des vrais héros assurent la mémoire.
Vis toujours en Horace ; et toujours auprès d'eux
Ton nom demeurera grand, illustre, fameux,
Bien que l'occasion, moins haute ou moins brillante,
D'un vulgaire ignorant trompe l'injuste attente.
Ne hais donc plus la vie, et du moins vis pour moi,
Et pour servir encor ton pays et ton roi.
  Sire, j'en ai trop dit ; mais l'affaire vous touche ;
Et Rome tout entière a parlé par ma bouche.

VALÈRE

Sire, permettez-moi...

TULLE

          Valère, c'est assez ;
Vos discours par les leurs ne sont point effacés :
J'en garde en mon esprit les forces plus pressantes,
Et toutes vos raisons me sont encor présentes.
Cette énorme action, faite presque à nos yeux,
Outrage la nature et blesse jusqu'aux dieux.
Un premier mouvement qui produit un tel crime
Ne sauroit lui servir d'excuse légitime ;
Les moins sévères lois en ce point sont d'accord ;
Et si nous les suivons il est digne de mort.
Si d'ailleurs nous voulons regarder le coupable,
Ce crime, quoique grand, énorme, inexcusable,
Vient de la même épée et part du même bras
Qui me fait aujourd'hui maître de deux États.

Deux sceptres en ma main, Albe à Rome asservie,
Parlent bien hautement en faveur de sa vie :
Sans lui j'obéirois où je donne la loi,
Et je serois sujet où je suis deux fois roi.
Assez de bons sujets, dans toutes les provinces,
Par des vœux impuissants s'acquittent vers leurs princes ;
Tous les peuvent aimer ; mais tous ne peuvent pas
Par d'illustres effets assurer leurs États ;
Et l'art et le pouvoir d'affermir des couronnes
Sont des dons que le Ciel fait à peu de personnes.
De pareils serviteurs sont les forces des rois,
Et de pareils aussi sont au-dessus des lois.
Qu'elles se taisent donc ; que Rome dissimule
Ce que dans sa naissance elle vit dans Romule ;
Elle peut bien souffrir en son libérateur
Ce qu'elle a bien souffert en son premier auteur.
Vis donc, Horace, vis, guerrier trop magnanime ;
Ta vertu met ta gloire au-dessus de ton crime :
Sa chaleur généreuse a produit ton forfait ;
D'une cause si belle il faut souffrir l'effet.
Vis pour servir l'État ; vis, mais aime Valère :
Qu'il ne reste entre vous ni haine ni colère :
Et, soit qu'il ait suivi l'amour ou le devoir,
Sans aucun sentiment résous-toi de le voir.
Sabine, écoutez moins la douleur qui vous presse ;
Chassez de ce grand cœur ces marques de foiblesse :
C'est en séchant vos pleurs que vous vous montrerez
La véritable sœur de ceux que vous pleurez.

 Mais nous devons aux dieux demain un sacrifice ;
Et nous aurions le Ciel à nos vœux mal propice
Si nos prêtres, avant que de sacrifier,
Ne trouvoient les moyens de le purifier :
Son père en prendra soin ; il lui sera facile
D'apaiser tout d'un temps les mânes de Camille.
Je la plains ; et pour rendre à son sort glorieux

Ce que peut souhaiter un esprit amoureux,
Puisqu'en un même jour l'ardeur d'un même zèle
Achève le destin de son amant et d'elle,
Je veux qu'un même jour, témoin de leurs deux morts,
Dans un même tombeau voie enfermer leurs corps.

FIN D'HORACE

EXAMEN D'HORACE

C'est une croyance assez générale que cette pièce pourroit passer pour la plus belle des miennes, si les derniers actes répondoient aux premiers. Tous veulent que la mort de Camille en gâte la fin, et j'en demeure d'accord; mais je ne sais si tous en savent la raison. On l'attribue communément à ce qu'on voit cette mort sur la scène, ce qui seroit plutôt la faute de l'actrice que la mienne, parce que, quand elle voit son frère mettre l'épée à la main, la frayeur si naturelle au sexe lui doit faire prendre la fuite, et recevoir le coup derrière le théâtre, comme je le remarque dans cette impression. D'ailleurs, si c'est une règle de ne le point ensanglanter, elle n'est pas du temps d'Aristote, qui nous apprend que, pour émouvoir puissamment, il faut de grands déplaisirs, des blessures et des morts en spectacle. Horace ne veut pas que nous y hasardions les événements trop dénaturés, comme de Médée qui tue ses enfants; mais je ne vois pas qu'il en fasse une règle générale pour toutes sortes de morts, ni que l'emportement d'un homme passionné pour sa patrie contre une sœur qui la maudit en sa présence avec des imprécations horribles, soit de même nature que la cruauté de cette mère. Sénèque l'expose aux yeux du peuple en dépit d'Horace; et chez Sophocle, Ajax ne se cache point aux spectateurs lorsqu'il se tue. L'adoucissement que j'apporte dans le second de mes discours pour rectifier la mort de Clytemnestre, ne peut être propre ici à celle de Camille. Quand elle s'enferreroit elle-même par désespoir, en voyant son frère mettre l'épée à la main, ce frère ne laisseroit pas d'être criminel de l'avoir tirée contre elle, puisqu'il n'y a point de troisième personne sur le théâtre à qui il pût adresser le coup qu'elle recevroit, comme peut faire Oreste à Égiste. D'ailleurs l'histoire est trop connue pour retrancher le péril qu'il court d'une mort infâme après l'avoir tuée ; et la défense que lui prête son père pour obtenir sa grâce n'auroit plus de lieu s'il demeuroit innocent. Quoi qu'il en soit, voyons si cette action n'a pu causer la chute de ce poëme que par là, et s'il n'a point d'autre irrégularité que de blesser les yeux.

Comme je n'ai point accoutumé de dissimuler mes défauts, j'en trouve ici deux ou trois assez considérables. Le premier est que cette action, qui devient la principale de la pièce, est momentanée, et n'a point cette juste grandeur que lui demande Aristote, et qui consiste en un commencement, un milieu et une fin. Il surprend tout d'un coup ; et toute la préparation que j'y ai donnée par la peinture de la vertu farouche d'Horace et par la défense qu'il fait à sa sœur de regretter qui que ce soit de lui ou de son amant qui meure au combat n'est point suffisante pour faire attendre un emportement si extraordinaire, et servir de commencement à cette action.

Le second défaut est que cette mort fait une action double par le second péril où tombe Horace après être sorti du premier. L'unité de péril d'un héros dans la tragédie fait l'unité d'action ; et quand il en est garanti, la pièce est finie, si ce n'est que la sortie même de ce péril l'engage si nécessairement dans un autre, que la liaison et la continuité des deux n'en fasse qu'une action ; ce qui n'arrive point ici, où Horace revient triomphant sans aucun besoin de tuer sa sœur, ni même de parler à elle ; et l'action seroit suffisamment terminée à sa victoire. Cette chute d'un péril en l'autre sans nécessité fait ici un effet d'autant plus mauvais, que d'un péril public où il y va de tout l'État, il tombe en un péril particulier où il n'y va que de sa vie ; et, pour dire encore plus, d'un péril illustre où il ne peut succomber que glorieusement, en un péril infâme dont il ne peut sortir sans tache. Ajoutez pour troisième imperfection que Camille, qui ne tient que le second rang dans les trois premiers actes, et y laisse le premier à Sabine, prend le premier en ces deux derniers, où cette Sabine n'est plus considérable, et qu'ainsi, s'il y a inégalité dans les mœurs, il n'y en a point dans la dignité des personnages, où se doit étendre ce précepte d'Horace :

> . . . . Servetur ad imum
> Qualis ab incepto processerit, et sibi constet.

Ce défaut en Rodelinde a été une des principales causes du mauvais succès de *Pertharite*, et je n'ai point encore vu sur nos théâtres cette inégalité de rang en un même acteur, qui n'ait produit un très-méchant effet. Il seroit bon d'en établir une règle inviolable.

Du côté du temps, l'action n'est point trop pressée, et n'a rien qui ne me semble vraisemblable. Pour le lieu, bien que l'unité y soit exacte, elle n'est pas sans quelque contrainte. Il est constant qu'Horace et Curiace n'ont point de raison de se séparer du reste de la famille pour commencer le second acte ; et c'est une adresse de théâtre de n'en donner aucune, quand on n'en peut donner de bonnes. L'attachement de l'auditeur à l'action présente souvent ne lui permet pas de descendre à l'action sévère de cette justesse, et ce n'est pas un crime que de s'en prévaloir pour l'éblouir, quand il est malaisé de le satisfaire.

Le personnage de Sabine est assez heureusement inventé, et trouve sa ressemblance aisée dans le rapport à l'histoire, qui marque assez d'amitié et d'égalité entre les deux familles pour avoir pu faire cette double alliance.

Elle ne sert pas davantage à l'action que l'infante à celle du *Cid*, et ne fait que se laisser toucher diversement comme elle à la diversité des événements. Néanmoins on a généralement approuvé celle-ci, et condamné l'autre. J'en ai cherché la raison, et j'en ai trouvé deux. L'une est la liaison des scènes, qui semblent, s'il m'est permis de parler ainsi, incorporer Sabine dans cette pièce : au lieu que, dans le *Cid*, toutes celles de l'infante sont détachées et paroissent hors d'œuvre :

> . . . . . Tantum series juncturaque pollet.

L'autre, qu'ayant une fois posé Sabine pour femme d'Horace, il est nécessaire que tous les incidents de ce poëme lui donnent les sentiments qu'elle en témoigne avoir, par l'obligation qu'elle a de prendre intérêt à ce qui regarde son mari et ses frères ; mais l'infante n'est point obligée d'en prendre aucun en ce qui touche le Cid ; et si elle a quelque inclination secrète pour lui, il n'est point besoin qu'elle en fasse rien paroître, puisqu'elle ne produit aucun effet.

L'oracle qui est proposé au premier acte trouve son vrai sens à la conclusion du cinquième. Il semble clair d'abord, et porte l'imagination à un sens contraire; et je les aimerois mieux de cette sorte sur nos théâtres, que ceux qu'on fait entièrement obscurs, parce que la surprise de leur véritable effet en est plus belle. J'en ai usé ainsi encore dans l'*Andromède* et dans *Œdipe*. Je ne dis pas la même chose des songes, qui peuvent faire encore un plus grand ornement dans la protase, pourvu qu'on ne s'en serve pas souvent. Je voudrois qu'ils eussent l'idée de la fin véritable de la pièce, mais avec quelque confusion qui n'en permît pas l'intelligence entière. C'est ainsi que je m'en suis servi deux fois ici et dans *Polyeucte*, mais avec plus d'éclat et d'artifice dans ce dernier poëme, où il marque toutes les particularités de l'événement, qu'en celui-ci, où il ne fait qu'exprimer une ébauche tout à fait informe de ce qui doit arriver de funeste.

Il passe pour constant que le second acte est un des plus pathétiques qui soient sur la scène, et le troisième un des plus artificieux. Il est soutenu de la seule narration de la moitié du combat des trois frères, qui est coupée très-heureusement pour laisser Horace le père dans la colère et le déplaisir, et lui donner ensuite un beau retour à la joie dans le quatrième. Il a été à propos, pour le jeter dans cette erreur, de se servir de l'impatience d'une femme qui suit brusquement sa première idée, et présume le combat achevé, parce qu'elle a vu deux des Horaces par terre, et le troisième en fuite. Un homme, qui doit être plus posé et plus judicieux, n'eût pas été propre à donner cette fausse alarme, il eût dû prendre plus de patience, afin d'avoir plus de certitude de l'événement, et n'eût pas été excusable de se laisser emporter si légèrement par les apparences à présumer le mauvais succès d'un combat dont il n'eût pas vu la fin.

Bien que le roi n'y paroisse qu'au cinquième acte, il y est mieux dans sa dignité que dans le *Cid*, parce qu'il a intérêt pour tout son État dans le reste de la pièce; et bien qu'il n'y parle point, il ne laisse pas d'y agir comme roi. Il vient aussi dans ce cinquième comme roi qui veut honorer par cette visite un père dont les fils lui ont conservé sa couronne, et acquis celle d'Albe au prix de leur sang. S'il y fait l'office de juge, ce n'est que par accident ; et il le fait dans ce logis même d'Horace, par la seule contrainte qu'impose la règle de l'unité de lieu. Tout ce cinquième est encore une des causes du peu de satisfaction que laisse cette tragédie : il est tout en plaidoyers, et ce n'est pas là la place des harangues ni des longs discours ; ils peuvent être supportés en un commencement de pièce, où l'action n'est pas encore échauffée ; mais le cinquième acte doit plus agir que discourir. L'attention de l'auditeur, déjà lassée, se rebute de ces conclusions qui traînent, et tirent la fin en longueur.

Quelques-uns ne veulent pas que Valère y soit un digne accusateur d'Horace, parce que dans la pièce il n'a pas fait voir assez de passion pour Camille. A quoi je réponds que ce n'est pas à dire qu'il n'en eût une très-forte, mais qu'un amant mal voulu ne pouvoit se montrer de bonne grâce à sa maîtresse dans le jour qui la rejoignoit à un amant aimé. Il n'y avoit point de place pour lui au premier acte, et encore moins au second : il falloit qu'il tînt son rang à l'armée pendant le troisième ; et il se montre au quatrième, sitôt que la mort de son rival fait quelque ouverture à son espérance : il tâche à gagner les bonnes grâces du père par la commission qu'il prend du roi de lui apporter les glorieuses nouvelles de l'honneur que ce prince lui veut faire ; et par occasion il lui apprend la victoire de son fils, qu'il ignoroit. Il ne manque pas d'amour durant les trois premiers actes, mais d'un temps propre à le témoigner ; et dès la première scène de la pièce il paroît bien qu'il rendoit assez de soins à Camille, puisque Sabine s'en alarme pour son frère. S'il ne prend pas le procédé de France, il faut considérer qu'il est Romain, et dans Rome, où il n'auroit pu entreprendre un duel contre un autre Romain sans faire un crime d'État, et que j'aurois fait un crime de théâtre, si j'avois habillé un Romain à la françoise.

FIN DE L'EXAMEN D'HORACE

CINNA

ou

LA CLÉMENCE D'AUGUSTE

TRAGÉDIE EN CINQ ACTES

. . . . Cui lecta potenter erit res,
Nec facundia deseret hunc, nec lucidus ordo.
HORAT.

ACTEURS

Octave-César-Auguste, empereur de Rome.
Livie, impératrice.
Cinna, fils d'une fille de Pompée, chef de la conjuration contre Auguste.
Maxime, autre chef de la conjuration.
Émilie, fille de C. Toranius, tuteur d'Auguste, et proscrit par lui durant le triumvirat.
Fulvie, confidente d'Émilie.
Polyclète, affranchi d'Auguste.
Évandre, affranchi de Cinna.
Euphorbe, affranchi de Maxime.

La scène est à Rome.

CINNA

ACTE PREMIER

SCÈNE I

ÉMILIE

Impatients désirs d'une illustre vengeance [1]
Dont la mort de mon père a formé la naissance,
Enfants impétueux de mon ressentiment,
Que ma douleur séduite embrasse aveuglément,
Vous prenez sur mon âme un trop puissant empire :
Durant quelques moments souffrez que je respire,
Et que je considère, en l'état où je suis,
Et ce que je hasarde et ce que je poursuis.
Quand je regarde Auguste au milieu de sa gloire,
Et que vous reprochez à ma triste mémoire [2]
Que par sa propre main mon père massacré
Du trône où je le vois fait le premier degré ;

---

[1] Boileau trouvait dans ces *impatients désirs, enfants du ressentiment embrasés par la douleur,* une espèce de famille ; il prétendait que les grands intérêts et les grandes passions s'expriment plus naturellement, il trouvait que le poëte paraît trop ici, et le personnage trop peu. (V.) — Fénelon, d'accord avec Boileau, trouve que ces vers ont je ne sais quoi d'outré.

Voltaire est moins sévère : « Le public a perdu le goût de ces déclamations ; « celle-ci n'est pas nécessaire à la pièce ; mais n'a-t-elle pas de grandes beautés ? « n'est-elle pas majestueuse, et même passionnée ? »

[2] Ces désirs rappellent à Émilie le meurtre de son père, et ne le lui reprochent pas. Il fallait dire : *Vous me reprochez de ne l'avoir pas encore vengé,* et non pas : *Vous me reprochez sa proscription;* car elle n'est certainement pas cause de cette mort. (VOLT.)

Quand vous me présentez cette sanglante image,
La cause de ma haine et l'effet de ma rage,
Je m'abandonne toute à vos ardents transports,
Et crois, pour une mort, lui devoir mille morts [1].
Au milieu toutefois d'une fureur si juste,
J'aime encor plus Cinna que je ne hais Auguste [2];
Et je sens refroidir ce bouillant mouvement,
Quand il faut pour le suivre exposer mon amant.
Oui, Cinna, contre moi moi-même je m'irrite,
Quand je songe aux dangers où je te précipite.
Quoique pour me servir tu n'appréhendes rien,
Te demander du sang, c'est exposer le tien :
D'une si haute place on n'abat point de têtes
Sans attirer sur soi mille et mille tempêtes ;
L'issue en est douteuse, et le péril certain :
Un ami déloyal peut trahir ton dessein ;
L'ordre mal concerté, l'occasion mal prise,
Peuvent sur son auteur renverser l'entreprise,
Tourner sur toi les coups dont tu veux le frapper ;
Dans sa ruine même il peut t'envelopper ;
Et quoi qu'en ma faveur ton amour exécute,
Il te peut, en tombant, écraser sous sa chute.
Ah ! cesse de courir à ce mortel danger ;
Te perdre en me vengeant, ce n'est pas me venger.
Un cœur est trop cruel quand il trouve des charmes
Aux douceurs que corrompt l'amertume des larmes ;
Et l'on doit mettre au rang des plus cuisants malheurs
La mort d'un ennemi qui coûte tant de pleurs.
    Mais peut-on en verser alors qu'on venge un père?
Est-il perte à ce prix qui ne semble légère?

---

[1] *Mille morts*, et plus bas, *mille et mille tempêtes*, sont des mots vagues qui ne disent rien.

[2] De bons critiques, qui connaissent l'art et le cœur humain, n'aiment pas qu'on annonce ainsi de sang-froid les sentiments de son cœur, ils veulent que les sentiments échappent à la passion. (Volt.)

Et, quand son assassin tombe sous notre effort,
Doit-on considérer ce que coûte sa mort?
Cessez, vaines frayeurs, cessez, lâches tendresses,
De jeter dans mon cœur vos indignes foiblesses!
Et toi qui les produis par tes soins superflus,
Amour, sers mon devoir, et ne le combats plus!
Lui céder, c'est ta gloire; et le vaincre, ta honte;
Montre-toi généreux, souffrant qu'il te surmonte;
Plus tu lui donneras, plus il te va donner,
Et ne triomphera que pour te couronner[1].

SCÈNE II

ÉMILIE, FULVIE

ÉMILIE

Je l'ai juré, Fulvie, et je le jure encore,
Quoique j'aime Cinna, quoique mon cœur l'adore,
S'il me veut posséder, Auguste doit périr;
Sa tête est le seul prix dont il peut m'acquérir :
Je lui prescris la loi que mon devoir m'impose.

FULVIE

Elle a, pour la blâmer, une trop juste cause :
Par un si grand dessein vous vous faites juger
Digne sang de celui que vous voulez venger[2].
Mais, encore une fois, souffrez que je vous die
Qu'une si juste ardeur devroit être attiédie.
Auguste chaque jour, à force de bienfaits,
Semble assez réparer les maux qu'il vous a faits;
Sa faveur envers vous paraît si déclarée,
Que vous êtes chez lui la plus considérée;
Et de ses courtisans souvent les plus heureux

---

[1] Il faudrait *il ne triomphera*. (VOLT.)

[2] Toranius était un plébéien inconnu, qui n'avait joué aucun rôle, et qu'Octave sacrifia dans les proscriptions parce qu'il était riche. (VOLT.)

Vous pressent à genoux de lui parler pour eux.

ÉMILIE

Toute cette faveur ne me rend pas mon père :
Et, de quelque façon que l'on me considère,
Abondante en richesse ou puissante en crédit,
Je demeure toujours la fille d'un proscrit.
Les bienfaits ne font pas toujours ce que tu penses ;
D'une main odieuse ils tiennent lieu d'offenses :
Plus nous en prodiguons à qui nous peut haïr,
Plus d'armes nous donnons à qui nous veut trahir.
Il m'en fait chaque jour sans changer mon courage ;
Je suis ce que j'étois, et je puis davantage ;
Et des mêmes présents qu'il verse dans mes mains
J'achète contre lui les esprits des Romains ;
Je recevrois de lui la place de Livie
Comme un moyen plus sûr d'attenter à sa vie.
Pour qui venge son père il n'est point de forfaits,
Et c'est vendre son sang que se rendre aux bienfaits [1].

FULVIE

Quel besoin toutefois de passer pour ingrate?
Ne pouvez-vous haïr sans que la haine éclate?
Assez d'autres sans vous n'ont pas mis en oubli
Par quelles cruautés son trône est établi.
Tant de braves Romains, tant d'illustres victimes,
Qu'à son ambition ont immolé ses crimes,
Laissent à leurs enfants d'assez vives douleurs
Pour venger votre perte en vengeant leurs malheurs.
Beaucoup l'ont entrepris, mille autres vont les suivre :
Qui vit haï de tous ne sauroit longtemps vivre :
Remettez à leurs bras les communs intérêts,
Et n'aidez leurs desseins que par des vœux secrets.

---

[1] Il est triste que des hémistiches si éloquents, si mâles, ne prêchent que le meurtre et la barbarie. Si celui que l'on tue a aussi un fils et une fille, il n'y a plus de fin aux massacres ; et les enfants à force de venger leurs pères auraient bientôt dépeuplé leur patrie. (GEOFFROY.)

ÉMILIE

Quoi! je le haïrai sans tâcher de lui nuire?
J'attendrai du hasard qu'il ose le détruire?
Et je satisferai des devoirs si pressants
Par une haine obscure et des vœux impuissants?
Sa perte, que je veux, me deviendroit amère,
Si quelqu'un l'immoloit à d'autres qu'à mon père;
Et tu verrois mes pleurs couler pour son trépas
Qui, le faisant périr, ne me vengeroit pas [1].
C'est une lâcheté que de remettre à d'autres
Les intérêts publics qui s'attachent aux nôtres [2].
Joignons à la douceur de venger nos parents
La gloire qu'on remporte à punir les tyrans,
Et faisons publier par toute l'Italie :
« La liberté de Rome est l'œuvre d'Émilie :
« On a touché son âme, et son cœur s'est épris;
« Mais elle n'a donné son amour qu'à ce prix. »

FULVIE

Votre amour à ce prix n'est qu'un présent funeste
Qui porte à votre amant sa perte manifeste.
Pensez mieux, Émilie, à quoi vous l'exposez,
Combien à cet écueil se sont déjà brisés;
Ne vous aveuglez point quand sa mort est visible.

ÉMILIE

Ah! tu sais me frapper par où je suis sensible.
Quand je songe aux dangers que je lui fais courir,
La crainte de sa mort me fait déjà mourir;
Mon esprit en désordre à soi-même s'oppose;
Je veux et ne veux pas, je m'emporte et je n'ose;
Et mon devoir, confus, languissant, étonné,

---

[1] Ce sentiment atroce et ces beaux vers ont été imités par Racine dans *Andromaque* :

.... Ma vengeance est perdue,
S'il ignore en mourant que c'est moi qui le tue.
(VOLT.)

[2] Le mot propre est *se rattachent*.

Cède aux rébellions de mon cœur mutiné.

Tout beau, ma passion, deviens un peu moins forte[1] ;
Tu vois bien des hasards, ils sont grands, mais n'importe :
Cinna n'est pas perdu pour être hasardé.
De quelques légions qu'Auguste soit gardé,
Quelque soin qu'il se donne et quelque ordre qu'il tienne,
Qui méprise la vie est maître de la sienne.
Plus le péril est grand, plus doux en est le fruit ;
La vertu nous y jette, et la gloire le suit.
Quoi qu'il en soit, qu'Auguste ou que Cinna périsse,
Aux mânes paternels je dois ce sacrifice ;
Cinna me l'a promis en recevant ma foi :
Et ce coup seul aussi le rend digne de moi.
Il est tard, après tout, de m'en vouloir dédire.
Aujourd'hui l'on s'assemble, aujourd'hui l'on conspire,
L'heure, le lieu, le bras se choisit aujourd'hui ;
Et c'est à faire enfin à mourir après lui...
Mais le voici qui vient[2].

SCÈNE III

CINNA, ÉMILIE, FULVIE

ÉMILIE

Cinna, votre assemblée
Par l'effroi du péril n'est-elle point troublée ?
Et reconnoissez-vous au front de vos amis
Qu'ils soient prêts à tenir ce qu'ils vous ont promis ?

CINNA

Jamais contre un tyran entreprise conçue
Ne permit d'espérer une si belle issue ;

---

[1] *Tout beau.* Ce mot familier est banni du discours sérieux, à plus forte raison de la poésie. Ce mot pouvait être noble du temps de Corneille. — L'apostrophe à sa passion sort du ton du dialogue et de la vérité. (VOLT.)

[2] Voltaire dit en parlant de cette scène : « Ce n'est qu'une scène avec une con-« fidente, et elle est sublime. »

Jamais de telle ardeur on n'en jura la mort,
Et jamais conjurés ne furent mieux d'accord.
Tous s'y montrent portés avec tant d'allégresse,
Qu'ils semblent, comme moi, servir une maîtresse ;
Et tous font éclater un si puissant courroux,
Qu'ils semblent tous venger un père comme vous.

ÉMILIE

Je l'avois bien prévu, que pour un tel ouvrage
Cinna sauroit choisir des hommes de courage,
Et ne remettroit pas en de mauvaises mains
L'intérêt d'Émilie et celui des Romains.

CINNA

Plût aux dieux que vous-même eussiez vu de quel zèle
Cette troupe entreprend une action si belle [1] !
Au seul nom de César, d'Auguste et d'empereur,
Vous eussiez vu leurs yeux s'enflammer de fureur,
Et dans un même instant, par un effet contraire,
Leur front pâlir d'horreur et rougir de colère.
« Amis, leur ai-je dit, voici le jour heureux
« Qui doit conclure enfin nos desseins généreux :
« Le Ciel entre nos mains a mis le sort de Rome,
« Et son salut dépend de la perte d'un homme,
« Si l'on doit le nom d'homme à qui n'a rien d'humain,
« A ce tigre altéré de tout le sang romain.
« Combien pour le répandre a-t-il formé de brigues !
« Combien de fois changé de partis et de ligues !
« Tantôt ami d'Antoine, et tantôt ennemi,
« Et jamais insolent ni cruel à demi [2] ! »

---

[1] Ce discours de Cinna est un des plus beaux morceaux d'éloquence que nous ayons dans notre langue. (VOLT.)

[2] Cet effrayant tableau tracé par Cinna met dans son parti les spectateurs, qui ne voient dans son entreprise qu'une vengeance légitime, et le dessein toujours imposant de rendre la liberté à Rome, de punir un tyran qui a été barbare. (LA HARPE.)

Est-ce à dire que Corneille ait voulu faire de Cinna l'honnête homme de la

Là, par un long récit de toutes les misères
Que durant notre enfance ont enduré nos pères,
Renouvelant leur haine avec leur souvenir,
Je redouble en leurs cœurs l'ardeur de le punir.
Je leur fais des tableaux de ces tristes batailles
Où Rome par ses mains déchiroit ses entrailles,
Où l'aigle abattoit l'aigle, et de chaque côté
Nos légions s'armoient contre leur liberté;
Où les meilleurs soldats et les chefs les plus braves
Mettoient toute leur gloire à devenir esclaves;
Où, pour mieux assurer la honte de leurs fers,
Tous vouloient à leur chaîne attacher l'univers;
Et, l'exécrable honneur de lui donner un maître
Faisant aimer à tous l'infâme nom de traître,
Romains contre Romains, parents contre parents,
Combattoient seulement pour le choix des tyrans.
J'ajoute à ces tableaux la peinture effroyable
De leur concorde impie, affreuse, inexorable,
Funeste aux gens de bien, aux riches, au sénat,
Et, pour tout dire enfin, de leur triumvirat.
Mais je ne trouve point de couleurs assez noires
Pour en représenter les tragiques histoires.
Je les peins dans le meurtre à l'envi triomphants :
Rome entière noyée au sang de ses enfants;
Les uns assassinés dans les places publiques,
Les autres dans le sein de leurs dieux domestiques;
Le méchant par le prix au crime encouragé,
Le mari par sa femme en son lit égorgé;
Le fils tout dégouttant du meurtre de son père,

---

pièce, comme on le croyait au xvii⁰ siècle? Non; le sujet de la tragédie n'est pas la fureur de Cinna et d'Émilie; on y propose à notre admiration la clémence d'Auguste, et non pas un lâche assassinat. « Si Corneille a répandu un brillant vernis sur les conjurés, c'était pour rendre encore plus intéressante la générosité du grand homme qui leur pardonne. La clémence a moins d'éclat quand les coupables sont odieux et vils. » (GEOFFROY.)

Et, sa tête à la main, demandant son salaire [1] ;
Sans pouvoir exprimer par tant d'horribles traits
Qu'un crayon imparfait de leur sanglante paix.

Vous dirai-je les noms de ces grands personnages
Dont j'ai dépeint les morts pour aigrir les courages [2] ;
De ces fameux proscrits, ces demi-dieux mortels,
Qu'on a sacrifiés jusque sur les autels?
Mais pourrois-je vous dire à quelle impatience,
A quels frémissements, à quelle violence,
Ces indignes trépas, quoique mal figurés,
Ont porté les esprits de tous nos conjurés?
Je n'ai point perdu temps, et voyant leur colère
Au point de ne rien craindre, en état de tout faire,
J'ajoute en peu de mots : « Toutes ces cruautés,
« La perte de nos biens et de nos libertés,
« Le ravage des champs, le pillage des villes,
« Et les proscriptions, et les guerres civiles,
« Sont les degrés sanglants dont Auguste a fait choix
« Pour monter sur le trône et nous donner des lois.
« Mais nous pouvons changer un destin si funeste,
« Puisque des rois tyrans c'est le seul qui nous reste,
« Et que, juste une fois, il s'est privé d'appui,
« Perdant, pour régner seul, deux méchants comme lui.
« Lui mort, nous n'avons point de vengeur ni de maître [3] ;

---

[1] Auguste n'est-il pas avili par le récit des crimes que lui a coûtés son ambition? Reconnaissons ici la magie du théâtre et la nature du cœur humain. Les cruautés d'Octave sont dans l'avant-scène; les vertus d'Auguste occupent le théâtre; son dessein même d'abdiquer, que les historiens attribuent à la politique, est présenté au spectateur comme le sublime de la modération et du patriotisme. (GEOFFROY.)

[2] Dans les temps de Corneille on disait *les courages* pour *les esprits ;* on peut même se servir encore du mot *courage* en ce sens; mais *aigrir* n'est pas assez fort. (VOLT.)

[3] Il veut dire :

Mort, il est sans vengeur, et nous sommes sans maître.

En effet, c'est Rome qui a des vengeurs dans les assassins du tyran. Corneille entend donc qu'Auguste restera sans vengeance. (VOLT.)

« Avec la liberté Rome s'en va renaître [1] ;
« Et nous mériterons le nom de vrais Romains,
« Si le joug qui l'accable est brisé par nos mains.
« Prenons l'occasion tandis qu'elle est propice :
« Demain au Capitole il fait un sacrifice ;
« Qu'il en soit la victime, et faisons en ces lieux
« Justice à tout le monde, à la face des dieux.
« Là, presque pour sa suite il n'a que notre troupe ;
« C'est de ma main qu'il prend et l'encens et la coupe :
« Et je veux pour signal que cette même main
« Lui donne, au lieu d'encens, d'un poignard dans le sein.
« Ainsi d'un coup mortel la victime frappée
« Fera voir si je suis du sang du grand Pompée ;
« Faites voir après moi si vous vous souvenez
« Des illustres aïeux de qui vous êtes nés. »
A peine ai-je achevé, que chacun renouvelle,
Par un noble serment le vœu d'être fidèle :
L'occasion leur plaît ; mais chacun veut pour soi
L'honneur du premier coup que j'ai choisi pour moi.
La raison règle enfin l'ardeur qui les emporte ;
Maxime et la moitié s'assurent de la porte ;
L'autre moitié me suit, et doit l'environner,
Prête au premier signal que je voudrai donner.
  Voilà, belle Émilie, à quel point nous en sommes.
Demain j'attends la haine ou la faveur des hommes,
Le nom de parricide ou de libérateur,
César celui de prince ou d'un usurpateur.
Du succès qu'on obtient contre la tyrannie
Dépend ou notre gloire ou notre ignominie ;
Et le peuple, inégal à l'endroit des tyrans [2],

---

[1] *S'en va renaître.* Cette expression n'est point fautive en poésie : au contraire, voyez dans l'*Iphigénie* de Racine :

> Et ce triomphe heureux qui s'en va devenir
> L'éternel entretien des siècles à venir.

[2] Ce terme *à l'endroit* n'est plus d'usage dans le style noble. (VOLT.)

S'il les déteste morts, les adore vivants.
Pour moi, soit que le Ciel me soit dur ou propice,
Qu'il m'élève à la gloire ou me livre au supplice,
Que Rome se déclare ou pour ou contre nous,
Mourant pour vous servir, tout me semblera doux.

ÉMILIE

Ne crains point de succès qui souille ta mémoire :
Le bon et le mauvais sont égaux pour ta gloire;
Et dans un tel dessein le manque de bonheur
Met en péril ta vie et non pas ton honneur.
Regarde le malheur de Brute et de Cassie :
La splendeur de leur nom en est-elle obscurcie;
Sont-ils morts tout entiers avec leurs grands desseins[1]?
Ne les compte-t-on plus pour les derniers Romains?
Leur mémoire dans Rome est encor précieuse,
Autant que de César la vie est odieuse :
Si leur vainqueur y règne, ils y sont regrettés,
Et par les vœux de tous leurs pareils souhaités.

Va marcher sur leurs pas, où l'honneur te convie[2] :
Mais ne perds pas le soin de conserver ta vie;
Souviens-toi du beau feu dont nous sommes épris,
Qu'aussi bien que la gloire Émilie est ton prix;
Que tu me dois ton cœur, que mes faveurs t'attendent,
Que tes jours me sont chers, que les miens en dépendent.
Mais quelle occasion mène Évandre vers nous?

---

[1] Cette expression sublime, *mourir tout entier*, est prise du latin d'Horace, *non omnis moriar*. Racine l'a imitée dans sa belle pièce d'*Iphigénie* :

> Ne laisser aucun nom et mourir tout entier.

(VOLT.)

[2] Il faudrait *va, marche;* on ne dit pas plus *allons marcher* qu'*allons aller*.

(VOLT.)

SCÈNE IV

CINNA, ÉMILIE, ÉVANDRE, FULVIE

ÉVANDRE

César vous mande, et Maxime avec vous [1].

CINNA

t Maxime avec moi! Le sais-tu bien, Évandre?

ÉVANDRE

Polyclète est encor chez vous à vous attendre,
Et fût venu lui-même avec moi vous chercher,
Si ma dextérité n'eût su l'en empêcher.
Je vous en donne avis, de peur d'une surprise.
Il presse fort.

ÉMILIE

Mander les chefs de l'entreprise!
Tous deux en même temps! Vous êtes découverts!

CINNA

Espérons mieux, de grâce.

ÉMILIE

Ah! Cinna, je te perds!
Et les dieux, obstinés à nous donner un maître,
Parmi tes vrais amis ont mêlé quelque traître.
Il n'en faut point douter, Auguste a tout appris.
Quoi! tous deux! et sitôt que le conseil est pris!

CINNA

Je ne vous puis celer que son ordre m'étonne;
Mais souvent il m'appelle auprès de sa personne :
Maxime est, comme moi, de ses plus confidents,
Et nous nous alarmons peut-être en imprudents.

ÉMILIE

Sois moins ingénieux à te tromper toi-même,
Cinna; ne porte point mes maux jusqu'à l'extrême;

---

[1] L'intrigue est nouée dès le premier acte : le plus grand intérêt et le plus grand péril s'y manifestent; c'est un coup de théâtre. (VOLT.)

Et puisque désormais tu ne peux me venger,
Dérobe au moins ta tête à ce mortel danger;
Fuis d'Auguste irrité l'implacable colère.
Je verse assez de pleurs pour la mort de mon père;
N'aigris point ma douleur par un nouveau tourment,
Et ne me réduis point à pleurer mon amant.

CINNA

Quoi! sur l'illusion d'une terreur panique,
Trahir vos intérêts et la cause publique!
Par cette lâcheté moi-même m'accuser,
Et tout abandonner quand il faut tout oser!
Que feront nos amis si vous êtes déçue?

ÉMILIE

Mais que deviendras-tu si l'entreprise est sue?

CINNA

S'il est pour me trahir des esprits assez bas,
Ma vertu pour le moins ne me trahira pas;
Vous la verrez, brillante au bord des précipices,
Se couronner de gloire en bravant les supplices,
Rendre Auguste jaloux du sang qu'il répandra.
Et le faire trembler alors qu'il me perdra.
Je deviendrois suspect à tarder davantage :
Adieu. Raffermissez ce généreux courage.
S'il faut subir le coup d'un destin rigoureux,
Je mourrai tout ensemble heureux et malheureux :
Heureux pour vous servir de perdre ainsi la vie,
Malheureux de mourir sans vous avoir servie.

ÉMILIE

Oui, va, n'écoute plus ma voix qui te retient;
Mon trouble se dissipe, et ma raison revient;
Pardonne à mon amour cette indigne foiblesse.
Tu voudrois fuir en vain, Cinna, je le confesse;
Si tout est découvert, Auguste a su pourvoir
A ne te laisser pas la fuite en ton pouvoir.
Porte, porte chez lui cette mâle assurance,

Digne de notre amour, digne de ta naissance;
Meurs, s'il y faut mourir, en citoyen romain,
Et par un beau trépas couronne un beau dessein.
Ne crains pas qu'après toi rien ici me retienne;
Ta mort emportera mon âme vers la tienne;
Et mon cœur aussitôt, percé des mêmes coups...

CINNA

Ah! souffrez que tout mort je vive encore en vous;
Et du moins en mourant permettez que j'espère
Que vous saurez venger l'amant avec le père.
Rien n'est pour vous à craindre; aucun de nos amis
Ne sait ni vos desseins ni ce qui m'est promis;
Et, leur parlant tantôt des misères romaines,
Je leur ai tu la mort qui fait naître nos haines,
De peur que mon ardeur touchant vos intérêts
D'un si parfait amour ne trahît les secrets.
Il n'est su que d'Évandre et de votre Fulvie.

ÉMILIE

Avec moins de frayeur je vais donc chez Livie,
Puisque dans ton péril il me reste un moyen
De faire agir pour toi son crédit et le mien.
Mais si mon amitié par là ne te délivre,
N'espère pas qu'enfin je veuille te survivre.
Je fais de ton destin des règles à mon sort,
Et j'obtiendrai ta vie, ou je suivrai ta mort.

CINNA

Soyez en ma faveur moins cruelle à vous-même.

ÉMILIE

Va-t'en, et souviens-toi seulement que je t'aime.

FIN DU PREMIER ACTE

ACTE DEUXIÈME

SCÈNE I
AUGUSTE, CINNA, MAXIME, TROUPE DE COURTISANS[1].

AUGUSTE
Que chacun se retire et qu'aucun n'entre ici.
Vous, Cinna, demeurez, et vous, Maxime, aussi.

(*Tous se retirent, à la réserve de Cinna et de Maxime.*)

Cet empire absolu sur la terre et sur l'onde,
Ce pouvoir souverain que j'ai sur tout le monde,
Cette grandeur sans borne et cet illustre rang
Qui m'a jadis coûté tant de peine et de sang[2],
Enfin tout ce qu'adore en ma haute fortune
D'un courtisan flatteur la présence importune,
N'est que de ces beautés dont l'éclat éblouit,
Et qu'on cesse d'aimer sitôt qu'on en jouit.
L'ambition déplaît quand elle est assouvie[3],

---

[1] C'est une chose admirable d'avoir supposé cette délibération d'Auguste avec ceux mêmes qui viennent de faire serment de l'assassiner. (Volt.)
   Cette idée est grande et dramatique ; elle est d'un homme de génie. (La H.)

[2] « Il me semble, dit Fénelon (lettre à l'Académie sur l'éloquence) qu'on a « donné souvent aux Romains un discours trop fastueux ; je ne trouve point « de proportion entre l'emphase avec laquelle Auguste parle dans la tragédie de « *Cinna*, et la modeste simplicité avec laquelle Suétone le dépeint. » Il est vrai : mais ne faut-il pas quelque chose de plus relevé sur le théâtre que dans Suétone ? Il y a un milieu à garder entre l'enflure et la simplicité. Il faut avouer que Corneille a quelquefois passé les bornes. (Volt.)

[3] Ce morceau sera toujours un chef-d'œuvre par la beauté des vers, par les détails, par la force du raisonnement et par l'intérêt même qui doit en résulter ; car est-il rien de plus intéressant que de voir Auguste rendre ses propres assassins arbitres de sa destinée ? Il serait mieux, j'en conviens, que cette scène eût pu être préparée ; mais le fond est toujours le même, et les beautés de détail, qui seules peuvent faire le succès du poëte, sont d'un genre sublime. (Volt.)

D'une contraire ardeur son ardeur est suivie;
Et comme notre esprit, jusqu'au dernier soupir,
Toujours vers quelque objet pousse quelque désir,
Il se ramène en soi n'ayant plus où se prendre,
Et, monté sur le faîte, il aspire à descendre [1].
J'ai souhaité l'empire, et j'y suis parvenu;
Mais, en le souhaitant, je ne l'ai pas connu :
Dans sa possession j'ai trouvé pour tous charmes
D'effroyables soucis, d'éternelles alarmes,
Mille ennemis secrets, la mort à tous propos,
Point de plaisir sans trouble, et jamais de repos.
Sylla m'a précédé dans ce pouvoir suprême;
Le grand César mon père en a joui de même :
D'un œil si différent tous deux l'ont regardé,
Que l'un s'en est démis, et l'autre l'a gardé;
Mais l'un, cruel, barbare, est mort aimé, tranquille,
Comme un bon citoyen dans le sein de sa ville;
L'autre, tout débonnaire, au milieu du sénat
A vu trancher ses jours par un assassinat.
Ces exemples récents suffiroient pour m'instruire,
Si par l'exemple seul on se pouvoit conduire;
L'un m'invite à le suivre, et l'autre me fait peur;
Mais l'exemple souvent n'est qu'un miroir trompeur;
Et l'ordre du Destin qui gêne nos pensées
N'est pas toujours écrit dans les choses passées [2];
Quelquefois l'un se brise où l'autre s'est sauvé,

---

[1] Quelque crainte que mon père eût de parler de vers à mon frère, quand il le vit en âge de pouvoir discerner le bon du mauvais, il lui fit apprendre par cœur des endroits de *Cinna;* et lorsqu'il entendait réciter ce beau vers :

Et, monté sur le faîte, il aspire à descendre,

« Remarquez bien cette expression, lui disait-il avec enthousiasme. On dit :
« Aspirer à monter; mais il faut connaître le cœur humain aussi bien que
« Corneille l'a connu, pour avoir su dire de l'ambitieux qu'il aspire à des-
« cendre. » (L. Racine.)

[2] Il veut dire : *Le destin que nous cherchons à connaître n'est pas toujours écrit dans les événements passés qui pourraient nous instruire.* (V.)

Et par où l'un périt un autre est conservé.
　Voilà, mes chers amis, ce qui me met en peine.
Vous, qui me tenez lieu d'Agrippe et de Mécène [1],
Pour résoudre ce point avec eux débattu,
Prenez sur mon esprit le pouvoir qu'ils ont eu.
Ne considérez point cette grandeur suprême,
Odieuse aux Romains et pesante à moi-même;
Traitez-moi comme ami, non comme souverain;
Rome, Auguste, l'État, tout est en votre main :
Vous mettrez et l'Europe, et l'Asie, et l'Afrique,
Sous les lois d'un monarque, ou d'une république;
Votre avis est ma règle, et par ce seul moyen
Je veux être empereur, ou simple citoyen.

CINNA

　Malgré notre surprise [2], et mon insuffisance,
Je vous obéirai, seigneur, sans complaisance,
Et mets bas le respect qui pourroit m'empêcher
De combattre un avis où vous semblez pencher;
Souffrez-le d'un esprit jaloux de votre gloire,
Que vous allez souiller d'une tache trop noire,
Si vous ouvrez votre âme à ces impressions
Jusques à condamner toutes vos actions.
　On ne renonce point aux grandeurs légitimes;
On garde sans remords ce qu'on acquiert sans crime;
Et plus le bien qu'on quitte est noble, grand, exquis,
Plus qui l'ose quitter le juge mal acquis.
N'imprimez pas, seigneur, cette honteuse marque
A ces rares vertus qui vous ont fait monarque :
Vous l'êtes justement, et c'est sans attentat

---

[1] Auguste eut en effet, à ce qu'on dit, cette conversation avec Agrippa et Mécénas : Dion Cassius (liv. III) les fait parler tous deux; mais qu'il est faible et stérile en comparaison de Corneille! (VOLT.)

[2] Ce mot est la critique du peu de préparation donnée à cette scène. En effet, est-il naturel qu'Auguste veuille ainsi abdiquer tout d'un coup, sans aucun sujet, sans aucune raison nouvelle? (VOLT.)

Que vous avez changé la forme de l'État.
Rome est dessous vos lois par le droit de la guerre,
Qui sous les lois de Rome a mis toute la terre;
Vos armes l'ont conquise, et tous les conquérants
Pour être usurpateurs ne sont pas des tyrans.
Quand ils ont sous leurs lois asservi des provinces,
Gouvernant justement ils s'en font justes princes.
C'est ce que fit César : il vous faut aujourd'hui
Condamner sa mémoire, ou faire comme lui.
Si le pouvoir suprême est blâmé par Auguste,
César fut un tyran, et son trépas fut juste,
Et vous devez aux dieux compte de tout le sang
Dont vous l'avez vengé pour monter à son rang.
N'en craignez point, seigneur, les tristes destinées;
Un plus puissant démon veille sur vos années[1] :
On a dix fois sur vous attenté sans effet,
Et qui l'a voulu perdre au même instant l'a fait.
On entreprend assez, mais aucun n'exécute;
Il est des assassins, mais il n'est plus de Brute;
Enfin, s'il faut attendre un semblable revers,
Il est beau de mourir maître de l'univers.
C'est ce qu'en peu de mots j'ose dire, et j'estime
Que ce peu que j'ai dit est l'avis de Maxime.

MAXIME

Oui, j'accorde qu'Auguste a droit de conserver
L'empire où sa vertu l'a fait seule arriver,
Et qu'au prix de son sang, au péril de sa tête,
Il a fait de l'État une juste conquête :
Mais que, sans se noircir, il ne puisse quitter
Le fardeau que sa main est lasse de porter,
Qu'il accuse par là César de tyrannie,
Qu'il approuve sa mort, c'est ce que je dénie.
   Rome est à vous, seigneur, l'empire est votre bien;

[1] Les anciens croyaient qu'un *génie* ou *démon* veillait sur la destinée de chaque individu.

Chacun en liberté peut disposer du sien;
Il le peut à son choix garder ou s'en défaire :
Vous seul ne pourriez pas ce que peut le vulgaire,
Et seriez devenu, pour avoir tout dompté,
Esclave des grandeurs où vous êtes monté!
Possédez-les, seigneur, sans qu'elles vous possèdent:
Loin de vous captiver, souffrez qu'elles vous cèdent;
Et faites hautement connaître enfin à tous
Que tout ce qu'elles ont est au-dessous de vous.
Votre Rome autrefois vous donna la naissance;
Vous lui voulez donner votre toute-puissance;
Et Cinna vous impute à crime capital
La libéralité vers le pays natal!
Il appelle remords l'amour de la patrie!
Par la haute vertu la gloire est donc flétrie,
Et ce n'est qu'un objet digne de nos mépris,
Si de ses pleins effets l'infamie est le prix [1]!
Je veux bien avouer qu'une action si belle
Donne à Rome bien plus que vous ne tenez d'elle:
Mais commet-on un crime indigne de pardon,
Quand la reconnaissance est au-dessus du don?
Suivez, suivez, seigneur, le Ciel qui vous inspire;
Votre gloire redouble à mépriser l'empire;
Et vous serez fameux chez la postérité,
Moins pour l'avoir conquis que pour l'avoir quitté.
Le bonheur peut conduire à la grandeur suprême,
Mais pour y renoncer il faut la vertu même;
Et peu de généreux vont jusqu'à dédaigner,
Après un sceptre acquis, la douceur de régner.
 Considérez d'ailleurs que vous régnez dans Rome,
Où, de quelque façon que votre cour vous nomme,

---

[1] Cette phrase n'a pas la clarté, l'élégance, la justesse nécessaires. La vertu est donc un objet digne de nos mépris, si l'infamie est le prix de ses pleins effets. Remarquez de plus qu'*infamie* n'est pas le mot propre : il n'y a point d'infamie à renoncer à l'empire. (VOLT.)

On hait la monarchie; et le nom d'empereur,
Cachant celui de roi, ne fait pas moins d'horreur.
Ils passent pour tyran quiconque s'y fait maître,
Qui le sert pour esclave, et qui l'aime, pour traître [1];
Qui le souffre a le cœur lâche, mol, abattu,
Et pour s'en affranchir tout s'appelle vertu.
Vous en avez, seigneur, des preuves trop certaines :
On a fait contre vous dix entreprises vaines;
Peut-être que l'onzième est prête d'éclater,
Et que ce mouvement qui vous vient agiter
N'est qu'un avis secret que le Ciel vous envoie,
Qui pour vous conserver n'a plus que cette voie.
Ne vous exposez plus à ces fameux revers :
Il est beau de mourir maître de l'univers;
Mais la plus belle mort souille notre mémoire,
Quand nous avons pu vivre et croître notre gloire.

CINNA

Si l'amour du pays doit ici prévaloir,
C'est son bien seulement que vous devez vouloir;
Et cette liberté, qui lui semble si chère,
N'est pour Rome, seigneur, qu'un bien imaginaire,
Plus nuisible qu'utile, et qui n'approche pas
De celui qu'un bon prince apporte à ses États.
Avec ordre et raison les honneurs il dispense,
Avec discernement punit et récompense,
Et dispose de tout en juste possesseur,
Sans rien précipiter de peur d'un successeur.
Mais quand le peuple est maître, on n'agit qu'en tumulte;
La voix de la raison jamais ne se consulte;
Les honneurs sont vendus aux plus ambitieux,
L'autorité livrée aux plus séditieux.
Ces petits souverains qu'il fait pour une année,

---

[1] Voilà de l'abondance superflue et stérile. Pourquoi celui qui aime un usurpateur est-il traître? Il n'est certainement pas traître parce qu'il l'aime. Quand on dit qu'il est esclave, on a tout dit, le reste est inutile. (VOLT.)

Voyant d'un temps si court leur puissance bornée,
Des plus heureux desseins font avorter le fruit,
De peur de les laisser à celui qui les suit;
Comme ils ont peu de part au bien dont ils ordonnent,
Dans le champ du public largement ils moissonnent,
Assurés que chacun leur pardonne aisément,
Espérant à son tour un pareil traitement.
Le pire des états c'est l'état populaire[1].

AUGUSTE

Et toutefois le seul qui dans Rome peut plaire.
Cette haine des rois que depuis cinq cents ans
Avec le premier lait sucent tous ses enfants,
Pour l'arracher des cœurs est trop enracinée.

MAXIME

Oui, seigneur, dans son mal Rome est trop obstinée :
Son peuple, qui s'y plaît, en fuit la guérison;
Sa coutume l'emporte, et non pas la raison;
Et cette vieille erreur, que Cinna veut abattre,
Est une heureuse erreur dont il est idolâtre,
Par qui le monde entier, asservi sous ses lois,
L'a vu cent fois marcher sur la tête des rois,
Son épargne s'enfler du sac de leurs provinces.
Que lui pouvoient donner de plus les meilleurs princes?
  J'ose dire, seigneur, que par tous les climats
Ne sont pas bien reçus toutes sortes d'États;
Chaque peuple a le sien conforme à sa nature,
Qu'on ne sauroit changer sans lui faire une injure :
Telle est la loi du Ciel, dont la sage équité
Sème dans l'univers cette diversité.
Les Macédoniens aiment le monarchique,
Et le reste des Grecs la liberté publique;

---

[1] Quelle prodigieuse supériorité de la belle poésie sur la prose! Tous les écrivains politiques ont délayé ces pensées; aucun a-t-il approché de la force, de la profondeur, de la netteté, de la précision de ces discours de Cinna et de Maxime? (VOLT.)

Les Parthes, les Persans veulent des souverains ;
Et le seul consulat est bon pour les Romains.

CINNA

Il est vrai que du Ciel la prudence infinie
Départ à chaque peuple un différent génie ;
Mais il n'est pas moins vrai que cet ordre des cieux
Change selon les temps comme selon les lieux.
Rome a reçu des rois ses murs et sa naissance,
Elle tient des consuls sa gloire et sa puissance,
Et reçoit maintenant de vos rares bontés
Le comble souverain de ses prospérités.
Sous vous, l'État n'est plus en pillage aux armées :
Les portes de Janus par vos mains sont fermées,
Ce que sous ses consuls on n'a vu qu'une fois,
Et qu'a fait voir comme eux le second de ses rois.

MAXIME

Les changements d'État que fait l'ordre céleste
Ne coûtent point de sang, n'ont rien qui soit funeste.

CINNA

C'est un ordre des dieux qui jamais ne se rompt,
De nous vendre un peu cher les grands biens qu'ils nous font.
L'exil des Tarquins même ensanglanta nos terres,
Et nos premiers consuls nous ont coûté des guerres.

MAXIME

Donc votre aïeul Pompée au Ciel a résisté
Quand il a combattu pour notre liberté !

CINNA

Si le Ciel n'eût voulu que Rome l'eût perdue,
Par les mains de Pompée il l'auroit défendue.
Il a choisi sa mort pour servir dignement
D'une marque éternelle à ce grand changement,
Et devoit cette gloire aux mânes d'un tel homme,
D'emporter avec eux la liberté de Rome.
   Ce nom depuis longtemps ne sert qu'à l'éblouir,
Et sa propre grandeur l'empêche d'en jouir.

Depuis qu'elle se voit la maîtresse du monde,
Depuis que la richesse entre ses murs abonde,
Et que son sein, fécond en glorieux exploits,
Produit des citoyens plus puissants que des rois,
Les grands, pour s'affermir, achetant des suffrages,
Tiennent pompeusement leurs maîtres à leurs gages,
Qui, par des fers dorés se laissant enchaîner,
Reçoivent d'eux les lois qu'ils pensent leur donner.
Envieux l'un de l'autre, ils mènent tout par brigues,
Que leur ambition tourne en sanglantes ligues.
Ainsi de Marius Sylla devint jaloux;
César, de mon aïeul; Marc-Antoine, de vous;
Ainsi la liberté ne peut plus être utile
Qu'à former les fureurs d'une guerre civile,
Lorsque, par un désordre à l'univers fatal,
L'un ne veut point de maître, et l'autre point d'égal.
  Seigneur, pour sauver Rome, il faut qu'elle s'unisse
En la main d'un bon chef à qui tout obéisse.
Si vous aimez encore à la favoriser,
Otez-lui les moyens de se plus diviser.
Sylla, quittant la place enfin bien usurpée,
N'a fait qu'ouvrir le champ à César et Pompée,
Que le malheur des temps ne nous eût pas fait voir [1],
S'il eût dans sa famille assuré son pouvoir.
Qu'a fait du grand César le cruel parricide,
Qu'élever contre vous Antoine avec Lépide?
Qui n'eussent pas détruit Rome par les Romains,
Si César eût laissé l'empire entre vos mains.
Vous la replongerez, en quittant cet empire,
Dans les maux dont à peine encore elle respire;
Et de ce peu, seigneur, qui lui reste de sang
Une guerre nouvelle épuisera son flanc.

---

[1] Il semble que le malheur des temps ne nous eût pas fait voir César et Pompée. La phrase est louche et obscure. Il veut dire : *Le malheur des temps ne nous eût pas fait voir le champ ouvert à César et à Pompée.* (V.)

Que l'amour du pays, que la pitié vous touche,
Votre Rome à genoux vous parle par ma bouche [1].
Considérez le prix que vous avez coûté :
Non pas qu'elle vous croie avoir trop acheté,
Des maux qu'elle a soufferts elle est trop bien payée;
Mais une juste peur tient son âme effrayée.
Si, jaloux de son heur et las de commander,
Vous lui rendez un bien qu'elle ne peut garder,
S'il lui faut à ce prix en acheter un autre,
Si vous ne préférez son intérêt au vôtre,
Si ce funeste don la met au désespoir,
Je n'ose dire ici ce que j'ose prévoir.
Conservez-vous, seigneur, en lui laissant un maître
Sous qui son vrai bonheur commence de renaître;
Et, pour mieux assurer le bien commun de tous,
Donnez un successeur qui soit digne de vous.

AUGUSTE

N'en délibérons plus, cette pitié l'emporte.
Mon repos m'est bien cher; mais Rome est la plus forte,
Et, quelque grand malheur qui m'en puisse arriver,
Je consens à me perdre afin de la sauver.
Pour ma tranquillité mon cœur en vain soupire :
Cinna, par vos conseils je retiendrai l'empire;
Mais je le retiendrai pour vous en faire part.
Je vois trop que vos cœurs n'ont point pour moi de fard,
Et que chacun de vous, dans l'avis qu'il me donne,
Regarde seulement l'État et ma personne.
Votre amour en tous deux fait ce combat d'esprits,
Et vous allez tous deux en recevoir le prix.

---

[1] Ici Cinna embrasse les genoux d'Auguste, et semble déshonorer les belles choses qu'il a dites par une perfidie bien lâche, qui l'avilit. (Volt.)

Il faut songer que, si Auguste abdique, Cinna ne venge ni Rome ni Émilie. La bassesse, la fourberie, s'ennoblissent à ses yeux quand elles peuvent le conduire à ces deux grands résultats. Sans doute Cinna aux genoux d'Auguste est odieux, atroce; mais il est fou, fanatique de bonne foi, et par conséquent à plaindre. (Geoffroy.)

Maxime, je vous fais gouverneur de Sicile [1] :
Allez donner mes lois à ce terroir fertile ;
Songez que c'est pour moi que vous gouvernerez,
Et que je répondrai de ce que vous ferez.

Pour épouse, Cinna, je vous donne Émilie [2] :
Vous savez qu'elle tient la place de Julie,
Et que, si nos malheurs et la nécessité
M'ont fait traiter son père avec sévérité,
Mon épargne depuis en sa faveur ouverte [3]
Doit avoir adouci l'aigreur de cette perte.
Voyez-la de ma part, tâchez de la gagner :
Vous n'êtes point pour elle un homme à dédaigner ;
De l'offre de vos vœux elle sera ravie [4].
Adieu, j'en veux porter la nouvelle à Livie.

SCÈNE II

CINNA, MAXIME

MAXIME

Quel est votre dessein après ces beaux discours ?

CINNA

Le même que j'avois, et que j'aurai toujours.

MAXIME

Un chef des conjurés flatte la tyrannie !

---

[1] Ce n'est pas dans l'histoire. En effet, c'eût plutôt été un exil qu'une récompense ; un proconsulat en Sicile est une punition pour un favori qui veut rester à Rome et à la cour avec un grand crédit. (VOLT.)

[2] Tout lecteur voit dans ce vers la perfection de l'art. Auguste donne à Cinna sa fille adoptive, que Cinna veut obtenir par l'assassinat d'Auguste. Le mérite de ce vers ne peut échapper à personne. (VOLT.)

[3] Il est trop bas de faire dire à Auguste qu'il a donné de l'argent à Émilie ; il est plus bas à Émilie de l'avoir reçu, et d'avoir conspiré contre lui. (V.)

[4] En général, cette scène est d'un genre dont il n'y avait aucun exemple chez les anciens ni chez les modernes ; détachée de la pièce, c'est un chef-d'œuvre d'éloquence ; incorporée à la pièce, c'est un chef-d'œuvre encore plus grand. (VOLT.)

CINNA
Un chef de conjurés la veut voir impunie!
MAXIME
Je veux voir Rome libre.
CINNA
Et vous pouvez juger
Que je veux l'affranchir ensemble et la venger[1].
Octave aura donc vu ses fureurs assouvies,
Pillé jusqu'aux autels, sacrifié nos vies,
Rempli les champs d'horreur, comblé Rome de morts,
Et sera quitte après pour l'effet d'un remords!
Quand le Ciel par nos mains à le punir s'apprête,
Un lâche repentir garantira sa tête!
C'est trop semer d'appâts, et c'est trop inviter
Par son impunité quelque autre à l'imiter.
Vengeons nos citoyens, et que sa peine étonne
Quiconque après sa mort aspire à la couronne.
Que le peuple aux tyrans ne soit plus exposé :
S'il eût puni Sylla, César eût moins osé.
MAXIME
Mais la mort de César, que vous trouvez si juste,
A servi de prétexte aux cruautés d'Auguste :
Voulant nous affranchir, Brute s'est abusé;
S'il n'eût puni César, Auguste eût moins osé.
CINNA
La faute de Cassie, et ses terreurs paniques,
Ont fait rentrer l'État sous des lois tyranniques;
Mais nous ne verrons point de pareils accidents

---

[1] Pourquoi persister dans les principes qu'il va démentir, et dans une fourbe honteuse dont il va se repentir? N'était-ce pas dans ce moment-là même que ces mots : *Je vous donne Émilie,* devaient faire une impression sur un homme qu'on nous donne pour digne petit-fils de Pompée? (VOLT.)

Tant que Cinna est encore dans la fièvre anarchique et le désir de la passion, les bienfaits du tyran ne peuvent entrer dans son âme; ils produisent en lui l'indignation et non pas le remords; ce sont de nouveaux outrages; il rougirait de recevoir Émilie d'une main encore teinte du sang de son père. (GEOFFROY.)

Lorsque Rome suivra des chefs moins imprudents.

MAXIME

Nous sommes encor loin de mettre en évidence
Si nous nous conduirons avec plus de prudence :
Cependant c'en est peu que de n'accepter pas
Le bonheur qu'on recherche au péril du trépas.

CINNA

C'en est encor bien moins alors qu'on s'imagine
Guérir un mal si grand sans couper la racine.
Employer la douceur à cette guérison,
C'est, en fermant la plaie, y verser du poison.

MAXIME

Vous la voulez sanglante, et la rendez douteuse.

CINNA

Vous la voulez sans peine, et la rendez honteuse.

MAXIME

Pour sortir de ses fers jamais on ne rougit.

CINNA

On en sort lâchement si la vertu n'agit.

MAXIME

Jamais la liberté ne cesse d'être aimable ;
Et c'est toujours pour Rome un bien inestimable.

CINNA

Ce ne peut être un bien qu'elle daigne estimer,
Quand il vient d'une main lasse de l'opprimer.
Elle a le cœur trop bon pour se voir avec joie
Le rebut du tyran dont elle fut la proie ;
Et tout ce que la gloire a de vrais partisans
Le hait trop puissamment pour aimer ses présents.

MAXIME

Donc pour vous Émilie est un objet de haine?

CINNA

La recevoir de lui me seroit une gêne.
Mais quand j'aurai vengé Rome des maux soufferts,
Je saurai le braver jusque dans les enfers.

Oui, quand par son trépas je l'aurai méritée,
Je veux joindre à sa main ma main ensanglantée,
L'épouser sur sa cendre, et qu'après notre effort
Les présents du tyran soient le prix de sa mort.

MAXIME

Mais l'apparence, ami, que vous puissiez lui plaire
Teint du sang de celui qu'elle aime comme un père?
Car vous n'êtes pas homme à la violenter.

CINNA

Ami, dans ce palais on peut nous écouter ;
Et nous parlons peut-être avec trop d'imprudence
Dans un lieu si mal propre à notre confidence.
Sortons ; qu'en sûreté j'examine avec vous
Pour en venir à bout les moyens les plus doux [1].

---

[1] L'observation la plus importante, à mon avis, c'est qu'ici l'intérêt change. On détestait Auguste, on s'intéressait beaucoup à Cinna : maintenant c'est Cinna que l'on hait; c'est en faveur d'Auguste que le cœur se déclare. Lorsque ainsi on s'intéresse tour à tour pour les partis contraires, on ne s'intéresse en effet pour personne. (VOLT.)

Est-il vrai que l'intérêt change ainsi? Le grand, le véritable intérêt, n'est-ce pas toujours celui qu'inspire le souverain du monde, cette tête sur laquelle repose le bonheur du genre humain, près de tomber sous les coups de quelques jeunes assassins? (GEOFFROY.)

FIN DU DEUXIÈME ACTE

ACTE TROISIÈME

SCÈNE I

MAXIME, EUPHORBE

MAXIME

Lui-même il m'a tout dit : leur flamme est mutuelle ;
Il adore Émilie, il est adoré d'elle ;
Mais sans venger son père il n'y peut aspirer [1],
Et c'est pour l'acquérir qu'il nous fait conspirer.

EUPHORBE

Je ne m'étonne plus de cette violence
Dont il contraint Auguste à garder sa puissance ;
La ligue se romproit s'il s'en étoit démis,
Et tous vos conjurés deviendroient ses amis.

MAXIME

Ils servent à l'envi la passion d'un homme
Qui n'agit que pour soi, feignant d'agir pour Rome ;
Et moi, par un malheur qui n'eut jamais d'égal,
Je pense servir Rome, et je sers mon rival !

EUPHORBE

Vous êtes son rival ?

MAXIME

Oui, j'aime sa maîtresse,
Et l'ai caché toujours avec assez d'adresse ;
Mon ardeur inconnue, avant que d'éclater,
Par quelque grand exploit la vouloit mériter :

---

[1] Cependant Maxime a été témoin qu'Auguste a donné Émilie à Cinna ; il peut donc croire que Cinna peut aspirer à elle sans tuer Auguste. (VOLT.)

Cependant par mes mains je vois qu'il me l'enlève ;
Son dessein fait ma perte, et c'est moi qui l'achève ;
J'avance des succès dont j'attends le trépas,
Et pour m'assassiner je lui prête mon bras.
Que l'amitié me plonge en un malheur extrême¹!

EUPHORBE

L'issue en est aisée : agissez pour vous-même,
D'un dessein qui vous perd rompez le coup fatal ;
Gagnez une maîtresse, accusant un rival.
Auguste, à qui par là vous sauverez la vie,
Ne vous pourra jamais refuser Émilie.

MAXIME

Quoi! trahir mon ami!

EUPHORBE

L'amour rend tout permis,
Un véritable amant ne connoît point d'amis ;
Et même avec justice on peut trahir un traître
Qui pour une maîtresse ose trahir son maître.
Oubliez l'amitié, comme lui les bienfaits.

MAXIME

C'est un exemple à fuir que celui des forfaits.

EUPHORBE

Contre un si noir dessein tout devient légitime ;
On n'est point criminel quand on punit un crime.

MAXIME

Un crime par qui Rome obtient sa liberté!

EUPHORBE

Craignez tout d'un esprit si plein de lâcheté.
L'intérêt du pays n'est point ce qui l'engage ;
Le sien, et non la gloire, anime son courage.
Il aimeroit César, s'il n'étoit amoureux,
Et n'est enfin qu'ingrat, et non pas généreux.

---

1 Nous apprenons trop tard que Maxime aime Émilie pour nous y intéresser. Toute cette scène d'ailleurs est froide et insipide, et ne nous offre aucune passion théâtrale.

Pensez-vous avoir lu jusqu'au fond de son âme?
Sous la cause publique il vous cachoit sa flamme,
Et peut cacher encor sous cette passion
Les détestables feux de son ambition.
Peut-être qu'il prétend, après la mort d'Octave,
Au lieu d'affranchir Rome, en faire son esclave;
Qu'il vous compte déjà pour un de ses sujets,
Ou que sur votre perte il fonde ses projets.

MAXIME

Mais comment l'accuser sans nommer tout le reste?
A tous nos conjurés l'avis seroit funeste,
Et par là nous verrions indignement trahis
Ceux qu'engage avec nous le seul bien du pays.
D'un si lâche dessein mon âme est incapable;
Il perd trop d'innocents pour punir un coupable.
J'ose tout contre lui; mais je crains tout pour eux.

EUPHORBE

Auguste s'est lassé d'être si rigoureux;
En ces occasions, ennuyé de supplices,
Ayant puni les chefs, il pardonne aux complices.
Si toutefois pour eux vous craignez son courroux,
Quand vous lui parlerez, parlez au nom de tous.

MAXIME

Nous disputons en vain, et ce n'est que folie
De vouloir par sa perte acquérir Émilie :
Ce n'est pas le moyen de plaire à ses beaux yeux
Que de priver du jour ce qu'elle aime le mieux.
Pour moi, j'estime peu qu'Auguste me la donne;
Je veux gagner son cœur plutôt que sa personne,
Et ne fais point d'état de sa possession,
Si je n'ai point de part à son affection.
Puis-je la mériter par une triple offense?
Je trahis son amant, je détruis sa vengeance,
Je conserve le sang qu'elle veut voir périr;
Et j'aurois quelque espoir qu'elle me pût chérir!

EUPHORBE

C'est ce qu'à dire vrai je vois fort difficile.
L'artifice pourtant vous y peut être utile,
Il en faut trouver un qui la puisse abuser,
Et du reste le temps en pourra disposer.

MAXIME

Mais si pour s'excuser il nomme sa complice,
S'il arrive qu'Auguste avec lui la punisse,
Puis-je lui demander, pour prix de mon rapport,
Celle qui nous oblige à conspirer sa mort?

EUPHORBE

Vous pourriez m'opposer tant et de tels obstacles,
Que pour les surmonter il faudroit des miracles.
J'espère toutefois qu'à force d'y rêver...

MAXIME

Éloigne-toi; dans peu j'irai te retrouver:
Cinna vient, et je veux en tirer quelque chose,
Pour mieux résoudre après ce que je me propose.

SCÈNE II

CINNA, MAXIME

MAXIME

Vous me semblez pensif.

CINNA

Ce n'est pas sans sujet.

MAXIME

Puis-je d'un tel chagrin savoir quel est l'objet?

CINNA

Émilie et César. L'un et l'autre me gêne [1];

---

[1] Pourquoi a-t-il à présent des remords? S'est-il passé quelque chose de nouveau qui puisse lui en donner? (VOLT.) — C'est que la passion du conjuré s'échauffe lorsqu'il médite et résout, et s'épouvante lorsqu'il faut agir... Au moment de frapper, son sang refroidi lui permet de voir cet acte tel qu'il est, c'est-à-dire comme un lâche assassinat. C'est comme un homme blessé, qui

L'un me semble trop bon, l'autre trop inhumaine.
Plût aux dieux que César employât mieux ses soins,
Et s'en fît plus aimer ou m'aimât un peu moins ;
Que sa bonté touchât la beauté qui me charme,
Et la pût adoucir comme elle me désarme !
Je sens au fond du cœur mille remords cuisants
Qui rendent à mes yeux tous ses bienfaits présents ;
Cette faveur si pleine, et si mal reconnue,
Par un mortel reproche à tous moments me tue.
Il me semble surtout incessamment le voir
Déposer en nos mains son absolu pouvoir,
Écouter vos avis, m'applaudir et me dire :
« Cinna, par vos conseils je retiendrai l'empire,
« Mais je le retiendrai pour vous en faire part. »
Et je puis dans son sein enfoncer un poignard !
Ah ! plutôt... Mais, hélas ! j'idolâtre Émilie :
Un serment exécrable à sa haine me lie ;
L'horreur qu'elle a de lui me le rend odieux :
Des deux côtés j'offense et ma gloire et les dieux ;
Je deviens sacrilége, ou je suis parricide,
Et vers l'un ou vers l'autre il faut être perfide.

MAXIME

Vous n'aviez point tantôt ces agitations ;
Vous paroissiez plus ferme en vos intentions ;
Vous ne sentiez au cœur ni remords ni reproche.

CINNA

On ne les sent aussi que quand le coup approche,
Et l'on ne reconnoît de semblables forfaits
Que quand la main s'apprête à venir aux effets.
L'âme, de son dessein jusque-là possédée,
S'attache aveuglément à sa première idée :
Mais alors quel esprit n'en devient point troublé ?

---

sent à peine le coup dans la chaleur du combat, et n'éprouve la douleur que longtemps après, lorsque le repos a calmé les agitations du sang. (GEOFFROY.)

Ou plutôt quel esprit n'en est point accablé ?
Je crois que Brute même, à tel point qu'on le prise,
Voulut plus d'une fois rompre son entreprise,
Qu'avant que de frapper elle lui fit sentir
Plus d'un remords en l'âme et plus d'un repentir.

MAXIME

Il eut trop de vertu pour tant d'inquiétude :
Il ne soupçonna point sa main d'ingratitude,
Et fut contre un tyran d'autant plus animé
Qu'il en reçut de biens et qu'il s'en vit aimé.
Comme vous l'imitez, faites la même chose,
Et formez vos remords d'une plus juste cause,
De vos lâches conseils, qui seuls ont arrêté
Le bonheur renaissant de notre liberté :
C'est vous seul aujourd'hui qui nous l'avez ôtée :
De la main de César Brute l'eût acceptée,
Et n'eût jamais souffert qu'un intérêt léger
De vengeance ou d'amour l'eût remise en danger.
N'écoutez plus la voix d'un tyran qui vous aime,
Et vous veut faire part de son pouvoir suprême ;
Mais entendez crier Rome à votre côté :
« Rends-moi, rends-moi, Cinna, ce que tu m'as ôté ;
« Et, si tu m'as tantôt préféré ta maîtresse,
« Ne me préfère pas le tyran qui m'oppresse! »

CINNA

Ami, n'accable plus un esprit malheureux
Qui ne forme qu'en lâche un dessein généreux.
Envers nos citoyens je sais quelle est ma faute,
Et leur rendrai bientôt tout ce que je leur ôte :
Mais pardonne aux abois d'une vieille amitié
Qui ne peut expirer sans me faire pitié,
Et laisse-moi, de grâce, attendant Émilie,
Donner un libre cours à ma mélancolie :
Mon chagrin t'importune, et le trouble où je suis
Veut de la solitude à calmer tant d'ennuis.

MAXIME

Vous voulez rendre compte à l'objet qui vous blesse
De la bonté d'Octave et de votre foiblesse :
L'entretien des amants veut un entier secret.
Adieu. Je me retire en confident discret [1].

SCÈNE III

CINNA

Donne un plus digne nom au glorieux empire [2]
Du noble sentiment que la vertu m'inspire,
Et que l'honneur oppose au coup précipité
De mon ingratitude et de ma lâcheté :
Mais plutôt continue à le nommer foiblesse,
Puisqu'il devient si foible auprès d'une maîtresse
Qu'il respecte un amour qu'il devroit étouffer,
Ou que, s'il le combat, il n'ose en triompher.
En ces extrémités, quel conseil dois-je prendre?
De quel côté pencher? à quel parti me rendre?
　Qu'une âme généreuse a de peine à faillir!
Quelque fruit que par là j'espère de cueillir,
Les douceurs de l'amour, celles de la vengeance,
La gloire d'affranchir le lieu de ma naissance,
N'ont point assez d'appas pour flatter ma raison,
S'il les faut acquérir par une trahison,
S'il faut percer le flanc d'un prince magnanime

---

[1] L'auteur a entièrement sacrifié ce rôle de Maxime : il ne faut le regarder que comme un personnage qui sert à faire valoir les autres. (Volt.)
　Le personnage de Maxime peut sans doute causer de l'indignation; cependant la tragédie n'exclut pas les personnages vicieux ; elle doit éviter seulement ce qui est ignoble et bas, et ce qui le devient encore plus par un style trop familier. (Palissot).

[2] Voici le cas où un monologue est convenable : un homme dans une situation violente peut examiner avec lui-même le danger de son entreprise, l'horreur du crime qu'il va commettre, écouter ou combattre ses remords. (Volt.)

Qui du peu que je suis fait une telle estime,
Qui me comble d'honneurs, qui m'accable de biens,
Qui ne prend pour régner de conseils que les miens.
O coup, ô trahison trop indigne d'un homme!
Dure, dure à jamais l'esclavage de Rome!
Périsse mon amour, périsse mon espoir,
Plutôt que de ma main parte un crime si noir!
Quoi! ne m'offre-t-il pas tout ce que je souhaite,
Et qu'au prix de son sang ma passion achète?
Pour jouir de ses dons faut-il l'assassiner?
Et faut-il lui ravir ce qu'il me veut donner?
   Mais je dépends de vous, ô serment téméraire!
O haine d'Émilie! ô souvenir d'un père!
Ma foi, mon cœur, mon bras, tout vous est engagé,
Et je ne puis plus rien que par votre congé :
C'est à vous à régler ce qu'il faut que je fasse;
C'est à vous, Émilie, à lui donner sa grâce :
Vos seules volontés président à son sort,
Et tiennent en mes mains et sa vie et sa mort.
O dieux, qui comme vous la rendez adorable,
Rendez-la, comme vous, à mes vœux exorable;
Et, puisque de ses lois je ne puis m'affranchir,
Faites qu'à mes désirs je la puisse fléchir!
Mais voici de retour cette aimable inhumaine.

SCÈNE IV

ÉMILIE, CINNA, FULVIE

ÉMILIE

Grâces aux dieux, Cinna, ma frayeur étoit vaine,
Aucun de tes amis ne t'a manqué de foi;
Et je n'ai point eu lieu de m'employer pour toi.
Octave en ma présence a tout dit à Livie,
Et par cette nouvelle il m'a rendu la vie.

CINNA

Le désavouerez-vous? et du don qu'il me fait
Voudrez-vous retarder le bienheureux effet?

ÉMILIE

L'effet est en ta main.

CINNA

         Mais plutôt en la vôtre.

ÉMILIE

Je suis toujours moi-même, et mon cœur n'est point autre;
Me donner à Cinna, c'est ne lui donner rien,
C'est seulement lui faire un présent de son bien.

CINNA

Vous pouvez toutefois... ô Ciel! l'osé-je dire!

ÉMILIE

Que puis-je? et que crains-tu?

CINNA

                  Je tremble, je soupire,
Et vois que si nos cœurs avoient mêmes désirs,
Je n'aurois pas besoin d'expliquer mes soupirs.
Ainsi je suis trop sûr que je vais vous déplaire;
Mais je n'ose parler, et je ne puis me taire.

ÉMILIE

C'est trop me gêner, parle.

CINNA

             Il faut vous obéir:
Je vais donc vous déplaire, et vous m'allez haïr.
  Je vous aime, Émilie; et le Ciel me foudroie
Si cette passion ne fait toute ma joie,
Et si je ne vous aime avec toute l'ardeur
Que peut un digne objet attendre d'un grand cœur!
Mais voyez à quel prix vous me donnez votre âme;
En me rendant heureux vous me rendez infâme:
Cette bonté d'Auguste...

ÉMILIE

           Il suffit, je t'entends,

Je vois ton repentir et tes vœux inconstants.
Les faveurs du tyran emportent tes promesses [1];
Tes feux et tes serments cèdent à ses caresses;
Et ton esprit crédule ose s'imaginer
Qu'Auguste, pouvant tout, peut aussi me donner;
Tu me veux de sa main plutôt que de la mienne;
Mais ne crois pas qu'ainsi jamais je t'appartienne.
Il peut faire trembler la terre sous ses pas,
Mettre un roi hors du trône et donner ses États,
De ses proscriptions rougir la terre et l'onde,
Et changer à son gré l'ordre de tout le monde;
Mais le cœur d'Émilie est hors de son pouvoir [2].

CINNA

Aussi n'est-ce qu'à vous que je veux le devoir.
Je suis toujours moi-même, et ma foi toujours pure [3];
La pitié que je sens ne me rend point parjure;
J'obéis sans réserve à tous vos sentiments,
Et prends vos intérêts par delà mes serments.
J'ai pu, vous le savez, sans parjure et sans crime,
Vous laisser échapper cette illustre victime;
César se dépouillant du pouvoir souverain
Nous ôtoit tout prétexte à lui percer le sein;
La conjuration s'en alloit dissipée,
Vos desseins avortés, votre haine trompée [4]:
Moi seul j'ai raffermi son esprit étonné,
Et pour vous l'immoler ma main l'a couronné.

---

[1] Les faveurs d'Auguste peuvent *l'emporter sur* les promesses de Cinna; mais elles ne les *emportent* pas. (Volt.)

[2] Voilà une imitation admirable de ces beaux vers d'Horace:

> Et cuncta terrarum subacta,
> Præter atrocem animum Catonis.

Cette imitation est d'autant plus belle qu'elle est en sentiment. (Volt.)

[3] Il faut, *ma foi est toujours pure. Ma foi* ne peut être gouverné par *je suis*. (Volt.)

[4] *Votre haine s'en alloit trompée.* C'est un barbarisme. (Volt.)

ACTE III, SCÈNE IV

ÉMILIE

Pour me l'immoler, traître! et tu veux que moi-même
Je retienne ta main! qu'il vive, et que je l'aime!
Que je sois le butin de qui l'ose épargner,
Et le prix du conseil qui le force à régner!

CINNA

Ne me condamnez point quand je vous ai servie :
Sans moi vous n'auriez plus de pouvoir sur sa vie;
Et malgré ses bienfaits je rends tout à l'amour,
Quand je veux qu'il périsse ou vous doive le jour [1].
Avec les premiers vœux de mon obéissance
Souffrez ce foible effort de ma reconnoissance,
Que je tâche de vaincre un indigne courroux,
Et vous donner pour lui l'amour qu'il a pour vous.
Une âme généreuse, et que la vertu guide,
Fuit la honte des noms d'ingrate et de perfide;
Elle en hait l'infamie attachée au bonheur,
Et n'accepte aucun bien aux dépens de l'honneur.

ÉMILIE

Je fais gloire pour moi de cette ignominie :
La perfidie est noble envers la tyrannie;
Et quand on rompt le cours d'un sort si malheureux,
Les cœurs les plus ingrats sont les plus généreux.

CINNA

Vous faites des vertus au gré de votre haine.

ÉMILIE

Je me fais des vertus dignes d'une Romaine [2].

CINNA

Un cœur vraiment romain...

ÉMILIE

Ose tout pour ravir
Une odieuse vie à qui le fait servir;

---

[1] Toute cette tirade paraît un peu obscure. (Volt.)
[2] Ce vers est beau, et ces sentiments d'Émilie ne se démentent jamais. (V.)

Il fuit plus que la mort la honte d'être esclave.

CINNA

C'est l'être avec honneur que de l'être d'Octave ;
Et nous voyons souvent des rois à nos genoux
Implorer la faveur d'esclaves tels que nous ;
Il abaisse à nos pieds l'orgueil des diadèmes,
Il nous fait souverains sur les grandeurs suprêmes ;
Il prend d'eux les tributs dont il nous enrichit,
Et leur impose un joug dont il nous affranchit.

ÉMILIE

L'indigne ambition que ton cœur se propose !
Pour être plus qu'un roi, tu te crois quelque chose !
Aux deux bouts de la terre en est-il un si vain
Qu'il prétende égaler un citoyen romain ?
Antoine sur sa tête attira notre haine,
En se déshonorant par l'amour d'une reine ;
Attale, ce grand roi dans la pourpre blanchi,
Qui du peuple romain se nommoit l'affranchi,
Quand de toute l'Asie il se fût vu l'arbitre,
Eût encor moins prisé son trône que ce titre.
Souviens-toi de ton nom, soutiens sa dignité,
Et, prenant d'un Romain la générosité,
Sache qu'il n'en est point que le Ciel n'ait fait naître
Pour commander aux rois et pour vivre sans maître.

CINNA

Le Ciel a trop fait voir en de tels attentats
Qu'il hait les assassins et punit les ingrats ;
Et quoi qu'on entreprenne, et quoi qu'on exécute,
Quand il élève un trône, il en venge la chute ;
Il se met du parti de ceux qu'il fait régner ;
Le coup dont on les tue est longtemps à saigner ;
Et quand à les punir il a pu se résoudre,
De pareils châtiments n'appartiennent qu'au foudre.

ÉMILIE

Dis que de leur parti toi-même tu te rends,

De te remettre au foudre à punir les tyrans.

Je ne t'en parle plus, va, sers la tyrannie :
Abandonne ton âme à son lâche génie ;
Et, pour rendre le calme à ton esprit flottant,
Oublie et ta naissance et le prix qui t'attend.
Sans emprunter ta main pour servir ma colère,
Je saurai bien venger mon pays et mon père.
J'aurois déjà l'honneur d'un si fameux trépas,
Si l'amour jusqu'ici n'eût arrêté mon bras :
C'est lui qui, sous tes lois me tenant asservie,
M'a fait en ta faveur prendre soin de ma vie ;
Seule contre un tyran en le faisant périr,
Par les mains de sa garde il me falloit mourir ;
Je t'eusse par ma mort dérobé ta captive ;
Et comme pour toi seul l'amour veut que je vive,
J'ai voulu, mais en vain, me conserver pour toi,
Et te donner moyen d'être digne de moi.

Pardonnez-moi, grands dieux ! si je me suis trompée
Quand j'ai pensé chérir un neveu de Pompée,
Et si d'un faux semblant mon esprit abusé
A fait choix d'un esclave en son lieu supposé[1] !
Je t'aime toutefois, quel que tu puisses être[2] ;
Et si pour me gagner il faut trahir ton maître,
Mille autres à l'envi recevroient cette loi,

---

[1] Aux yeux d'une Romaine telle qu'Émilie, quiconque peut s'accoutumer au sacrifice de sa liberté n'est plus qu'un esclave, quoiqu'il ne soit pas né dans la servitude. (PALISSOT.)

[2] Voltaire répète souvent qu'Émilie ne nous touche pas, et il la compare sous ce rapport à Hermione, qui lui paraît bien supérieure. « Les rapprochements d'Hermione et d'Émilie ne me paraissent pas exacts : l'une ne devait pas ressembler à l'autre... Il résulte de cette différence essentielle entre les deux rôles, que celui de Racine est infiniment plus théâtral, mais que Corneille, en faisant l'autre pour un plan différent, n'était pas obligé de produire la même impression. Il ne faut donc pas exiger qu'Émilie nous *touche*, mais seulement qu'elle attache ; et c'est à quoi l'auteur a réussi en lui donnant le mérite qui lui est propre, celui d'une noblesse d'âme que rien ne peut abaisser, d'une résolution intrépide que rien ne peut ébranler. » (LA HARPE.)

S'ils pouvoient m'acquérir à même prix que toi.
Mais n'appréhende pas qu'un autre ainsi m'obtienne;
Vis pour ton cher tyran, tandis que je meurs tienne :
Mes jours avec les siens se vont précipiter,
Puisque ta lâcheté n'ose me mériter.
Viens me voir dans son sang et dans le mien baignée,
De ma seule vertu mourir accompagnée,
Et te dire en mourant d'un esprit satisfait :
« N'accuse point mon sort, c'est toi seul qui l'as fait.
« Je descends dans la tombe où tu m'as condamnée,
« Où la gloire me suit qui t'étoit destinée :
« Je meurs en détruisant un pouvoir absolu :
« Mais je vivrois à toi si tu l'avois voulu. »

CINNA

Eh bien! vous le voulez, il faut vous satisfaire,
Il faut affranchir Rome, il faut venger un père,
Il faut sur un tyran porter de justes coups :
Mais apprenez qu'Auguste est moins tyran que vous.
S'il nous ôte à son gré nos biens, nos jours, nos femmes,
Il n'a point jusqu'ici tyrannisé nos âmes;
Mais l'empire inhumain qu'exercent vos beautés
Force jusqu'aux esprits et jusqu'aux volontés.
Vous me faites priser ce qui me déshonore;
Vous me faites haïr ce que mon âme adore;
Vous me faites répandre un sang pour qui je dois
Exposer tout le mien et mille et mille fois :
Vous le voulez, j'y cours, ma parole est donnée;
Mais ma main, aussitôt contre mon sein tournée,
Aux mânes d'un tel prince immolant votre amant,
A mon crime forcé joindra son châtiment [1],

---

[1] Ces derniers vers réconcilient Cinna avec le spectateur : c'est un très-grand art. Racine a imité ce morceau dans l'*Andromaque :*

Et mes mains aussitôt contre mon sein tournées, etc.

(VOLT.)

Et, par cette action dans l'autre confondue,
Recouvrera ma gloire aussitôt que perdue.
Adieu.

SCÈNE V

ÉMILIE, FULVIE

FULVIE

Vous avez mis son âme au désespoir.
ÉMILIE
Qu'il cesse de m'aimer et suive son devoir.
FULVIE
Il va vous obéir aux dépens de sa vie.
Vous en pleurez!
ÉMILIE
Hélas! cours après lui, Fulvie;
Et, si ton amitié daigne me secourir,
Arrache-lui du cœur ce dessein de mourir,
Dis-lui...
FULVIE
Qu'en sa faveur vous laissez vivre Auguste?
ÉMILIE
Ah! c'est faire à ma haine une loi trop injuste.
FULVIE
Et quoi donc?
ÉMILIE
Qu'il achève et dégage sa foi,
Et qu'il choisisse après de la mort ou de moi [1].

[1] Ce sont là de ces traits qui portaient le docteur cité par Balzac à nommer Émilie *adorable furie*. On ne peut guère finir un acte d'une manière plus grande ou plus tragique. (VOLT.)

FIN DU TROISIÈME ACTE

ACTE QUATRIÈME

SCÈNE I

AUGUSTE, EUPHORBE, POLYCLÈTE, Gardes

AUGUSTE

Tout ce que tu me dis, Euphorbe, est incroyable [1].

EUPHORBE

Seigneur, le récit même en paroît effroyable;
On ne conçoit qu'à peine une telle fureur,
Et la seule pensée en fait frémir d'horreur.

AUGUSTE

Quoi! mes plus chers amis! quoi! Cinna! quoi, Maxime!
Les deux que j'honorois d'une si haute estime,
A qui j'ouvrois mon cœur, et dont j'avois fait choix
Pour les plus importants et plus nobles emplois!
Après qu'entre leurs mains j'ai remis mon empire,
Pour m'arracher le jour l'un et l'autre conspire!
Maxime a vu sa faute, il m'en fait avertir,
Et montre un cœur touché d'un juste repentir.
Mais Cinna!

EUPHORBE

Cinna seul dans sa rage s'obstine,
Et contre vos bontés d'autant plus se mutine:
Lui seul combat encor les vertueux efforts
Que sur les conjurés fait ce juste remords,
Et malgré les frayeurs à leurs regrets mêlées,

---

[1] Si le trouble de Cinna, celui de Maxime, celui d'Émilie, ouvraient les yeux de l'empereur, cela serait beaucoup plus noble, et plus théâtral que la dénonciation d'un esclave, qui est un ressort trop mince et trop trivial. (VOLT.)

Il tâche à raffermir leurs âmes ébranlées.
AUGUSTE
Lui seul les encourage, et lui seul les séduit !
O le plus déloyal que la terre ait produit !
O trahison conçue au sein d'une furie !
O trop sensible coup d'une main si chérie !
Cinna, tu me trahis!... Polyclète, écoutez.
(Il lui parle à l'oreille.)
POLYCLÈTE
Tous vos ordres, seigneur, seront exécutés.
(Polyclète sort.)
AUGUSTE
Qu'Éraste en même temps aille dire à Maxime
Qu'il vienne recevoir le pardon de son crime.
EUPHORBE
Il l'a jugé trop grand pour ne pas s'en punir[1].
A peine du palais il a pu revenir,
Que, les yeux égarés, et le regard farouche,
Le cœur gros de soupirs, les sanglots à la bouche,
Il déteste sa vie et ce complot maudit,
M'en apprend l'ordre entier tel que je vous l'ai dit,
Et m'ayant commandé que je vous avertisse,
Il ajoute : « Dis-lui que je me fais justice,
« Que je n'ignore point ce que j'ai mérité. »
Puis soudain dans le Tibre il s'est précipité,
Dont l'eau grosse et rapide, et la nuit assez noire,
M'ont dérobé la fin de sa tragique histoire.
AUGUSTE
Sous ce puissant remords il a trop succombé,
Et s'est à mes bontés lui-même dérobé;
Il n'est crime envers moi qu'un repentir n'efface.
Mais puisqu'il a voulu renoncer à ma grâce,
Allez pourvoir au reste, et faites qu'on ait soin
De tenir en lieu sûr ce fidèle témoin.

---

[1] Ce lâche et inutile mensonge d'Euphorbe est indigne de la tragédie. (V.)

SCÈNE II

AUGUSTE[1]

Ciel, à qui voulez-vous désormais que je fie
Les secrets de mon âme et le soin de ma vie ?
Reprenez le pouvoir que vous m'avez commis,
Si donnant des sujets il ôte les amis,
Si tel est le destin des grandeurs souveraines,
Que leurs plus grands bienfaits n'attirent que des haines,
Et si votre rigueur les condamne à chérir
Ceux que vous animez à les faire périr.
Pour elles rien n'est sûr ; qui peut tout doit tout craindre.
   Rentre en toi-même, Octave, et cesse de te plaindre.
Quoi ! tu veux qu'on t'épargne, et n'as rien épargné !
Songe aux fleuves de sang où ton bras s'est baigné,
De combien ont rougi les champs de Macédoine,
Combien en a versé la défaite d'Antoine,
Combien celle de Sexte, et revois tout d'un temps
Pérouse au sien noyée, et tous ses habitants.
Remets dans ton esprit, après tant de carnages,
De tes proscriptions les sanglantes images,
Où toi-même, des tiens devenu le bourreau,
Au sein de ton tuteur enfonças le couteau ;
Et puis ose accuser le destin d'injustice
Quand tu vois que les tiens s'arment pour ton supplice,
Et que, par ton exemple à ta perte guidés,
Ils violent des droits que tu n'as pas gardés !
Leur trahison est juste, et le Ciel l'autorise ;
Quitte ta dignité comme tu l'as acquise ;
Rends un sang infidèle à l'infidélité,

---

[1] Voilà encore une occasion où un monologue est bien placé : la situation d'Auguste est une excuse légitime ; d'ailleurs il est bien écrit, les vers en sont beaux, les réflexions sont justes, intéressantes ; ce morceau est digne du grand Corneille. (VOLT.)

ACTE IV, SCÈNE II

Et souffre des ingrats après l'avoir été.
  Mais que mon jugement au besoin m'abandonne!
Quelle fureur, Cinna, m'accuse et te pardonne?
Toi, dont la trahison me force à retenir
Ce pouvoir souverain dont tu me veux punir,
Me traite en criminel, et fait seule mon crime,
Relève pour l'abattre un trône illégitime,
Et, d'un zèle effronté couvrant son attentat,
S'oppose pour me perdre au bonheur de l'État?
Donc jusqu'à l'oublier je pourrois me contraindre!
Tu vivrois en repos après m'avoir fait craindre!
Non, non, je me trahis moi-même d'y penser;
Qui pardonne aisément invite à l'offenser :
Punissons l'assassin, proscrivons les complices.
  Mais quoi! toujours du sang, et toujours des supplices!
Ma cruauté se lasse, et ne peut s'arrêter;
Je veux me faire craindre, et ne fais qu'irriter.
Rome a pour ma ruine une hydre trop fertile;
Une tête coupée en fait renaître mille,
Et le sang répandu de mille conjurés
Rend mes jours plus maudits et non plus assurés.
Octave, n'attends plus le coup d'un nouveau Brute :
Meurs, et dérobe-lui la gloire de ta chute;
Meurs; tu ferois pour vivre un lâche et vain effort,
Si tant de gens de cœur font des vœux pour ta mort,
Et si tout ce que Rome a d'illustre jeunesse
Pour te faire périr tour à tour s'intéresse;
Meurs, puisque c'est un mal que tu ne peux guérir;
Meurs enfin, puisqu'il faut ou tout perdre, ou mourir.
La vie est peu de chose, et le peu qui t'en reste
Ne vaut pas l'acheter par un prix si funeste :
Meurs, mais quitte du moins la vie avec éclat;
Éteins-en le flambeau dans le sang de l'ingrat,
A toi-même en mourant immole ce perfide;
Contentant ses désirs, punis son parricide;

Fais un tourment pour lui de ton propre trépas,
En faisant qu'il le voie et n'en jouisse pas :
Mais jouissons plutôt nous-même de sa peine ;
Et si Rome nous hait, triomphons de sa haine.
 O Romains ! ô vengeance ! ô pouvoir absolu !
O rigoureux combat d'un cœur irrésolu
Qui fuit en même temps tout ce qu'il se propose !
D'un prince malheureux ordonnez quelque chose.
Qui des deux dois-je suivre, et duquel m'éloigner ?
Ou laissez-moi périr, ou laissez-moi régner.

SCÈNE III

AUGUSTE, LIVIE

AUGUSTE

Madame, on me trahit, et la main qui me tue
Rend sous mes déplaisirs ma constance abattue.
Cinna, Cinna le traître...

LIVIE

Euphorbe m'a tout dit,
Seigneur, et j'ai pâli cent fois à ce récit.
Mais écouteriez-vous les conseils d'une femme [1] ?

AUGUSTE

Hélas ! de quel conseil est capable mon âme ?

LIVIE

Votre sévérité, sans produire aucun fruit,
Seigneur, jusqu'à présent a fait beaucoup de bruit ;
Par les peines d'un autre aucun ne s'intimide :
Salvidien à bas a soulevé Lépide ;
Murène a succédé, Cépion l'a suivi ;
Le jour à tous les deux dans les tourments ravi

---

[1] Le conseil que Livie donne à Auguste est rapporté dans l'histoire ; mais il fait un très-mauvais effet dans la tragédie ; il ôte à Auguste la gloire de prendre de lui-même un parti généreux. (Volt.)

N'a point mêlé de crainte à la fureur d'Égnace,
Dont Cinna maintenant ose prendre la place;
Et dans les plus bas rangs les noms les plus abjects
Ont voulu s'ennoblir par de si hauts projets.
Après avoir en vain puni leur insolence,
Essayez sur Cinna ce que peut la clémence;
Faites son châtiment de sa confusion;
Cherchez le plus utile en cette occasion :
Sa peine peut aigrir une ville animée;
Son pardon peut servir à votre renommée;
Et ceux que vos rigueurs ne font qu'effaroucher
Peut-être à vos bontés se laisseront toucher.

AUGUSTE

Gagnons-les tout à fait en quittant cet empire,
Qui nous rend odieux, contre qui l'on conspire.
J'ai trop par vos avis consulté là-dessus;
Ne m'en parlez jamais, je ne consulte plus.
Cesse de soupirer, Rome, pour ta franchise;
Si je t'ai mise aux fers, moi-même je les brise;
Et te rends ton État, après l'avoir conquis,
Plus paisible et plus grand que je ne te l'ai pris.
Si tu me veux haïr, hais-moi sans plus rien feindre;
Si tu me veux aimer, aime-moi sans me craindre.
De tout ce qu'eut Sylla de puissance et d'honneur,
Lassé comme il le fut, j'aspire à son bonheur.

LIVIE

Assez et trop longtemps son exemple vous flatte;
Mais gardez que sur vous la contrainte n'éclate.
Ce bonheur sans pareil qui conserva ses jours
Ne seroit pas bonheur s'il arrivoit toujours.

AUGUSTE

Eh bien! s'il est trop grand, si j'ai tort d'y prétendre,
J'abandonne mon sang à qui voudra l'épandre.
Après un long orage il faut trouver un port;
Et je n'en vois que deux, le repos, ou la mort.

LIVIE

Quoi! vous voulez quitter le fruit de tant de peines?

AUGUSTE

Quoi! vous voulez garder l'objet de tant de haines?

LIVIE

Seigneur, vous emporter à cette extrémité,
C'est plutôt désespoir que générosité.

AUGUSTE

Régner, et caresser une main si traîtresse,
Au lieu de sa vertu, c'est montrer sa foiblesse.

LIVIE

C'est régner sur vous-même, et, par un noble choix,
Pratiquer la vertu la plus digne des rois.

AUGUSTE

Vous m'aviez bien promis des conseils d'une femme;
Vous me tenez parole, et c'en sont là, Madame.
   Après tant d'ennemis à mes pieds abattus,
Depuis vingt ans je règne et j'en sais les vertus;
Je sais leur divers ordre, et de quelle nature
Sont les devoirs d'un prince en cette conjoncture:
Tout son peuple est blessé par un tel attentat,
Et la seule pensée est un crime d'État,
Une offense qu'on fait à toute sa province,
Dont il faut qu'il la venge, ou cesse d'être prince.

LIVIE

Donnez moins de croyance à votre passion.

AUGUSTE

Ayez moins de foiblesse, ou moins d'ambition.

LIVIE

Ne traitez pas si mal un conseil salutaire.

AUGUSTE

Le Ciel m'inspirera ce qu'ici je dois faire.
Adieu, nous perdons temps.

LIVIE

                Je ne vous quitte point,

Seigneur, que mon amour n'aye obtenu ce point.
AUGUSTE
C'est l'amour des grandeurs qui vous rend importune.
LIVIE
J'aime votre personne, et non votre fortune.
(Seule.)
Il m'échappe; suivons, et forçons-le de voir
Qu'il peut, en faisant grâce, affermir son pouvoir,
Et qu'enfin la clémence est la plus belle marque
Qui fasse à l'univers connaître un vrai monarque.

SCÈNE IV
ÉMILIE, FULVIE

ÉMILIE
D'où me vient cette joie, et que mal à propos
Mon esprit malgré moi goûte un entier repos[1]?
César mande Cinna sans me donner d'alarmes!
Mon cœur est sans soupirs, mes yeux n'ont point de larmes,
Comme si j'apprenois d'un secret mouvement
Que tout doit succéder à mon contentement!
Ai-je bien entendu? me l'as-tu dit, Fulvie?

FULVIE
J'avois gagné sur lui qu'il aimeroit la vie,
Et je vous l'amenois plus traitable et plus doux,
Faire un second effort contre votre courroux;
Je m'en applaudissois quand soudain Polyclète,
Des volontés d'Auguste ordinaire interprète,
Est venu l'aborder et sans suite et sans bruit,
Et de sa part sur l'heure au palais l'a conduit.
Auguste est fort troublé, l'on ignore la cause :
Chacun diversement soupçonne quelque chose;
Tous présument qu'il aye un grand sujet d'ennui,

---

1 On ne voit pas trop, en effet, d'où vient cette prétendue joie; c'était, au contraire, le moment des plus terribles inquiétudes. (VOLT.)

Et qu'il mande Cinna pour prendre avis de lui.
Mais ce qui m'embarrasse, et que je viens d'apprendre,
C'est que deux inconnus se sont saisis d'Évandre,
Qu'Euphorbe est arrêté, sans qu'on sache pourquoi,
Que même de son maître on dit je ne sais quoi [1] :
On lui veut imputer un désespoir funeste;
On parle d'eau, de Tibre, et l'on se tait du reste [2].

ÉMILIE

Que de sujets de crainte et de désespérer,
Sans que mon triste cœur en daigne murmurer!
A chaque occasion le Ciel y fait descendre
Un sentiment contraire à celui qu'il doit prendre.
Une vaine frayeur tantôt m'a pu troubler;
Et je suis insensible alors qu'il faut trembler.
  Je vous entends, grands dieux, vos bontés que j'adore,
Ne peuvent consentir que je me déshonore,
Et, ne me permettant soupirs, sanglots, ni pleurs,
Soutiennent ma vertu contre de tels malheurs.
Vous voulez que je meure avec ce grand courage,
Qui m'a fait entreprendre un si fameux ouvrage;
Et je veux bien périr comme vous l'ordonnez,
Et dans la même assiette où vous me retenez.
  O liberté de Rome, ô mânes de mon père!
J'ai fait de mon côté tout ce que j'ai pu faire;
Contre votre tyran j'ai ligué ses amis,
Et plus osé pour vous qu'il ne m'étoit permis.
Si l'effet a manqué, ma gloire n'est pas moindre :
N'ayant pu vous venger, je vous irai rejoindre,
Mais si fumante encor d'un généreux courroux,
Par un trépas si noble et si digne de vous,
Qu'il vous fera sur l'heure aisément reconnoître
Le sang des grands héros dont vous m'avez fait naître.

1 *Je ne sais quoi* est du style de la comédie. (VOLT.)
2 *L'on se tait du reste*, c'est-à-dire, sans doute, de la cause du désespoir de Maxime.

SCÈNE V

MAXIME, ÉMILIE, FULVIE

ÉMILIE

Mais je vous vois, Maxime, et l'on vous faisoit mort[1] !

MAXIME

Euphorbe trompe Auguste avec ce faux rapport :
Se voyant arrêté, la trame découverte,
Il a feint ce trépas pour empêcher ma perte.

ÉMILIE

Que dit-on de Cinna?

MAXIME

Que son plus grand regret
C'est de voir que César sait tout votre secret :
En vain il le dénie et le veut méconnaître,
Évandre a tout conté pour excuser son maître,
Et par l'ordre d'Auguste on vient vous arrêter.

ÉMILIE

Celui qui l'a reçu tarde à l'exécuter ;
Je suis prête à le suivre, et lasse de l'attendre.

MAXIME

Il vous attend chez moi.

ÉMILIE

Chez vous !

MAXIME

C'est vous surprendre ;
Mais apprenez le soin que le Ciel a de vous :
C'est un des conjurés qui va fuir avec nous.
Prenons notre avantage avant qu'on nous poursuive ;
Nous avons pour partir un vaisseau sur la rive.

---

[1] Cette résurrection de Maxime n'est pas une invention heureuse. Qu'un héros qu'on croyait mort dans un combat reparaisse, c'est un moment intéressant ; mais le public ne peut souffrir un lâche que son valet avait supposé être jeté dans la rivière. (VOLT.)

CINNA

ÉMILIE
Me connois-tu, Maxime, et sais-tu qui je suis?
MAXIME
En faveur de Cinna je fais ce que je puis,
Et tâche à garantir de ce malheur extrême
La plus belle moitié qui reste de lui-même.
Sauvons-nous, Émilie, et conservons le jour,
Afin de le venger par un heureux retour.
ÉMILIE
Cinna dans son malheur est de ceux qu'il faut suivre,
Qu'il ne faut pas venger, de peur de leur survivre.
Quiconque après sa perte aspire à se sauver
Est indigne du jour qu'il tâche à conserver.
MAXIME
Quel désespoir aveugle à ces fureurs vous porte?
O dieux! que de foiblesse en une âme si forte!
Ce cœur si généreux rend si peu de combats,
Et du premier revers la fortune l'abat!
Rappelez, rappelez, cette vertu sublime;
Ouvrez enfin les yeux, et connoissez Maxime :
C'est un autre Cinna qu'en lui vous regardez;
Le Ciel vous rend en lui l'amant que vous perdez;
Et puisque l'amitié n'en faisoit plus qu'une âme,
Aimez en cet ami l'objet de votre flamme :
Avec la même ardeur il saura vous chérir,
Que...
ÉMILIE
Tu m'oses aimer, et tu n'oses mourir¹!
Tu prétends un peu trop; mais quoi que tu prétendes,
Rends-toi digne du moins de ce que tu demandes :
Cesse de fuir en lâche un glorieux trépas,
Ou de m'offrir un cœur que tu fais voir si bas;
Fais que je porte envie à ta vertu parfaite;
Ne te pouvant aimer, fais que je te regrette;

¹ *Tu m'oses aimer, et tu n'oses mourir!* est sublime. (VOLT.)

Montre d'un vrai Romain la dernière vigueur,
Et mérite mes pleurs au défaut de mon cœur.
Quoi! si ton amitié pour Cinna s'intéresse,
Crois-tu qu'elle consiste à flatter sa maîtresse?
Apprends, apprends de moi quel en est le devoir;
Et donne-m'en l'exemple, ou viens le recevoir.

MAXIME

Votre juste douleur est trop impétueuse.

ÉMILIE

La tienne en ta faveur est trop ingénieuse;
Tu me parles déjà d'un bienheureux retour,
Et dans tes déplaisirs tu conçois de l'amour!

MAXIME

Cet amour en naissant est toutefois extrême:
C'est votre amant en vous, c'est mon ami que j'aime;
Et des mêmes ardeurs dont il fut embrasé...

ÉMILIE

Maxime, en voilà trop pour un homme avisé.
Ma perte m'a surprise et ne m'a point troublée;
Mon noble désespoir ne m'a point aveuglée:
Ma vertu tout entière agit sans s'émouvoir,
Et je vois malgré moi plus que je ne veux voir.

MAXIME

Quoi! vous suis-je suspect de quelque perfidie?

ÉMILIE

Oui, tu l'es, puisque enfin tu veux que je le die.
L'ordre de notre fuite est trop bien concerté
Pour ne te soupçonner d'aucune lâcheté;
Les dieux seroient pour nous prodigues en miracles,
S'ils en avoient sans toi levé tous les obstacles.
Fuis sans moi : tes amours sont ici superflus.

MAXIME

Ah! vous m'en dites trop.

ÉMILIE

        J'en présume encor plus.

Ne crains pas toutefois que j'éclate en injures;
Mais n'espère non plus m'éblouir de parjures.
Si c'est te faire tort que de m'en défier,
Viens mourir avec moi pour te justifier.

MAXIME

Vivez, belle Émilie, et souffrez qu'un esclave...

ÉMILIE

Je ne t'écoute plus qu'en présence d'Octave.
Allons, Fulvie, allons.

SCÈNE VI

MAXIME [1]

Désespéré, confus,
Et digne, s'il se peut, d'un plus cruel refus,
Que résous-tu, Maxime? et quel est le supplice
Que ta vertu prépare à ton vain artifice?
Aucune illusion ne te doit plus flatter,
Émilie en mourant va tout faire éclater.
Sur un même échafaud [2] la perte de sa vie
Étalera sa gloire et ton ignominie,
Et sa mort va laisser à la postérité
L'infâme souvenir de ta déloyauté.
Un même jour t'a vu, par une fausse adresse [3],
Trahir ton souverain, ton ami, ta maîtresse,
Sans que de tant de droits en un jour violés,
Sans que de deux amants au tyran immolés,
Il te reste aucun fruit que la honte et la rage
Qu'un remords inutile allume en ton courage.

---

[1] Autant le spectateur s'est prêté au monologue important d'Auguste, qui est un personnage respectable, autant il se refuse au monologue de Maxime, qui excite l'indignation et le mépris. (VOLT.)

[2] Il n'y avait point d'échafauds chez les Romains pour les criminels. (VOLT.)

[3] *Fausse adresse* est trop faible, et Maxime n'a point été adroit. (VOLT.)

Euphorbe, c'est l'effet de tes lâches conseils ;
Mais que peut-on attendre enfin de tes pareils ?
Jamais un affranchi n'est qu'un esclave infâme ;
Bien qu'il change d'état, il ne change point d'âme ;
La tienne, encor servile, avec la liberté,
N'a pu prendre un rayon de générosité.
Tu m'as fait relever une injuste puissance ;
Tu m'as fait démentir l'honneur de ma naissance :
Mon cœur te résistoit, et tu l'as combattu
Jusqu'à ce que ta fourbe ait souillé sa vertu.
Il m'en coûte la vie, il m'en coûte la gloire,
Et j'ai tout mérité pour t'avoir voulu croire ;
Mais les dieux permettront à mes ressentiments
De te sacrifier aux yeux des deux amants ;
Et j'ose m'assurer qu'en dépit de mon crime
Mon sang leur servira d'assez pure victime,
Si dans le tien mon bras, justement irrité,
Peut laver le forfait de t'avoir écouté.

FIN DU QUATRIÈME ACTE

ACTE CINQUIÈME

SCENE I
AUGUSTE, CINNA

AUGUSTE

Prends un siége, Cinna, prends; et sur toute chose [1]
Observe exactement la loi que je t'impose :
Prête, sans me troubler, l'oreille à mes discours;
D'aucun mot, d'aucun cri, n'en interromps le cours;
Tiens ta langue captive; et si ce grand silence
A ton émotion fait quelque violence,
Tu pourras me répondre après tout à loisir :
Sur ce point seulement contente mon désir.

CINNA

Je vous obéirai, seigneur.

AUGUSTE

Qu'il te souvienne
De garder ta parole; et je tiendrai la mienne.
Tu vois le jour, Cinna; mais ceux dont tu le tiens
Furent les ennemis de mon père, et les miens :
Au milieu de leur camp tu reçus la naissance;
Et lorsque après leur mort tu vins en ma puissance,
Leur haine enracinée au milieu de ton sein

---

[1] Toute cette scène est dans Sénèque le Philosophe. Par quel prodige de l'art Corneille a-t-il surpassé Sénèque, comme dans les *Horaces* il a été plus nerveux que Tite-Live? C'est là le privilége de la belle poésie. (VOLT.)

La beauté des vers et la simplicité sublime du style font voir que, si l'auteur est redevable à Sénèque de tout le fond de cette scène immortelle, il avait dans son âme le sentiment de la vraie grandeur, et en connaissait l'expression. (LA HARPE.)

ACTE V, SCÈNE I

T'avoit mis contre moi les armes à la main.
Tu fus mon ennemi même avant que de naître,
Et tu le fus encor quand tu me pus connoître ;
Et l'inclination jamais n'a démenti
Ce sang qui t'avoit fait du contraire parti :
Autant que tu l'as pu les effets l'ont suivie.
Je ne m'en suis vengé qu'en te donnant la vie ;
Je te fis prisonnier pour te combler de biens ;
Ma cour fut ta prison, mes faveurs tes liens ;
Je te restituai d'abord ton patrimoine ;
Je t'enrichis après des dépouilles d'Antoine,
Et tu sais que depuis, à chaque occasion,
Je suis tombé pour toi dans la profusion.
Toutes les dignités que tu m'as demandées,
Je te les ai sur l'heure et sans peine accordées ;
Je t'ai préféré même à ceux dont les parents
Ont jadis dans mon camp tenu les premiers rangs,
A ceux qui de leur sang m'ont acheté l'empire,
Et qui m'ont conservé le jour que je respire :
De la façon enfin qu'avec toi j'ai vécu,
Les vainqueurs sont jaloux du bonheur du vaincu.
Quand le Ciel me voulut, en rappelant Mécène,
Après tant de faveurs montrer un peu de haine,
Je te donnai sa place en ce triste accident,
Et te fis, après lui, mon plus cher confident.
Aujourd'hui même encor, mon âme irrésolue
Me pressant de quitter ma puissance absolue,
De Maxime et de toi j'ai pris les seuls avis,
Et ce sont, malgré lui, les tiens que j'ai suivis ;
Bien plus, ce même jour je te donne Émilie,
Le digne objet des vœux de toute l'Italie,
Et qu'ont mise si haut mon amour et mes soins,
Qu'en te couronnant roi je t'aurois donné moins.
Tu t'en souviens, Cinna ; tant d'heur et tant de gloire
Ne peuvent pas sitôt sortir de ta mémoire :

Mais ce qu'on ne pourroit jamais s'imaginer,
Cinna, tu t'en souviens, et veux m'assassiner.

CINNA

Moi, seigneur! moi, que j'eusse une âme si traîtresse!
Qu'un si lâche dessein...

AUGUSTE

Tu tiens mal ta promesse :
Sieds-toi, je n'ai pas dit encor ce que je veux;
Tu te justifieras après, si tu le peux.
Écoute cependant, et tiens mieux ta parole.

Tu veux m'assassiner demain, au Capitole,
Pendant le sacrifice, et ta main pour signal
Me doit, au lieu d'encens, donner le coup fatal;
La moitié de tes gens doit occuper la porte,
L'autre moitié te suivre et te prêter main-forte.
Ai-je de bons avis, ou de mauvais soupçons?
De tous ces meurtriers te dirai-je les noms?
Procule, Glabrion, Virginian, Rutile,
Marcel, Plaute, Lénas, Pompone, Albin, Icile,
Maxime, qu'après toi j'avois le plus aimé :
Le reste ne vaut pas l'honneur d'être nommé;
Un tas d'hommes perdus de dettes et de crimes,
Que pressent de mes lois les ordres légitimes,
Et qui, désespérant de les plus éviter,
Si tout n'est renversé ne sauroient subsister.

Tu te tais maintenant et gardes le silence,
Plus par confusion que par obéissance.
Quel étoit ton dessein, et que prétendois-tu
Après m'avoir au temple à tes pieds abattu?
Affranchir ton pays d'un pouvoir monarchique?
Si j'ai bien entendu tantôt ta politique,
Son salut désormais dépend d'un souverain,
Qui pour tout conserver tienne tout en sa main :
Et si sa liberté te faisoit entreprendre,
Tu ne m'eusses jamais empêché de la rendre;

Tu l'aurois acceptée au nom de tout l'État,
Sans vouloir l'acquérir par un assassinat.
Quel étoit donc ton but? d'y régner en ma place?
D'un étrange malheur son destin le menace,
Si pour monter au trône et lui donner la loi
Tu ne trouves dans Rome autre obstacle que moi;
Si jusques à ce point son sort est déplorable,
Que tu sois après moi le plus considérable,
Et que ce grand fardeau de l'empire romain
Ne puisse après ma mort tomber mieux qu'en ta main.
   Apprends à te connoître, et descends en toi-même.
On t'honore dans Rome, on te courtise, on t'aime,
Chacun tremble sous toi, chacun t'offre des vœux,
Ta fortune est bien haut, tu peux ce que tu veux;
Mais tu ferois pitié même à ceux qu'elle irrite,
Si je t'abandonnois à ton peu de mérite [1].
Ose me démentir, dis-moi ce que tu vaux;
Conte-moi tes vertus, tes glorieux travaux;
Les rares qualités par où tu m'as dû plaire,
Et tout ce qui t'élève au-dessus du vulgaire.
Ma faveur fait ta gloire, et ton pouvoir en vient;
Elle seule t'élève, et seule te soutient;
C'est elle qu'on adore, et non pas ta personne;
Tu n'as crédit ni rang qu'autant qu'elle t'en donne;
Et pour te faire choir je n'aurais aujourd'hui
Qu'à retirer la main qui seule est ton appui.
J'aime mieux toutefois céder à ton envie;
Règne, si tu le peux, aux dépens de ma vie;
Mais oses-tu penser que les Serviliens,

---

[1] Auguste se devait à lui-même de dire à Cinna tout ce qu'il lui a dit, puisqu'il était son ami auparavant, et qu'il veut bien continuer de l'être; son intention n'est pas de l'avilir, mais de le remettre à sa place en lui faisant sentir le peu de puissance réelle qu'il a, et tous les obstacles qui s'opposeraient à son ambition. Ajoutons même que la clémence d'Auguste est intéressée à les lui faire sentir, pour le détourner d'une rechute, qui deviendrait impardonnable. (PALISSOT.)

Les Cosses, les Métels, les Pauls, les Fabiens,
Et tant d'autres enfin de qui les grands courages
Des héros de leur sang sont les vives images,
Quittent le noble orgueil d'un sang si généreux
Jusqu'à pouvoir souffrir que tu règnes sur eux?
Parle, parle; il est temps.

CINNA

Je demeure stupide;
Non que votre colère ou la mort m'intimide:
Je vois qu'on m'a trahi, vous m'y voyez rêver,
Et j'en cherche l'auteur sans le pouvoir trouver.
Mais c'est trop y tenir toute l'âme occupée.
Seigneur, je suis Romain, et du sang de Pompée.
Le père et les deux fils, lâchement égorgés,
Par la mort de César étoient trop peu vengés :
C'est là d'un beau dessein l'illustre et seule cause,
Et puisqu'à vos rigueurs la trahison m'expose,
N'attendez point de moi d'infâmes repentirs [1],
D'inutiles regrets ni de honteux soupirs;
Le sort vous est propice autant qu'il m'est contraire;
Je sais ce que j'ai fait, et ce qu'il vous faut faire.
Vous devez un exemple à la postérité,
Et mon trépas importe à votre sûreté.

AUGUSTE

Tu me braves, Cinna; tu fais le magnanime;
Et, loin de t'excuser, tu couronnes ton crime.
Voyons si ta constance ira jusques au bout.
Tu sais ce qui t'est dû, tu vois que je sais tout;
Fais ton arrêt toi-même, et choisis tes supplices.

---

[1] Le *repentir* ne peut admettre ici de pluriel. (VOLT.)

SCÈNE II

AUGUSTE, LIVIE, CINNA, ÉMILIE, FULVIE

LIVIE

Vous ne connaissez pas encor tous les complices ;
Votre Émilie en est, seigneur, et la voici.

CINNA

C'est elle-même, ô dieux !

AUGUSTE

Et toi, ma fille, aussi !

ÉMILIE

Oui, tout ce qu'il a fait, il l'a fait pour me plaire,
Et j'en étois, seigneur, la cause et le salaire.

AUGUSTE

Quoi ! l'amour qu'en ton cœur j'ai fait naître aujourd'hui
T'emporte-t-il déjà jusqu'à mourir pour lui !
Ton âme à ces transports un peu trop s'abandonne,
Et c'est trop tôt aimer l'amant que je te donne [1].

ÉMILIE

Cet amour qui m'expose à vos ressentiments
N'est point le prompt effet de vos commandements ;
Ces flammes dans nos cœurs sans vos ordres étoient nées,
Et ce sont des secrets de plus de quatre années :
Moi, quoique je l'aimasse, et qu'il brûlât pour moi,
Une haine plus forte à tous deux fit la loi :
Je ne voulus jamais lui donner d'espérance
Qu'il ne m'eût de mon père assuré la vengeance ;
Je la lui fis jurer : il chercha des amis :
Le Ciel rompt le succès que je m'étois promis [2],

---

1 Cette petite ironie est-elle bien placée dans ce moment tragique ! Est-ce ainsi qu'Auguste doit parler ? (VOLT.)

2 On ne rompt point un succès, encore moins un succès qu'on s'est promis ; on rompt une union, on détruit des espérances, on prévient des projets. Le Ciel ne m'a pas accordé, m'ôte, me ravit le succès que je m'étais promis. (V.)

Et je vous viens, seigneur, offrir une victime ;
Non pour sauver sa vie en me chargeant du crime,
Son trépas est trop juste après son attentat,
Et toute excuse est vaine en un crime d'État :
Mourir en sa présence, et rejoindre mon père,
C'est tout ce qui m'amène, et tout ce que j'espère.

AUGUSTE

Jusques à quand, ô Ciel ! et par quelle raison
Prendrez-vous contre moi des traits dans ma maison ?
Pour ses débordements j'en ai chassé Julie ;
Mon amour en sa place a fait choix d'Émilie [1] ;
Et je la vois comme elle indigne de ce rang.
L'une m'ôtoit l'honneur, l'autre a soif de mon sang :
Et, prenant toutes deux leur passion pour guide,
L'une fut impudique, et l'autre est parricide.
O ma fille ! est-ce là le prix de mes bienfaits ?

ÉMILIE

Ceux de mon père en vous firent mêmes effets [2].

AUGUSTE

Songe avec quel amour j'élevai ta jeunesse.

ÉMILIE

Il éleva la vôtre avec même tendresse :
Il fut votre tuteur, et vous son assassin ;
Et vous m'avez au crime enseigné le chemin :
Le mien d'avec le vôtre en ce point seul diffère,
Que votre ambition s'est immolé mon père,
Et qu'un juste courroux dont je me sens brûler
A son sang innocent vouloit vous immoler.

LIVIE

C'en est trop, Émilie ; arrête, et considère
Qu'il t'a trop bien payé les bienfaits de ton père :
Sa mort, dont la mémoire allume ta fureur,

---

[1] Émilie ne fut jamais adoptée par Auguste ; elle ne l'est que dans cette pièce. (VOLT.)

[2] *Firent mêmes effets* n'est recevable ni en vers ni en prose. (VOLT.)

Fut un crime d'Octave, et non de l'empereur.
  Tous ces crimes d'État qu'on fait pour la couronne,
Le Ciel nous en absout alors qu'il nous la donne ;
Et, dans le sacré rang où sa faveur l'a mis,
Le passé devient juste, et l'avenir permis [1].
Qui peut y parvenir ne peut être coupable ;
Quoi qu'il ait fait ou fasse, il est inviolable :
Nous lui devons nos biens, nos jours sont en sa main ;
Et jamais on n'a droit sur ceux d'un souverain.

ÉMILIE

Aussi, dans le discours que vous venez d'entendre,
Je parlois pour l'aigrir et non pour me défendre.
  Punissez donc, seigneur, ces criminels appas
Qui de vos favoris font d'illustres ingrats ;
Tranchez mes tristes jours pour assurer les vôtres.
Si j'ai séduit Cinna, j'en séduirai bien d'autres ;
Et je suis plus à craindre, et vous plus en danger,
Si j'ai l'amour ensemble et le sang à venger.

CINNA

Que vous m'ayez séduit, et que je souffre encore
D'être déshonoré par celle que j'adore !
  Seigneur, la vérité doit ici s'exprimer :
J'avois fait ce dessein avant que de l'aimer.
A mes plus saints désirs la trouvant inflexible,
Je crus qu'à d'autres soins elle seroit sensible ;
Je parlai de son père et de votre rigueur,
Et l'offre de mon bras suivit celle du cœur.
Que la vengeance est douce à l'esprit d'une femme !
Je l'attaquai par là, par là je pris son âme.
Dans mon peu de mérite elle ne négligeoit,
Et ne put négliger le bras qui la vengeoit,
Elle n'a conspiré que par mon artifice ;

---

[1] Ce vers n'a pas de sens. *L'avenir* ne peut signifier *les crimes à venir ;* et s'il le signifiait, cette idée serait abominable. (Volt.)

J'en suis le seul auteur, elle n'est que complice [1].

ÉMILIE

Cinna, qu'oses-tu dire? est-ce là me chérir,
Que de m'ôter l'honneur quand il me faut mourir?

CINNA

Mourez, mais en mourant ne souillez point ma gloire.

ÉMILIE

La mienne se flétrit si César te veut croire.

CINNA

Et la mienne se perd si vous tirez à vous
Toute celle qui suit de si généreux coups [2].

ÉMILIE

Eh bien! prends-en ta part, et me laisse la mienne;
Ce seroit l'affoiblir que d'affoiblir la tienne :
La gloire et le plaisir, la honte et les tourments,
Tout doit être commun entre deux vrais amants.

Nos deux âmes, seigneur, sont deux âmes romaines;
Unissant nos désirs, nous unîmes nos haines :
De nos parents perdus le vif ressentiment
Nous apprit nos devoirs en un même moment;
En ce noble dessein nos cœurs se rencontrèrent,
Nos esprits généreux ensemble le formèrent;
Ensemble nous cherchons l'honneur d'un beau trépas :
Vous vouliez nous unir, ne nous séparez pas.

AUGUSTE

Oui, je vous unirai, couple ingrat et perfide,
Et plus mon ennemi qu'Antoine ni Lépide;

---

[1] Pourquoi toute cette contestation entre Cinna et Émilie est-elle un peu froide? C'est que si Auguste veut leur pardonner, il importe fort peu qui des deux a séduit l'autre. Ces disputes, ces combats à qui mourra l'un pour l'autre, font une grande impression quand on peut hésiter entre deux personnages, quand on ignore sur lequel des deux le coup tombera, mais non pas quand tous les deux sont condamnés et condamnables. (VOLT.)

[2] *Généreux coups* ne peut se dire d'une entreprise qui n'a pas eu d'effet. (VOLT.)

Oui, je vous unirai, puisque vous le voulez :
Il faut bien satisfaire aux feux dont vous brûlez;
Et que tout l'univers, sachant ce qui m'anime,
S'étonne du supplice aussi bien que du crime...
   Mais enfin le Ciel m'aime, et ses bienfaits nouveaux
Ont arraché Maxime à la fureur des eaux [1].

SCÈNE III

AUGUSTE, LIVIE, CINNA, MAXIME, ÉMILIE, FULVIE

AUGUSTE

Approche, seul ami que j'éprouve fidèle.

MAXIME

Honorez moins, seigneur, une âme criminelle.

AUGUSTE

Ne parlons plus de crime après ton repentir,
Après que du péril tu m'as su garantir :
C'est à toi que je dois et le jour et l'empire.

MAXIME

De tous vos ennemis connoissez mieux le pire :
Si vous régnez encor, seigneur, si vous vivez,
C'est ma jalouse rage à qui vous le devez.
Un vertueux remords n'a point touché mon âme :
Pour perdre mon rival j'ai découvert sa trame;
Euphorbe vous a feint que je m'étois noyé [2],
De crainte qu'après moi vous n'eussiez envoyé.
Je voulois avoir lieu d'abuser Émilie,

---

[1] Maxime vient ici faire un personnage aussi inutile que Livie... On ne s'intéresse qu'au sort de Cinna et d'Émilie, et la grâce de Maxime ne touche personne. (VOLT.)

[2] C'est ainsi que Racine a dit :

   Il *lui feint* qu'en un lieu que vous seul connoissez
   Vous cachez des trésors par David amassés.   (*Athal.*, act. I, sc. I.)

Effrayer son esprit, la tirer d'Italie,
Et pensois la résoudre à cet enlèvement
Sous l'espoir du retour pour venger son amant :
Mais au lieu de goûter ces grossières amorces,
Sa vertu combattue a redoublé ses forces.
Elle a lu dans mon cœur; vous savez le surplus,
Et je vous en ferois des récits superflus.
Vous voyez le succès de mon lâche artifice :
Si pourtant quelque grâce est due à mon indice [1],
A vos bontés, seigneur, j'en demanderois deux,
Le supplice d'Euphorbe et ma mort à leurs yeux.
J'ai trahi mon ami, ma maîtresse, mon maître,
Ma gloire, mon pays, par l'avis de ce traître;
Et croirai toutefois mon bonheur infini,
Si je puis m'en punir après l'avoir puni.

AUGUSTE

En est-ce assez, ô Ciel! et le sort, pour me nuire,
A-t-il quelqu'un des miens qu'il veuille encor séduire?
Qu'il joigne à ces efforts le secours des enfers ;
Je suis maître de moi comme de l'univers ;
Je le suis, je veux l'être. O siècles! ô mémoire!
Conservez à jamais ma dernière victoire :
Je triomphe aujourd'hui du plus juste courroux
De qui le souvenir puisse aller jusqu'à vous.
  Soyons amis, Cinna, c'est moi qui t'en convie [2];
Comme à mon ennemi je t'ai donné la vie;
Et, malgré la fureur de ton lâche dessein,
Je te la donne encor comme à mon assassin.
Commençons un combat qui montre par l'issue
Qui l'aura mieux de nous ou donnée ou reçue.
Tu trahis mes bienfaits, je les veux redoubler;

---

[1] Le mot propre est *aveu*. (VOLT.)

[2] C'est ce que dit Auguste qui est admirable; c'est là ce qui fit verser des larmes au grand Condé, larmes qui n'appartiennent qu'à ces belles âmes. (V.)

Je t'en avois comblé, je t'en veux accabler.
Avec cette beauté que je t'avois donnée,
Reçois le consulat pour la prochaine année.
 Aime Cinna, ma fille, en cet illustre rang;
Préfères-en la pourpre à celle de mon sang[1];
Apprends sur mon exemple à vaincre ta colère :
Te rendant un époux, je te rends plus qu'un père.

ÉMILIE

Et je me rends, seigneur, à ces hautes bontés;
Je recouvre la vue auprès de leurs clartés :
Je connois mon forfait qui me sembloit justice;
Et (ce que n'avoit pu la terreur du supplice)
Je sens naître en mon âme un repentir puissant,
Et mon cœur en secret me dit qu'il y consent.
 Le Ciel a résolu votre grandeur suprême;
Et pour preuve, seigneur, je n'en veux que moi-même;
J'ose avec vanité me donner cet éclat,
Puisqu'il change mon cœur, qu'il veut changer l'État.
Ma haine va mourir, que j'ai crue immortelle;
Elle est morte, et ce cœur devient sujet fidèle;
Et prenant désormais cette haine en horreur,
L'ardeur de vous servir succède à ma fureur.

CINNA

Seigneur, que vous dirai-je, après que nos offenses
Au lieu de châtiments trouvent des récompenses?
O vertu sans exemple! ô clémence qui rend
Votre pouvoir plus juste, et mon crime plus grand!

AUGUSTE

Cesse d'en retarder un oubli magnanime;
Et tous deux avant moi faites grâce à Maxime.
Il nous a trahis tous; mais ce qu'il a commis
Vous conserve innocents, et me rend mes amis.

---

[1] *La pourpre du sang* est intolérable. Cette pourpre, comparée au sang parce qu'il est rouge, est puérile. (VOLT.)

(A Maxime.)

Reprends auprès de moi ta place accoutumée;
Rentre dans ton crédit et dans ta renommée;
Qu'Euphorbe de tous trois ait sa grâce à son tour,
Et que demain l'hymen couronne leur amour.
Si tu l'aimes encor, ce sera ton supplice.

MAXIME

Je n'en murmure point, il a trop de justice[1];
Et je suis plus confus, seigneur, de vos bontés
Que je ne suis jaloux du bien que vous m'ôtez.

CINNA

Souffrez que ma vertu dans mon cœur rappelée
Vous consacre une foi lâchement violée,
Mais si ferme à présent, si loin de chanceler
Que la chute du ciel ne pourroit l'ébranler.
Puisse le grand moteur des belles destinées,
Pour prolonger vos jours, retrancher nos années!
Et moi, par un bonheur dont chacun soit jaloux,
Perdre pour vous cent fois ce que je tiens de vous!

LIVIE

Ce n'est pas tout, seigneur, une céleste flamme
D'un rayon prophétique illumine mon âme[2].
Oyez ce que les dieux vous font savoir par moi :
De votre heureux destin c'est l'immuable loi.
Après cette action vous n'avez rien à craindre :
On portera le joug désormais sans se plaindre;
Et les plus indomptés, renversant leurs projets,
Mettront toute leur gloire à mourir vos sujets.
Aucun lâche dessein, aucune ingrate envie

---

[1] Un supplice est juste; on l'ordonne avec justice; celui qui punit a de la justice; mais le supplice n'en a point, parce qu'un supplice ne peut être personnifié. (VOLT.)

[2] *Un rayon prophétique* ne semble pas convenir à Livie; la juste espérance que la clémence d'Auguste préviendra désormais toute conspiration vaut bien mieux qu'un rayon prophétique. (VOLT.)

ACTE V, SCÈNE III

N'attaquera le cours d'une si belle vie ;
Jamais plus d'assassins, ni de conspirateurs :
Vous avez trouvé l'art d'être maître des cœurs.
Rome, avec une joie et sensible et profonde,
Se démet en vos mains de l'empire du monde ;
Vos royales vertus lui vont trop enseigner
Que son bonheur consiste à vous faire régner.
D'une si longue erreur pleinement affranchie,
Elle n'a plus de vœux que pour la monarchie,
Vous prépare déjà des temples, des autels,
Et le Ciel une place entre les immortels ;
Et la postérité, dans toutes les provinces,
Donnera votre exemple aux plus généreux princes.

AUGUSTE

J'en accepte l'augure, et j'ose l'espérer :
Ainsi toujours les dieux vous daignent inspirer !
Qu'on redouble demain les heureux sacrifices
Que nous leur offrirons sous de meilleurs auspices,
Et que vos conjurés entendent publier
Qu'Auguste a tout appris et veut tout oublier [1].

---

[1] Ce n'est point ici une pièce telle que les *Horaces*. On voit bien le même pinceau ; mais l'ordonnance du tableau est très-supérieure. Il n'y a point de double action ; ce ne sont point des intérêts indépendants les uns des autres ; des actes ajoutés à des actes ; c'est toujours la même intrigue. Les trois unités sont aussi parfaitement observées qu'elles puissent l'être, sans que l'attention soit gênée, sans que l'auteur paraisse faire le moindre effort. Il y a toujours de l'art, et l'art s'y montre rarement à découvert. (Volt.)

Le pardon généreux d'Auguste, les vers qu'il prononce, sont le sublime de la grandeur d'âme ; ces vers, que l'admiration a gravés dans la mémoire de tous ceux qui les ont entendus, et cet avantage attaché à la beauté du dénoûment, de laisser au spectateur une dernière impression, qui est la plus heureuse et la plus vive de toutes celles qu'il a reçues, ont fait regarder assez généralement cette tragédie comme le chef-d'œuvre de Corneille ; et si l'on ajoute à ce grand mérite du cinquième acte le discours éloquent de Cinna dans la scène où il fait le tableau des proscriptions d'Octave ; cette autre scène si théâtrale où Auguste délibère avec ceux qui ont résolu de l'assassiner ; les idées profondes et l'énergie du style qu'on remarque dans ce dialogue, aussi frappant à la lecture qu'au théâtre ; le monologue d'Auguste au quatrième acte ; la fierté du caractère d'Émilie, et les traits heureux dont il est semé, cette préférence paraîtra suffisamment justifiée. N'oublions pas surtout de remarquer combien l'auteur de *Cinna* a embelli les détails qu'il a puisés dans Sénèque. Tel est l'avantage inappréciable des beaux vers, telle est la supériorité qu'ils ont sur la meilleure prose, que la mesure et l'harmonie ont gravé dans tous les esprits et mis dans toutes les bouches ce qui demeurait comme enseveli dans les écrits d'un philosophe, et n'existait que pour un petit nombre de lecteurs. Cette précision, commandée par le rhythme poétique, a tellement consacré les paroles que Corneille prête à Auguste, qu'on croirait qu'il n'a pu s'exprimer autrement; et la conversation d'Auguste et de Cinna ne sera jamais autre chose que les vers qu'on a retenus de Corneille. (LA HARPE.)

FIN DE CINNA

EXAMEN DE CINNA

Ce poëme a tant d'illustres suffrages qui lui donnent le premier rang parmi les miens, que je me ferois trop d'importants ennemis si j'en disois du mal : je ne le suis pas assez de moi-même pour chercher des défauts où ils n'en ont point voulu voir, et accuser le jugement qu'ils en ont fait, pour obscurcir la gloire qu'ils m'en ont donnée. Cette approbation si forte et si générale vient sans doute de ce que la vraisemblance s'y trouve si heureusement conservée aux endroits où la vérité lui manque, qu'il n'a jamais besoin de recourir au nécessaire. Rien n'y contredit l'histoire, bien que beaucoup de choses y soient ajoutées ; rien n'y est violenté par les incommodités de la représentation, ni par l'unité de jour, ni par celle de lieu.

Il est vrai qu'il s'y rencontre une duplicité de lieu particulier. La moitié de la pièce se passe chez Émilie, et l'autre dans le cabinet d'Auguste. J'aurois été ridicule si j'avois prétendu que cet empereur délibérât avec Maxime et Cinna s'il quitteroit l'empire ou non précisément dans la même place où ce dernier vient de rendre compte à Émilie de la conspiration qu'il a formée contre lui. C'est ce qui m'a fait rompre la liaison des scènes au quatrième acte, n'ayant pu me résoudre à faire que Maxime vînt donner l'alarme à Émilie, de la conjuration découverte, au lieu même où Auguste en venoit de recevoir l'avis par son ordre, et dont il ne faisoit que de sortir avec tant d'inquiétude et d'irrésolution. C'eût été une imprudence extraordinaire, et tout à fait hors du vraisemblable, de se présenter dans son cabinet un moment après qu'il lui avoit fait révéler le secret de cette entreprise, dont il étoit un des chefs, et porter la nouvelle de sa fausse mort. Bien loin de pouvoir surprendre Émilie par la peur de se voir arrêtée, c'eût été se faire arrêter lui-même, et se précipiter dans un obstacle invincible au dessein qu'il vouloit exécuter. Émilie ne parle donc pas où parle Auguste, à la réserve du cinquième acte ; mais cela n'empêche pas qu'à considérer tout le poëme ensemble, il n'ait son unité de lieu, puisque tout s'y peut passer non-seulement dans Rome ou dans un quartier de Rome, mais dans le seul palais d'Auguste, pourvu que vous y vouliez donner un appartement à Émilie qui soit éloigné du sien.

Le compte que Cinna lui rend de sa conspiration justifie ce que j'ai dit ailleurs, que, pour faire souffrir une narration ornée, il faut que celui qui la fait et celui qui l'écoute aient l'esprit assez tranquille et s'y plaisent assez pour lui prêter toute la patience qui lui est nécessaire. Émilie a la joie d'apprendre de la bouche de son amant avec quelle chaleur il a suivi ses intentions, et Cinna n'en a pas moins de lui pouvoir donner de si belles espérances de l'effet qu'elle en souhaite : c'est pourquoi, quelque longue que soit cette narration sans interruption aucune, elle n'ennuie point. Les ornements de rhétorique dont j'ai tâché de l'enrichir ne la font point condamner de trop d'artifice, et la diversité de ses figures ne fait point regretter le temps que j'y perds ; mais si j'avois attendu à la commencer qu'Évandre eût troublé ces deux amants par la nouvelle qu'il leur apporte, Cinna eût été obligé de s'en taire, ou de la conclure en six vers, et Émilie n'en eût pu supporter davantage.

Comme les vers de ma tragédie d'*Horace* ont quelque chose de plus net et de moins guindé pour les pensées que ceux du *Cid,* on peut dire que ceux de cette pièce ont quelque chose de plus achevé que ceux d'*Horace,* et qu'enfin la facilité de concevoir le sujet, qui n'est ni trop chargé d'incidents, ni trop embarrassé des récits de ce qui s'est passé avant le commencement de la pièce, est une des causes sans doute de la grande approbation qu'elle a reçue. L'auditeur aime à s'abandonner à l'action présente, et à n'être point obligé, pour l'intelligence de ce qu'il voit, de réfléchir sur ce qu'il a déjà vu, et de fixer sa mémoire sur les premiers actes, pendant que les derniers sont devant ses yeux. C'est l'incommodité des pièces embarrassées, qu'en terme de l'art on nomme *implexes,* par un mot tiré du latin, telles que sont *Rodogune* et *Héraclius.* Elle ne se rencontre pas dans les simples ; mais comme celles-là ont sans doute besoin de plus d'esprit pour les imaginer, et de plus d'art pour les conduire, celles-ci, n'ayant pas le même secours du côté du sujet, demandent plus de force de vers, de raisonnement et de sentiments pour les soutenir.

FIN DE L'EXAMEN DE CINNA

POLYEUCTE

MARTYR

TRAGÉDIE CHRÉTIENNE EN CINQ ACTES

ACTEURS

Félix, sénateur romain, gouverneur d'Arménie.
Polyeucte, seigneur arménien, gendre de Félix.
Sévère, chevalier romain, favori de l'empereur Décie.
Néarque, seigneur arménien, ami de Polyeucte.
Pauline, fille de Félix, et femme de Polyeucte.
Stratonice, confidente de Pauline.
Albin, confident de Félix.
Fabian, confident de Sévère.
Cléon, domestique de Félix.
Trois gardes.

La scène est à Mélitène, capitale d'Arménie, dans le palais de Félix.

POLYEUCTE [1]

ACTE PREMIER

SCÈNE I

POLYEUCTE, NÉARQUE

NÉARQUE

Quoi! vous vous arrêtez aux songes d'une femme!
De si foibles sujets troublent cette grande âme!
Et ce cœur tant de fois dans la guerre éprouvé
S'alarme d'un péril qu'une femme a rêvé!

POLYEUCTE

Je sais ce qu'est un songe, et le peu de croyance
Qu'un homme doit donner à son extravagance,
Qui d'un amas confus des vapeurs de la nuit
Forme de vains objets que le réveil détruit;
Mais vous ne savez pas ce que c'est qu'une femme;
Vous ignorez quels droits elle a sur toute l'âme
Quand, après un long temps qu'elle a su nous charmer,
Les flambeaux de l'hymen viennent de s'allumer.
Pauline, sans raison, dans la douleur plongée,
Craint et croit déjà voir ma mort qu'elle a songée [2];

---

[1] Quand on passe de *Cinna* à *Polyeucte*, on se trouve dans un monde tout différent; mais les grands poëtes, ainsi que les grands peintres, savent traiter tous les sujets. (VOLT.)

[2] Voltaire prétend qu'on ne peut dire que dans le burlesque *songer une mort*. *Somniare aliquem* était une expression latine très-usitée, pour dire voir quelqu'un en songe; *somniare mortem alicujus* se dira donc également, et c'est précisément l'expression de Corneille. (PALISSOT.)

Elle oppose ses pleurs au dessein que je fais
Et tâche à m'empêcher de sortir du palais.
Je méprise sa crainte, et je cède à ses larmes;
Elle me fait pitié sans me donner d'alarmes;
Et mon cœur, attendri sans être intimidé,
N'ose déplaire aux yeux dont il est possédé[1].
L'occasion, Néarque, est-elle si pressante,
Qu'il faille être insensible aux soupirs d'une amante?
Remettons ce dessein qui l'accable d'ennui,
Nous le pourrons demain aussi bien qu'aujourd'hui.

NÉARQUE

Avez-vous cependant une pleine assurance
D'avoir assez de vie ou de persévérance?
Et Dieu, qui tient votre âme et vos jours dans sa main,
Promet-il à vos vœux de le pouvoir demain?
Il est toujours tout juste et tout bon; mais sa grâce
Ne descend pas toujours avec même efficace :
Après certains moments que perdent nos longueurs,
Elle quitte ces traits qui pénètrent les cœurs;
Le nôtre s'endurcit, la repousse, l'égare,
Le bras qui la versoit en devient plus avare;
Et cette sainte ardeur qui doit porter au bien
Tombe plus rarement ou n'opère plus rien[2].
Celle qui vous pressoit de courir au baptême,
Languissante déjà, cesse d'être la même;
Et, pour quelques soupirs qu'on vous a fait ouïr,
Sa flamme se dissipe, et va s'évanouir.

POLYEUCTE

Vous me connoissez mal : la même ardeur me brûle,

---

[1] On ne peut dire *être possédé des yeux*. (Volt.)

[2] Voltaire trouve tous ces vers rampants, trop négligés, trop du style familier des livres de dévotion. Pour nous, tous ces vers ne nous semblent manquer ni d'élégance ni de noblesse. Ils allient les belles images de la poésie à la précision du langage théologique. Ils avaient d'ailleurs au temps de Corneille un intérêt de circonstance. Lorsqu'on joua *Polyeucte,* cette grande question de la grâce était à l'ordre du jour.

Et le désir s'accroît quand l'effet se recule.
Ces pleurs, que je regarde avec un œil d'époux,
Me laissent dans le cœur aussi chrétien que vous ;
Mais, pour en recevoir le sacré caractère,
Qui lave mes forfaits dans une eau salutaire,
Et qui, purgeant notre âme et dessillant nos yeux,
Nous rend le premier droit que nous avions aux cieux,
Bien que je le préfère aux grandeurs d'un empire,
Comme le bien suprême et le seul où j'aspire,
Je crois, pour satisfaire un juste et saint amour,
Pouvoir un peu remettre et différer d'un jour.

NÉARQUE

Ainsi du genre humain l'ennemi vous abuse ;
Ce qu'il ne peut de force, il l'entreprend de ruse [1].
Jaloux des bons desseins, qu'il tâche d'ébranler,
Quand il ne les peut rompre, il pousse à reculer :
D'obstacle sur obstacle il va troubler le vôtre,
Aujourd'hui par des pleurs, chaque jour par quelque autre ;
Et ce songe rempli de noires visions
N'est que le coup d'essai de ses illusions.
Il met tout en usage, et prière et menace ;
Il attaque toujours, et jamais ne se lasse ;
Il croit pouvoir enfin ce qu'encore il n'a pu,
Et que ce qu'on diffère est à demi rompu.
Rompez ces premiers coups, laissez pleurer Pauline.
Dieu ne veut point d'un cœur où le monde domine,
Qui regarde en arrière, et, douteux en son choix,
Lorsque sa voix l'appelle, écoute une autre voix.

POLYEUCTE

Pour se donner à lui faut-il n'aimer personne ?

NÉARQUE

Nous pouvons tout aimer, il le souffre, il l'ordonne ;

---

[1] On entreprend par ruse ce qu'on avait tenté vainement par la force. Corneille emploie *de* au lieu de *par*, ce qui était familier et qui l'est encore à tous les poëtes. (PALISSOT.)

Mais, à vous dire tout, ce Seigneur des seigneurs
Veut le premier amour et les premiers honneurs.
Comme rien n'est égal à sa grandeur suprême,
Il ne faut rien aimer qu'après lui, qu'en lui-même ;
Négliger, pour lui plaire, et femme, et biens, et rang,
Exposer pour sa gloire et verser tout son sang.
Mais que vous êtes loin de cette ardeur parfaite,
Qui vous est nécessaire, et que je vous souhaite !
Je ne puis vous parler que les larmes aux yeux.
Polyeucte, aujourd'hui qu'on nous hait en tous lieux,
Qu'on croit servir l'État quand on nous persécute,
Qu'aux plus âpres tourments un chrétien est en butte,
Comment en pourrez-vous surmonter les douleurs,
Si vous ne pouvez pas résister à des pleurs !

POLYEUCTE

Vous ne m'étonnez point ; la pitié qui me blesse
Sied bien aux plus grands cœurs et n'a point de foiblesse.
Sur mes pareils, Néarque, un bel œil est bien fort,
Tel craint de le fâcher qui ne craint pas la mort ;
Et, s'il faut affronter les plus cruels supplices,
Y trouver des appas, en faire mes délices,
Votre Dieu, que je n'ose encor nommer le mien,
M'en donnera la force en me faisant chrétien.

NÉARQUE

Hâtez-vous donc de l'être.

POLYEUCTE

Oui, j'y cours, cher Néarque ;
Je brûle d'en porter la glorieuse marque.
Mais Pauline s'afflige, et ne peut consentir,
Tant ce songe la trouble, à me laisser sortir.

NÉARQUE

Votre retour pour elle en aura plus de charmes :
Dans une heure au plus tard vous essuierez ses larmes ;
Et l'heur de vous revoir vous semblera plus doux,

Plus elle aura pleuré pour un si cher époux.
Allons, on nous attend.

POLYEUCTE

Apaisez donc sa crainte,
Et calmez la douleur dont son âme est atteinte.
Elle revient.

NÉARQUE

Fuyez.

POLYEUCTE

Je ne puis.

NÉARQUE

Il le faut ;
Fuyez un ennemi qui sait votre défaut,
Qui le trouve aisément, qui blesse par la vue,
Et dont le coup mortel vous plaît quand il vous tue.

POLYEUCTE

Fuyons, puisqu'il le faut.

SCÈNE II

POLYEUCTE, NÉARQUE, PAULINE, STRATONICE

POLYEUCTE

Adieu, Pauline, adieu :
Dans une heure au plus tard je reviens en ce lieu.

PAULINE

Quel sujet si pressant à sortir vous convie ?
Y va-t-il de l'honneur ? y va-t-il de la vie ?

POLYEUCTE

Il y va de bien plus.

PAULINE

Quel est donc ce secret ?

POLYEUCTE

Vous le saurez un jour : je vous quitte à regret ;

Mais enfin il le faut.

PAULINE

Vous m'aimez?

POLYEUCTE

Je vous aime,
Le Ciel m'en soit témoin, cent fois plus que moi-même;
Mais...

PAULINE

Mais mon déplaisir ne vous peut émouvoir!
Vous avez des secrets que je ne puis savoir!
Quelle preuve d'amour! au nom de l'hyménée,
Donnez à mes soupirs cette seule journée.

POLYEUCTE

Un songe vous fait peur?

PAULINE

Ses présages sont vains,
Je le sais; mais enfin je vous aime et je crains.

POLYEUCTE

Ne craignez rien de mal pour une heure d'absence.
Adieu, vos pleurs sur moi prennent trop de puissance;
Je sens déjà mon cœur prêt à se révolter,
Et ce n'est qu'en fuyant que j'y puis résister.

SCÈNE III

PAULINE, STRATONICE

PAULINE

Va, néglige mes pleurs, cours, et te précipite
Au-devant de la mort que les dieux m'ont prédite;
Suis cet agent fatal de tes mauvais destins,
Qui peut-être te livre aux mains des asssassins.

Tu vois, ma Stratonice, en quel siècle nous sommes;
Voilà notre pouvoir sur les esprits des hommes [1],

---

[1] Ces deux vers sentent la comédie. (VOLT.)

Voilà ce qui nous reste, et l'ordinaire effet
De l'amour qu'on nous offre et des vœux qu'on nous fait !
Tant qu'ils ne sont qu'amants, nous sommes souveraines,
Et jusqu'à la conquête ils nous traitent de reines ;
Mais après l'hyménée ils sont rois à leur tour.

STRATONICE

Polyeucte pour vous ne manque point d'amour ;
S'il ne vous traite ici d'entière confidence [1],
S'il part malgré vos pleurs, c'est un trait de prudence ;
Sans vous en affliger, présumez avec moi
Qu'il est plus à propos qu'il vous cèle pourquoi [2] ;
Assurez-vous sur lui qu'il en a juste cause.
Il est bon qu'un mari nous cache quelque chose [3],
Qu'il soit quelquefois libre, et ne s'abaisse pas
A nous rendre toujours compte de tous ses pas.
On n'a tous deux qu'un cœur qui sent mêmes traverses ;
Mais ce cœur a pourtant ses fonctions diverses,
Et la loi de l'hymen qui vous tient assemblés [4]
N'ordonne pas qu'il tremble alors que vous tremblez :
Ce qui fait vos frayeurs ne peut le mettre en peine ;
Il est Arménien, et vous êtes Romaine,
Et vous pouvez savoir que nos deux nations
N'ont pas sur ce sujet mêmes impressions.
Un songe en notre esprit passe pour ridicule,
Il ne nous laisse espoir, ni crainte, ni scrupule ;
Mais il passe dans Rome avec autorité
Pour fidèle miroir de la fatalité.

PAULINE

Quelque peu de crédit que chez vous il obtienne,

---

[1] Cela n'est pas français ; c'est un barbarisme de phrase. (Volt.)

[2] Ce dernier vers tient trop du bourgeois. (Volt.)

[3] Vers absolument comique. (Volt.)

[4] Le mot propre est *unis ;* on ne peut se servir de celui d'*assemblés* que pour plusieurs personnes. (Volt.)

Je crois que ta frayeur égaleroit la mienne
Si de telles horreurs t'avoient frappé l'esprit,
Si je t'en avois fait seulement le récit.

STRATONICE

A raconter ses maux souvent on les soulage.

PAULINE

Écoute, mais il faut te dire davantage,
Et que, pour mieux comprendre un si triste discours,
Tu saches ma foiblesse et mes autres amours :
Une femme d'honneur peut avouer sans honte
Ces surprises des sens que la raison surmonte :
Ce n'est qu'en ces assauts qu'éclate la vertu,
Et l'on doute d'un cœur qui n'a point combattu.
Dans Rome, où je naquis, ce malheureux visage[1]
D'un chevalier romain captiva le courage;
Il s'appeloit Sévère : excuse les soupirs
Qu'arrache encor un nom trop cher à mes désirs.

STRATONICE

Est-ce lui qui naguère aux dépens de sa vie
Sauva des ennemis votre empereur Décie,
Qui leur tira mourant la victoire des mains,
Et fit tourner le sort des Perses aux Romains?
Lui, qu'entre tant de morts immolés à son maître,
On ne put rencontrer, ou du moins reconnoître;
A qui Décie enfin, pour des exploits si beaux,
Fit si pompeusement dresser de vains tombeaux?

PAULINE

Hélas! c'étoit lui-même, et jamais notre Rome
N'a produit plus grand cœur, ni vu plus honnête homme.
Puisque tu le connois, je ne t'en dirai rien.
Je l'aimai, Stratonice; il le méritoit bien.
Mais que sert le mérite où manque la fortune?

---

[1] *Ce malheureux visage...* Cette expression est condamnée comme burlesque. (P.)

L'un étoit grand en lui, l'autre foible et commune :
Trop invincible obstacle, et dont trop rarement
Triomphe auprès d'un père un vertueux amant.

STRATONICE

La digne occasion d'une rare constance !

PAULINE

Dis plutôt d'une indigne et folle résistance.
Quelque fruit qu'une fille en puisse recueillir,
Ce n'est une vertu que pour qui veut faillir.
  Parmi ce grand amour que j'avois pour Sévère[1],
J'attendois un époux de la main de mon père,
Toujours prête à le prendre; et jamais ma raison
N'avoua de mes yeux l'aimable trahison.
Il possédoit mon cœur, mes désirs, ma pensée;
Je ne lui cachois point combien j'étois blessée ;
Nous soupirions ensemble et pleurions nos malheurs;
Mais au lieu d'espérance il n'avoit que des pleurs,
Et, malgré des soupirs si doux, si favorables,
Mon père et mon devoir étoient inexorables.
Enfin je quittai Rome et ce parfait amant,
Pour suivre ici mon père en son gouvernement;
Et lui, désespéré, s'en alla dans l'armée
Chercher d'un beau trépas l'illustre renommée.
Le reste, tu le sais. Mon abord en ces lieux
Me fit voir Polyeucte; et je plus à ses yeux;
Et comme il est ici le chef de la noblesse,
Mon père fut ravi qu'il me prît pour maîtresse,
Et par son alliance il se crut assuré
D'être plus redoutable et plus considéré;
Il approuva sa flamme, et conclut l'hyménée.
Et moi, comme à son lit je me vis destinée,
Je donnai par devoir à son affection

---

[1] *Parmi ce grand amour* est un solécisme; *parmi* demande toujours un pluriel ou un nom collectif. (VOLT.)

Tout ce que l'autre avoit par inclination [1].
Si tu peux en douter, juge-le par la crainte
Dont en ce triste jour tu me vois l'âme atteinte.

STRATONICE

Elle fait assez voir à quel point vous l'aimez.
Mais quel songe, après tout, tient vos sens alarmés ?

PAULINE

Je l'ai vu cette nuit, ce malheureux Sévère,
La vengeance à la main, l'œil ardent de colère :
Il n'étoit point couvert de ces tristes lambeaux
Qu'une ombre désolée emporte des tombeaux ;
Il n'étoit point percé de ces coups pleins de gloire
Qui, retranchant sa vie, assurent sa mémoire ;
Il sembloit triomphant, et tel que sur son char
Victorieux dans Rome entre notre César.
Après un peu d'effroi que m'a donné sa vue :
« Porte à qui tu voudras la faveur qui m'est due,
« Ingrate, m'a-t-il dit ; et, ce jour expiré,
« Pleure à loisir l'époux que tu m'as préféré. »
A ces mots, j'ai frémi, mon âme s'est troublée ;
Ensuite des chrétiens une impie assemblée,
Pour avancer l'effet de ce discours fatal,
A jeté Polyeucte au pied de son rival.
Soudain à son secours j'ai réclamé mon père [2].
Hélas ! c'est de tout point ce qui me désespère !
J'ai vu mon père même, un poignard à la main,
Entrer le bras levé pour lui percer le sein :
Là, ma douleur trop forte a brouillé ces images ;
Le sang de Polyeucte a satisfait leurs rages [3].

---

[1] Rien ne paraît plus neuf, plus singulier, et d'une nuance plus délicate. Quoi qu'on en dise, ce sentiment peut être très-naturel dans une femme sensible et honnête. (VOLT.)

[2] On dit *réclamer le secours de quelqu'un ;* mais peut-on dire *réclamer quelqu'un à son secours ?*

[3] *Rages* ne se dit plus au pluriel ; je ne sais pourquoi, car il faisait un très-bel effet dans Malherbe et dans Corneille. (VOLT.)

ACTE I, SCÈNE III

Je ne sais ni comment ni quand ils l'ont tué,
Mais je sais qu'à sa mort tous ont contribué.
Voilà quel est mon songe [1].

STRATONICE

Il vrai qu'il est triste ;
Mais il faut que votre âme à ces frayeurs résiste :
La vision de soi peut faire quelque horreur,
Mais non pas vous donner une juste terreur.
Pouvez-vous craindre un mort? pouvez-vous craindre un père
Qui chérit votre époux, que votre époux révère,
Et dont le juste choix vous a donnée à lui
Pour s'en faire en ces lieux un ferme et sûr appui?

PAULINE

Il m'en a dit autant et rit de mes alarmes.
Mais je crains des chrétiens les complots et les charmes,
Et que sur mon époux leur troupeau ramassé
Ne venge tant de sang que mon père a versé.

STRATONICE

Leur secte est insensée, impie et sacrilége,
Et dans son sacrifice use de sortilége ;
Mais sa fureur ne va qu'à briser nos autels ;
Elle n'en veut qu'aux dieux, et non pas aux mortels.
Quelque sévérité que sur eux on déploie,
Ils souffrent sans murmure, et meurent avec joie ;
Et depuis qu'on les traite en criminels d'État,
On ne peut les charger d'aucun assassinat.

PAULINE

Tais-toi, mon père vient.

---

[1] Ce songe de Pauline est un peu hors-d'œuvre ; mais ce n'est point du tout un défaut choquant ; il y a de l'intérêt et du pathétique. Il n'a pas l'extrême mérite de celui d'*Athalie,* qui fait le nœud de la pièce ; il a celui de Camille (dans *Horace*), il prépare. (VOLT.)

SCÈNE IV

FÉLIX, ALBIN, PAULINE, STRATONICE

FÉLIX

     Ma fille, que ton songe
En d'étranges frayeurs ainsi que toi me plonge!
Que j'en crains les effets, qui semblent s'approcher!

PAULINE

Quelle subite alarme ainsi vous peut toucher?

FÉLIX

Sévère n'est point mort[1].

PAULINE

     Quel mal nous fait sa vie?

FÉLIX

Il est le favori de l'empereur Décie.

PAULINE

Après l'avoir sauvé des mains des ennemis,
L'espoir d'un si haut rang lui devenoit permis :
Le Destin, aux grands cœurs si souvent mal propice[2],
Se résout quelquefois à leur faire justice.

FÉLIX

Il vient ici lui-même.

PAULINE

    Il vient!

FÉLIX

      Tu le vas voir.

PAULINE

C'en est trop; mais comment le pouvez-vous savoir?

FÉLIX

Albin l'a rencontré dans la proche campagne;

---

1 Ce mot seul fait un beau coup de théâtre; et combien la réponse de Pauline est intéressante! (VOLT.)

2 Il n'y a que le mot *mal propice* qui gâte cette belle et naturelle réflexion de Pauline. *Mal* détruit *propice* : il faut *peu propice*. (VOLT.)

Un gros de courtisans en foule l'accompagne,
Et montre assez quel est son rang et son crédit :
Mais, Albin, redis-lui ce que ses gens t'ont dit[1].

ALBIN

Vous savez quelle fut cette grande journée
Que sa perte pour nous rendit si fortunée,
Où l'empereur captif, par sa main dégagé,
Rassura son parti déjà découragé,
Tandis que sa vertu succomba sous le nombre ;
Vous savez les honneurs qu'on fit faire à son ombre,
Après qu'entre les morts on ne le put trouver :
Le roi de Perse aussi l'avoit fait enlever.
Témoin de ses hauts faits et de son grand courage,
Ce monarque en voulut connoître le visage ;
On le mit dans sa tente, où tout percé de coups,
Tout mort qu'il paroissoit, il fit mille jaloux ;
Là bientôt il montra quelque signe de vie :
Ce prince généreux en eut l'âme ravie,
Et sa joie, en dépit de son dernier malheur,
Du bras qui le causoit honora la valeur ;
Il en fit prendre soin, la cure en fut secrète[2] ;
Et comme au bout d'un mois sa santé fut parfaite,
Il offrit dignités, alliance, trésors,
Et pour gagner Sévère il fit cent vains efforts.
Après avoir comblé ses refus de louange,
Il envoie à Décie en proposer l'échange ;
Et soudain l'empereur, transporté de plaisir,
Offre au Perse son frère et cent chefs à choisir.

---

[1] Il n'est pas naturel qu'un gouverneur d'Arménie ne sache pas de si grands événements arrivés dans la Perse, qui touche à l'Arménie, et qu'il ne les apprenne que par l'arrivée de Sévère : il ne paraît pas convenable qu'il ne soit instruit que par un subalterne à qui les gens de Sévère ont parlé...; mais on pardonne presque toujours ce qui amène de grandes beautés. (VOLT.)

[2] Pourquoi la cure en fut-elle secrète ? Cela n'est point du tout vraisemblable ; on ne fait pas guérir secrètement un guerrier dont on honore la valeur publiquement. (VOLT.)

Ainsi revint au camp le valeureux Sévère
De sa haute vertu recevoir le salaire :
La faveur de Décie en fut le digne prix.
De nouveau l'on combat, et nous sommes surpris :
Ce malheur toutefois sert à croître sa gloire,
Lui seul rétablit l'ordre, et gagne la victoire,
Mais si belle, et si pleine, et par tant de beaux faits,
Qu'on nous offre tribut, et nous faisons la paix.
L'empereur, qui lui montre une amour infinie,
Après ce grand succès l'envoie en Arménie [1] ;
Il vient en apporter la nouvelle en ces lieux,
Et par un sacrifice en rendre hommage aux dieux.

FÉLIX
O Ciel ! en quel état ma fortune est réduite !

ALBIN
Voilà ce que j'ai su d'un homme de sa suite,
Et j'ai couru, seigneur, pour vous y disposer [2].

FÉLIX
Ah ! sans doute, ma fille, il vient pour t'épouser [3] ;
L'ordre d'un sacrifice est pour lui peu de chose,
C'est un prétexte faux dont l'amour est la cause.

PAULINE
Cela pourroit bien être ; il m'aimoit chèrement [4].

FÉLIX
Que ne permettra-t-il à son ressentiment !

---

[1] Ce n'est point du tout naturel que l'empereur envoie son libérateur et son vori en Arménie porter une nouvelle. (VOLT.)

[2] Ce *disposer* ne se rapporte à rien ; il veut dire, *pour vous disposer à le recevoir*. (VOLT.)

[3] Cette idée de Félix, que Sévère vient pour épouser sa fille, condamne encore son ignorance. Sévère ne devait-il pas lui expédier un exprès de la frontière, lui écrire, l'instruire de tout, et lui demander Pauline ? (VOLT.)

Non, si Sévère, comme c'est en effet son dessein, et comme il le dit au second acte à son confident, veut auparavant voir Pauline, et s'assurer s'il en est toujours aimé. (PALISSOT.)

[4] Ce vers sent la comédie.

Et jusques à quel point ne porte sa vengeance
Une juste colère avec tant de puissance?
Il nous perdra, ma fille.

PAULINE
Il est trop généreux.

FÉLIX
Tu veux flatter en vain un père malheureux;
Il nous perdra, ma fille. Ah! regret qui me tue
De n'avoir pas aimé la vertu toute nue!
Ah! Pauline, en effet, tu m'as trop obéi;
Ton courage étoit bon, ton devoir l'a trahi¹.
Que ta rébellion m'eût été favorable!
Qu'elle m'eût garanti d'un état déplorable!
Si quelque espoir me reste, il n'est plus aujourd'hui
Qu'en l'absolu pouvoir qu'il te donnoit sur lui.
Ménage en ma faveur l'amour qui le possède,
Et d'où provient mon mal fais sortir le remède.

PAULINE
Moi! moi! que je revoie un si puissant vainqueur,
Et m'expose à des yeux qui me percent le cœur!
Mon père, je suis femme, et je sais ma foiblesse;
Je sens déjà mon cœur qui pour lui s'intéresse,
Et poussera sans doute, en dépit de ma foi,
Quelque soupir indigne et de vous et de moi.
Je ne le verrai point.

FÉLIX
Rassure un peu ton âme.

PAULINE
Il est toujours aimable, et je suis toujours femme;
Dans le pouvoir sur moi que ses regards ont eu,
Je n'ose m'assurer de toute ma vertu.

---

1 On dit bien dans le style familier, *tu as bon courage;* mais non pas, *ton courage est bon.* L'auteur veut d.re, *tu pensais mieux que moi..., le Ciel t'inspirait..., ton cœur ne se trompait pas.* (VOLT.)

Je ne le verrai point.

FÉLIX

Il faut le voir, ma fille,
Ou tu trahis ton père et toute ta famille.

PAULINE

C'est à moi d'obéir, puisque vous commandez :
Mais voyez les périls où vous me hasardez.

FÉLIX

Ta vertu m'est connue.

PAULINE

Elle vaincra sans doute [1] ;
Ce n'est pas le succès que mon âme redoute :
Je crains ce dur combat et ces troubles puissants
Que fait déjà chez moi la révolte des sens ;
Mais puisqu'il faut combattre un ennemi que j'aime,
Souffrez que je me puisse armer contre moi-même,
Et qu'un peu de loisir me prépare à le voir.

FÉLIX

Jusqu'au-devant des murs je vais le recevoir [2] ;
Rappelle cependant tes forces étonnées,
Et songe qu'en tes mains tu tiens nos destinées.

PAULINE

Oui, je vais de nouveau dompter mes sentiments,
Pour servir de victime à vos commandements.

---

[1] Cet hémistiche ne contredit pas, comme le veut Voltaire, ce que Pauline a dit précédemment, qu'elle n'ose s'assurer de toute sa vertu, puisque ce n'est pas la défaite qu'elle craint, mais seulement le combat.

[2] On va au-devant de quelqu'un, mais non au-devant des murs ; on va le recevoir hors des murs, au delà des murs. (Volt.)

FIN DU PREMIER ACTE

ACTE DEUXIÈME

SCÈNE I
SÉVÈRE, FABIAN

SÉVÈRE

Cependant que Félix donne ordre au sacrifice,
Pourrai-je prendre un temps à mes vœux si propice [1] ?
Pourrai-je voir Pauline, et rendre à ses beaux yeux
L'hommage souverain que l'on va rendre aux dieux ?
Je ne t'ai point celé que c'est ce qui m'amène ;
Le reste est un prétexte à soulager ma peine ;
Je viens sacrifier, mais c'est à ses beautés
Que je viens immoler toutes mes volontés.

FABIAN

Vous la verrez, seigneur.

SÉVÈRE

Ah ! quel comble de joie !
Cette chère beauté consent que je la voie !

---

[1] Il est bien peu décent, bien peu naturel, que Sévère n'ait pas encore vu le gouverneur, et que ce gouverneur aille faire l'office de prêtre, au lieu de recevoir Sévère. Mais si Félix est allé le recevoir *hors des murs*, comment Polyeucte ne l'a-t-il pas accompagné ? Comment n'a-t-il point parlé de Pauline ? Il est inconcevable que Sévère ignore que Pauline est mariée, et qu'il l'apprenne par son écuyer Fabian. Où parle ici Sévère ? Dans la maison du gouverneur, dans un appartement où Pauline va bientôt le trouver : et il n'a point vu le gouverneur ! et il ignore que ce gouverneur a marié sa fille ! (V.)

Sévère a vu le gouverneur, puisque Félix est allé le recevoir hors des murs ; maintenant Félix donne ordre au sacrifice. Polyeucte ne l'a point accompagné, parce que, impatient de recevoir le baptême, il est sorti au premier acte avec Néarque pour se disposer à cette cérémonie, et que d'ailleurs il ignore l'arrivée de Sévère, dont il n'était pas encore question quand il est sorti. Tout nous paraît bien conduit, bien enchaîné, bien à sa place. (P.)

Mais ai-je sur son âme encor quelque pouvoir ?
Quelque reste d'amour s'y fait-il encor voir ?
Quel trouble, quel transport lui cause ma venue ?
Puis-je tout espérer de cette heureuse vue ?
Car je voudrois mourir plutôt que d'abuser
Des lettres de faveur que j'ai pour l'épouser ;
Elles sont pour Félix, non pour triompher d'elle :
Jamais à ses désirs mon cœur ne fut rebelle ;
Et, si mon mauvais sort avoit changé le sien,
Je me vaincrois moi-même, et ne prétendrois rien [1].

FABIAN

Vous la verrez, c'est tout ce que je vous puis dire.

SÉVÈRE

D'où vient que tu frémis et que ton cœur soupire ?
Ne m'aime-t-elle plus ? éclaircis-moi ce point.

FABIAN

M'en croirez-vous, seigneur ? ne la revoyez point ;
Portez en lieu plus haut l'honneur de vos caresses ;
Vous trouverez dans Rome assez d'autres maîtresses,
Et, dans ce haut degré de puissance et d'honneur,
Les plus grands y tiendront votre amour à bonheur.

SÉVÈRE

Qu'à des pensers si bas mon âme se ravale !
Que je tienne Pauline à mon sort inégale !
Elle en a mieux usé, je la dois imiter.
Je n'aime mon bonheur que pour la mériter.
Voyons-la, Fabian, ton discours m'importune ;
Allons mettre à ses pieds cette haute fortune ;
Je l'ai dans les combats trouvée heureusement,
En cherchant une mort digne de son amant ;
Ainsi ce rang est sien, cette faveur est sienne,
Et je n'ai rien enfin que d'elle je ne tienne.

---

[1] Tous ces sentiments sont d'une extrême délicatesse, et l'on se demande comment Voltaire a pu trouver que tout cela est peu convenable.

ACTE II, SCÈNE I

FABIAN

Non, mais encore un coup ne la revoyez point.

SÉVÈRE

Ah! c'en est trop, enfin éclaircis-moi ce point :
As-tu vu des froideurs quand tu l'en as priée?

FABIAN

Je tremble à vous le dire; elle est...

SÉVÈRE

Quoi?

FABIAN

Mariée.

SÉVÈRE

Soutiens-moi, Fabian; ce coup de foudre est grand,
Et frappe d'autant plus, que plus il me surprend.

FABIAN

Seigneur, qu'est devenu ce généreux courage?

SÉVÈRE

La constance est ici d'un difficile usage;
De pareils déplaisirs accablent un grand cœur;
La vertu la plus mâle en perd toute vigueur;
Et quand d'un feu si beau les âmes sont éprises,
La mort les trouble moins que de telles surprises[1].
Je ne suis plus à moi quand j'entends ce discours.
Pauline est mariée!

FABIAN

Oui! depuis quinze jours
Polyeucte, un seigneur des premiers d'Arménie,
Goûte de son hymen la douceur infinie.

SÉVÈRE

Je ne la puis du moins blâmer d'un mauvais choix;
Polyeucte a du nom, et sort du sang des rois :

---

[1] Il y a toujours chez Corneille un peu de raisonnement dans la passion, toujours des maximes détachées, toujours des pensées retournées en plus d'une manière... C'est ici l'auteur qui parle, et non pas le personnage. On ne débite pas des lieux communs quand on est profondément affligé. (V.)

Foible soulagement d'un malheur sans remède !
Pauline, je verrai qu'un autre vous possède !
  O Ciel, qui malgré moi me renvoyez au jour ;
O Sort, qui redonniez l'espoir à mon amour,
Reprenez la faveur que vous m'avez prêtée,
Et rendez-moi la mort que vous m'avez ôtée !
  Voyons-la toutefois, et dans ce triste lieu
Achevons de mourir en lui disant adieu ;
Que mon cœur, chez les morts emportant son image,
De son dernier soupir puisse lui faire hommage.

FABIAN

Seigneur, considérez...

SÉVÈRE

Tout est considéré.
Quel désordre peut craindre un cœur désespéré ?
N'y consent-elle pas ?

FABIAN

Oui, seigneur, mais...

SÉVÈRE

N'importe.

FABIAN

Cette vive douleur en deviendra plus forte.

SÉVÈRE

Et ce n'est pas un mal que je veuille guérir ;
Je ne veux que la voir, soupirer et mourir.

FABIAN

Vous vous échapperez sans doute en sa présence.
Un amant qui perd tout n'a plus de complaisance ;
Dans un tel entretien il fuit sa passion,
Et ne pousse qu'injure et qu'imprécation [1].

SÉVÈRE

Juge autrement de moi : mon respect dure encore ;
Tout violent qu'il est, mon désespoir l'adore.
Quels reproches aussi peuvent m'être permis ?

---

[1] Ces quatre vers ne semblent pas assez nobles.

De quoi puis-je accuser qui ne m'a rien promis?
Elle n'est point parjure, elle n'est point légère;
Son devoir m'a trahi, mon malheur, et son père.
Mais son devoir fut juste, et son père eut raison :
J'impute à mon malheur toute la trahison;
Un peu moins de fortune, et plus tôt arrivée,
Eût gagné l'un par l'autre et me l'eût conservée;
Trop heureux, mais trop tard, je n'ai pu l'acquérir :
Laisse-la-moi donc voir, soupirer et mourir [1].

FABIAN

Oui, je vais l'assurer qu'en ce malheur extrême
Vous êtes assez fort pour vous vaincre vous-même.
Elle a craint comme moi ces premiers mouvements
Qu'une perte imprévue arrache aux vrais amants,
Et dont la violence excite assez de trouble,
Sans que l'objet présent l'irrite et le redouble.

SÉVÈRE

Fabian, je la vois.

FABIAN

Seigneur, souvenez-vous...

SÉVÈRE

Hélas! elle aime un autre, un autre est son époux!

SCÈNE II

SÉVÈRE, PAULINE, STRATONICE, FABIAN

PAULINE

Oui, je l'aime, Sévère, et n'en fais point d'excuse;
Que tout autre que moi vous flatte et vous abuse,
Pauline a l'âme noble, et parle à cœur ouvert [2].

---

[1] Voltaire dit qu'un général d'armée qui vient en Arménie *soupirer et mourir*, en rondeau, paraît très-ridicule aux gens sensés de l'Europe. Il ne peut toutefois s'empêcher de reconnaître que l'amour de Sévère intéresse, parce que tous ses sentiments sont nobles.

[2] Plus on a l'âme noble, moins on doit le dire; l'art consiste à faire voir cette noblesse sans l'énoncer. Racine n'a jamais manqué à cette règle. (V.)

Le bruit de votre mort n'est point ce qui vous perd;
Si le Ciel en mon choix eût mis mon hyménée,
A vos seules vertus je me serois donnée,
Et toute la rigueur de votre premier sort
Contre votre mérite eût fait un vain effort;
Je découvrois en vous d'assez illustres marques
Pour vous préférer même aux plus heureux monarques;
Mais puisque mon devoir m'imposoit d'autres lois,
De quelque amant pour moi que mon père eût fait choix,
Quand à ce grand pouvoir que la valeur vous donne
Vous auriez ajouté l'éclat d'une couronne,
Quand je vous aurois vu, quand je l'aurois haï,
J'en aurois soupiré, mais j'aurois obéi [1],
Et sur mes passions ma raison souveraine
Eût blâmé mes soupirs et dissipé ma haine.

SÉVÈRE

Que vous êtes heureuse! et qu'un peu de soupirs [2]
Fait un aisé remède à tous vos déplaisirs!
Ainsi, de vos désirs toujours reine absolue,
Les plus grands changements vous trouvent résolue;
De la plus forte ardeur vous portez vos esprits
Jusqu'à l'indifférence, et peut-être au mépris;
Et votre fermeté fait succéder sans peine
La faveur au dédain, et l'amour à la haine.
  Qu'un peu de votre humeur ou de votre vertu
Soulageroit les maux de ce cœur abattu!
Un soupir, une larme à regret épandue,
M'auroit déjà guéri de vous avoir perdue;
Ma raison pourroit tout sur l'amour affoibli,
Et de l'indifférence iroit jusqu'à l'oubli;

---

[1] Ce vers admirable résume tout le caractère de Pauline, caractère neuf, noble et touchant.

[2] On ne peut dire correctement *un peu de soupirs*, *un peu de larmes*, *un peu de sanglots*, comme on dit *un peu d'eau*, *un peu de pain*; on dira bien, elle a versé *peu de larmes*, mais non *un peu de larmes*. (VOLT.)

Et, mon feu désormais se réglant sur le vôtre,
Je me tiendrois heureux entre les bras d'une autre.
O trop aimable objet, qui m'avez trop charmé,
Est-ce là comme on aime, et m'avez-vous aimé?

PAULINE

Je vous l'ai trop fait voir, seigneur; et si mon âme
Pouvoit bien étouffer les restes de sa flamme,
Dieux! que j'éviterois de rigoureux tourments!
Ma raison, il est vrai, dompte mes sentiments :
Mais, quelque autorité que sur eux elle ait prise,
Elle n'y règne pas, elle les tyrannise;
Et, quoique le dehors soit sans émotion,
Le dedans n'est que trouble et que sédition :
Un je ne sais quel charme encor vers vous m'emporte;
Votre mérite est grand si ma raison est forte :
Je le vois, encor tel qu'il alluma mes feux,
D'autant plus puissamment solliciter mes vœux
Qu'il est environné de puissance et de gloire,
Qu'en tous lieux après vous il traîne la victoire,
Que j'en sais mieux le prix, et qu'il n'a point déçu
Le généreux espoir que j'en avois conçu.
Mais ce même devoir qui le vainquit dans Rome,
Et qui me range ici dessous les lois d'un homme,
Repousse encor si bien l'effort de tant d'appas,
Qu'il déchire mon âme, et ne l'ébranle pas.
C'est cette vertu même, à nos désirs cruelle,
Que vous louiez alors en blasphémant contre elle.
Plaignez-vous-en encor; mais louez sa rigueur
Qui triomphe à la fois de vous et de mon cœur,
Et voyez qu'un devoir moins ferme et moins sincère[1]
N'auroit pas mérité l'amour du grand Sévère.

SÉVÈRE

Ah! Madame, excusez une aveugle douleur

[1] Un devoir ne peut être ni *ferme* ni *faible :* c'est le cœur qui l'est. Mais le sens est si clair, que le sentiment ne peut être affaibli. (VOLT.)

Qui ne connoît plus rien que l'excès du malheur;
Je nommois inconstance et prenois pour un crime
De ce juste devoir l'effort le plus sublime.
De grâce, montrez moins à mes sens désolés
La grandeur de ma perte et ce que vous valez;
Et, cachant par pitié cette vertu si rare,
Qui redouble mes feux lorsqu'elle nous sépare,
Faites voir des défauts qui puissent à leur tour
Affermir ma douleur avecque mon amour.

PAULINE

Hélas! cette vertu, quoique enfin invincible,
Ne laisse que trop voir une âme trop sensible.
Ces pleurs en sont témoins, et ces lâches soupirs
Qu'arrachent de nos feux les cruels souvenirs :
Trop rigoureux effets d'une aimable présence
Contre qui mon devoir a trop peu de défense!.
Mais si vous estimez ce vertueux devoir,
Conservez-m'en la gloire, et cessez de me voir.
Épargnez-moi des pleurs qui coulent à ma honte;
Épargnez-moi des feux qu'à regret je surmonte;
Enfin épargnez-moi ces tristes entretiens,
Qui ne font qu'irriter vos tourments et les miens.

SÉVÈRE

Que je me prive aussi du seul bien qui me reste!

PAULINE

Sauvez-vous d'une vue à tous les deux funeste.

SÉVÈRE

Quel prix de mon amour! quel fruit de mes travaux!

PAULINE

C'est le remède seul qui peut guérir nos maux.

SÉVÈRE

Je veux mourir des miens; aimez-en la mémoire.

PAULINE

Je veux guérir des miens; ils souilleroient ma gloire.

SÉVÈRE

Ah! puisque votre gloire en prononce l'arrêt,
Il faut que ma douleur cède à son intérêt.
Est-il rien que sur moi cette gloire n'obtienne?
Elle me rend les soins que je dois à la mienne.
Adieu : je vais chercher au milieu des combats
Cette immortalité que donne un beau trépas,
Et remplir dignement, par une mort pompeuse,
De mes premiers exploits l'attente avantageuse;
Si toutefois, après ce coup mortel du sort,
J'ai de la vie assez pour chercher une mort [1].

PAULINE

Et moi, dont votre vue augmente le supplice,
Je l'éviterai même en votre sacrifice;
Et, seule dans ma chambre enfermant mes regrets,
Je vais pour vous aux dieux faire des vœux secrets.

SÉVÈRE

Puisse le juste Ciel, content de ma ruine,
Combler d'heur et de jours Polyeucte et Pauline!

PAULINE

Puisse trouver Sévère, après tant de malheur,
Une félicité digne de sa valeur!

SÉVÈRE

Il la trouvoit en vous.

PAULINE

Je dépendois d'un père [2].

SÉVÈRE

O devoir qui me perd et qui me désespère!
Adieu, trop vertueux objet, et trop charmant.

---

[1] Ces idées, plus recherchées que naturelles, étaient les vices du temps. (Volt.)

[2] Ces sentiments sont touchants; ce dernier vers convient aussi bien à la tragédie qu'à la comédie, parce qu'il est noble autant que simple; il y a tendresse et précision. (Volt.)

PAULINE

Adieu, trop malheureux et trop parfait amant [1].

SCÈNE III

PAULINE, STRATONICE

STRATONICE

Je vous ai plaints tous deux, j'en verse encor des larmes;
Mais du moins votre esprit est hors de ses alarmes [2] :
Vous voyez clairement que votre songe est vain;
Sévère ne vient pas la vengeance à la main.

PAULINE

Laisse-moi respirer du moins, si tu m'as plainte :
Au fort de ma douleur tu rappelles ma crainte;
Souffre un peu de relâche à mes esprits troublés,
Et ne m'accable point par des maux redoublés.

STRATONICE

Quoi! vous craignez encor?

PAULINE

　　　　　　　Je tremble, Stratonice;
Et bien que je m'effraie avec peu de justice,
Cette injuste frayeur sans cesse reproduit
L'image des malheurs que j'ai vus cette nuit.

STRATONICE

Sévère est généreux.

PAULINE

　　　　Malgré sa retenue,

---

[1] Ces vers-ci sont un peu de l'églogue. (Volt.)
Cette scène ne contribue en rien au nœud de la pièce; mais elle est intéressante par elle-même. Corneille sentait bien que l'entrevue de deux personnes qui s'aiment et qui ne doivent pas s'aimer ferait un très-grand effet; et l'hôtel de Rambouillet ne sentit pas ce mérite. (Volt.)

[2] On dit *hors d'alarmes*, mais non *hors de ses alarmes*, parce qu'on n'est pas hors de quelque chose qu'on a; il est *hors de mesure*, et non *hors de sa mesure*. (Volt.)

Polyeucte sanglant frappe toujours ma vue.
STRATONICE
Vous voyez ce rival faire des vœux pour lui.
PAULINE
Je crois même au besoin qu'il seroit son appui;
Mais, soit cette croyance ou fausse, ou véritable,
Son séjour en ce lieu m'est toujours redoutable;
A quoi que sa vertu le puisse disposer,
Il est puissant, il m'aime, et vient pour m'épouser.

SCÈNE IV

POLYEUCTE, NÉARQUE, PAULINE
STRATONICE

POLYEUCTE
C'est trop verser de pleurs; il est temps qu'ils tarissent :
Que votre douleur cesse et vos craintes finissent;
Malgré les faux avis par vos dieux envoyés,
Je suis vivant, Madame, et vous me revoyez.
PAULINE
Le jour est encor long, et, ce qui plus m'effraie,
La moitié de l'avis se trouve déjà vraie :
J'ai cru Sévère mort, et je le vois ici.
POLYEUCTE
Je le sais; mais enfin j'en prends peu de souci.
Je suis dans Mélitène; et, quel que soit Sévère,
Votre père y commande, et l'on m'y considère;
Et je ne pense pas qu'on puisse avec raison
D'un cœur tel que le sien craindre une trahison :
On m'avoit assuré qu'il vous faisoit visite,
Et je venois lui rendre un honneur qu'il mérite.
PAULINE
Il vient de me quitter assez triste et confus;
Mais j'ai gagné sur lui qu'il ne me verra plus.

POLYEUCTE
Quoi! vous me soupçonnez déjà de quelque ombrage?
PAULINE
Je ferois à tous trois un trop sensible outrage.[1]
J'assure mon repos, que troublent ses regards;
La vertu la plus ferme évite les hasards :
Qui s'expose au péril veut bien trouver sa perte;
Et, pour vous en parler avec une âme ouverte,
Depuis qu'un vrai mérite a pu nous enflammer,
Sa présence toujours a droit de nous charmer.
Outre qu'on doit rougir de s'en laisser surprendre,
On souffre à résister, on souffre à s'en défendre;
Et, bien que la vertu triomphe de ces feux,
La victoire est pénible, et le combat honteux.
POLYEUCTE
O vertu trop parfaite, et devoir trop sincère [2],
Que vous devez coûter de regrets à Sévère !
Qu'aux dépens d'un beau feu vous me rendez heureux !
Et que vous êtes doux à mon cœur amoureux !
Plus je vois mes défauts et plus je vous contemple,
Plus j'admire...

SCÈNE V

POLYEUCTE, PAULINE, NÉARQUE, STRATONICE, CLÉON

CLÉON
Seigneur, Félix vous mande au temple,

___
[1] Cette réponse est admirable, et le reste, quoi qu'en dise Voltaire, n'affaiblit pas ce beau vers.

[2] Pauline, dit Voltaire, a un étrange père et un étrange mari. Un étrange père, nous en convenons, car sa politique est à la fois artificieuse et basse : mais d'abord Félix, pour être bas, n'en est pas moins naturel; ensuite il nous donne une grande leçon : c'est que l'ambition court à sa perte en croyant aller à la fortune. Quant à Polyeucte, loin d'être un personnage étrange, il est souvent sublime.

La victime est choisie, et le peuple à genoux;
Et pour sacrifier on n'attend plus que vous.

POLYEUCTE

Va! nous allons te suivre. Y venez-vous, Madame?

PAULINE

Sévère craint ma vue, elle irrite sa flamme;
Je lui tiendrai parole, et ne veux plus le voir,
Adieu : vous l'y verrez : pensez à son pouvoir,
Et ressouvenez-vous que sa valeur est grande.

POLYEUCTE

Allez, tout son crédit n'a rien que j'appréhende;
Et, comme je connois sa générosité,
Nous ne nous combattrons que de civilité.

SCÈNE VI

POLYEUCTE, NÉARQUE

NÉARQUE.

Où pensez-vous aller?

POLYEUCTE.

        Au temple, où l'on m'appelle.

NÉARQUE

Quoi! vous mêler aux vœux d'une troupe infidèle!
Oubliez-vous déjà que vous êtes chrétien?

POLYEUCTE

Vous par qui je le suis, vous en souvient-il bien?

NÉARQUE

J'abhorre les faux dieux.

POLYEUCTE

        Et moi je les déteste.

NÉARQUE

Je tiens leur culte impie.

POLYEUCTE

        Et je le tiens funeste.

NÉARQUE

Fuyez donc leurs autels.

POLYEUCTE

Je les veux renverser,
Et mourir dans leur temple, ou les y terrasser.
Allons, mon cher Néarque, allons, aux yeux des hommes,
Braver l'idolâtrie et montrer qui nous sommes :
C'est l'attente du Ciel, il nous la faut remplir ;
Je viens de le promettre, et je vais l'accomplir ;
Je rends grâces au Dieu que tu m'as fait connoître
De cette occasion qu'il a sitôt fait naître,
Où déjà sa bonté, prête à me couronner,
Daigne éprouver la foi qu'il vient de me donner.

NÉARQUE

Ce zèle est trop ardent, souffrez qu'il se modère.

POLYEUCTE

On n'en peut avoir trop pour le Dieu qu'on révère.

NÉARQUE

Vous trouverez la mort.

POLYEUCTE

Je la cherche pour lui.

NÉARQUE

Et si ce cœur s'ébranle ?

POLYEUCTE

Il sera mon appui.

NÉARQUE

Il ne commande point que l'on s'y précipite.

POLYEUCTE

Plus elle est volontaire, et plus elle mérite.

NÉARQUE

Il suffit, sans chercher, d'attendre et de souffrir.

POLYEUCTE

On souffre avec regret quand on n'ose s'offrir.

NÉARQUE

Mais dans ce temple enfin la mort est assurée.

POLYEUCTE

Mais dans le ciel déjà la palme est préparée.

NÉARQUE

Par une sainte vie il faut la mériter.

POLYEUCTE

Mes crimes, en vivant, me la pourroient ôter.
Pourquoi mettre au hasard ce que la mort assure?
Quand elle ouvre le ciel, peut-elle sembler dure?
Je suis chrétien, Néarque, et le suis tout à fait;
La foi que j'ai reçue aspire à son effet.
Qui fuit croit lâchement, et n'a qu'une foi morte [1].

NÉARQUE

Ménagez votre vie, à Dieu même elle importe;
Vivez pour protéger les chrétiens en ces lieux.

POLYEUCTE

L'exemple de ma mort les fortifiera mieux.

NÉARQUE

Vous voulez donc mourir?

POLYEUCTE

                    Vous aimez donc à vivre?

NÉARQUE

Je ne puis déguiser que j'ai peine à vous suivre.
Sous l'horreur des tourments je crains de succomber.

POLYEUCTE

Qui marche assurément n'a pas peur de tomber :
Dieu fait part, au besoin, de sa force infinie.
Qui craint de le nier, dans son âme le nie;
Il croit le pouvoir faire, et doute de sa foi.

NÉARQUE

Qui n'appréhende rien présume trop de soi.

---

[1] Il n'est personne qui n'admire ce sublime enthousiasme de Polyeucte pour les vérités dont il vient d'être éclairé. Les rôles sont changés : tout à l'heure c'était Néarque qui pressait Polyeucte, maintenant c'est Polyeucte qui presse Néarque. C'est la grâce du baptême qui a opéré dans Polyeucte cet heureux changement.

POLYEUCTE

J'attends tout de sa grâce, et rien de ma foiblesse.
Mais, loin de me presser, il faut que je vous presse!
D'où vient cette froideur?

NÉARQUE

Dieu même a craint la mort.

POLYEUCTE

Il s'est offert, pourtant; suivons ce saint effort;
Dressons-lui des autels sur des monceaux d'idoles.
Il faut (je me souviens encor de vos paroles)
Négliger pour lui plaire, et femme, et biens, et rang,
Exposer pour sa gloire et verser tout son sang.
Hélas! qu'avez-vous fait de cette amour parfaite
Que vous me souhaitiez, et que je vous souhaite?
S'il vous en reste encor, n'êtes-vous point jaloux
Qu'à grand'peine chrétien j'en montre plus que vous?

NÉARQUE

Vous sortez du baptême, et ce qui vous anime,
C'est sa grâce qu'en vous n'affoiblit aucun crime;
Comme encor tout entière, elle agit pleinement,
Et tout semble possible à son feu véhément :
Mais cette même grâce en moi diminuée,
Et par mille péchés sans cesse exténuée,
Agit aux grands effets avec tant de langueur,
Que tout semble impossible à son peu de vigueur :
Cette indigne mollesse et ces lâches défenses
Sont des punitions qu'attirent mes offenses;
Mais Dieu, dont on ne doit jamais se défier,
Me donne votre exemple à me fortifier.
   Allons, cher Polyeucte, allons aux yeux des hommes
Braver l'idolâtrie, et montrer qui nous sommes;
Puissé-je vous donner l'exemple de souffrir
Comme vous me donnez celui de vous offrir!

POLYEUCTE

A cet heureux transport que le Ciel vous envoie,

ACTE II, SCÈNE VI

Je reconnois Néarque et j'en pleure de joie.

Ne perdons plus de temps, le sacrifice est prêt ;
Allons-y du vrai Dieu soutenir l'intérêt ;
Allons fouler aux pieds ce foudre ridicule [1]
Dont arme un bois pourri ce peuple trop crédule ;
Allons en éclairer l'aveuglement fatal [2] :
Allons briser ces dieux de pierre et de métal ;
Abandonnons nos jours à cette ardeur céleste ;
Faisons triompher Dieu : qu'il dispose du reste.

NÉARQUE

Allons faire éclater sa gloire aux yeux de tous,
Et répondre avec zèle à ce qu'il veut de nous.

---

[1] Voilà un exemple d'un mot bas noblement employé. (VOLT.)
C'est le seul éloge que Voltaire croie devoir donner à cette scène admirable. Polyeucte n'est à ses yeux qu'un fanatique, une espèce de *fou furieux* dont tout le monde attend avec impatience la juste punition. On conçoit qu'en se plaçant à ce point de vue le commentateur ait dû trouver bien plus à blâmer qu'à louer dans la plus belle peut-être des tragédies de Corneille.

[2] On éclaire des yeux ; on éclaire point un aveuglement, on le dissipe, on le guérit. (VOLT.)
La faute consiste surtout, ce nous semble, en ce que *éclairer*, qui est pris ici au propre, exprime une action physique, tandis qu'*aveuglement* exprime une situation morale, un état de l'esprit.

FIN DU DEUXIÈME ACTE

ACTE TROISIÈME

SCENE I

PAULINE

Que de soucis flottants, que de confus nuages
Présentent à mes yeux d'inconstantes images !
Douce tranquillité que je n'ose espérer,
Que ton divin rayon tarde à les éclairer !
Mille agitations, que mes troubles produisent,
Dans mon cœur ébranlé tour à tour se détruisent ;
Aucun espoir n'y coule où j'ose persister ;
Aucun effroi n'y règne où j'ose m'arrêter.
Mon esprit, embrassant tout ce qu'il s'imagine,
Voit tantôt mon bonheur, et tantôt ma ruine,
Et suit leur vaine idée avec si peu d'effet,
Qu'il ne peut espérer ni craindre tout à fait.
Sévère incessamment brouille ma fantaisie :
J'espère en sa vertu, je crains sa jalousie ;
Et je n'ose penser que d'un œil bien égal
Polyeucte en ces lieux puisse voir son rival.
Comme entre deux rivaux la haine est naturelle,
L'entrevue aisément se termine en querelle :
L'un voit aux mains d'autrui ce qu'il croit mériter,
L'autre un désespéré qui peut trop attenter.
Quelque haute raison qui règle leur courage,
L'un conçoit de l'envie, et l'autre de l'ombrage ;
La honte d'un affront que chacun d'eux croit voir
Ou de nouveau reçue, ou prête à recevoir,
Consumant dès l'abord toute leur patience,

Forme de la colère et de la défiance;
Et, saisissant ensemble et l'époux et l'amant,
En dépit d'eux les livre à leur ressentiment.
　Mais que je me figure une étrange chimère!
Et que je traite mal Polyeucte et Sévère,
Comme si la vertu de ces fameux rivaux
Ne pouvoit s'affranchir de ces communs défauts!
Leurs âmes à tous deux, d'elles-mêmes maîtresses,
Sont d'un ordre trop haut pour de telles bassesses :
Ils se verront au temple en hommes généreux.
Mais las! ils se verront, et c'est beaucoup pour eux[1].
Que sert à mon époux d'être dans Mélitène,
Si contre lui Sévère arme l'aigle romaine,
Si mon père y commande, et craint ce favori,
Et se repent déjà du choix de mon mari?
Si peu que j'ai d'espoir ne luit qu'avec contrainte[2];
En naissant il avorte, et fait place à la crainte;
Ce qui doit l'affermir sert à le dissiper[3].
Dieux! faites que ma peur puisse enfin se tromper!
Mais sachons-en l'issue[4].

SCÈNE II

PAULINE, STRATONICE

PAULINE
　　　　　　　Eh bien! ma Stratonice,
Comment s'est terminé ce pompeux sacrifice?

---

[1] On dirait bien de deux rivaux ennemis, *c'est beaucoup pour eux de se voir,* c'est-à-dire *ils ont fait un grand effort, et ils ont surmonté leur aversion, ils ont pris sur eux de se voir;* ici l'auteur veut dire : *il est dangereux qu'ils se voient,* mais il ne le dit pas. (VOLT.)

[2] Il faut *le peu que j'ai d'espoir* (VOLT.)

[3] Il est fâcheux que ce monologue ne soit qu'une répétition des terreurs de Pauline, et surtout que le raisonnement y tienne souvent la place du sentiment.

[4] *Issue* se rapporte à *peur :* une peur n'a point d'issue. (VOLT.)

Ces rivaux généreux au temple se sont vus?
STRATONICE
Ah! Pauline!
PAULINE
Mes vœux ont-ils été déçus?
J'en vois sur ton visage une mauvaise marque.
Se sont-ils querellés?
STRATONICE
Polyeucte, Néarque,
Les chrétiens...
PAULINE
Parle donc : les chrétiens?...
STRATONICE
Je ne puis.
PAULINE
Tu prépares mon âme à d'étranges ennuis.
STRATONICE
Vous n'en sauriez avoir une plus juste cause.
PAULINE
L'ont-ils assassiné?
STRATONICE
Ce seroit peu de chose.
Tout votre songe est vrai, Polyeucte n'est plus...
PAULINE
Il est mort!
STRATONICE
Non, il vit; mais, ô pleurs superflus!
Ce courage si grand, cette âme si divine,
N'est plus digne du jour, ni digne de Pauline.
Ce n'est plus cet époux si charmant à vos yeux;
C'est l'ennemi commun de l'État et des dieux,
Un méchant, un infâme, un rebelle, un perfide,
Un traître, un scélérat, un lâche, un parricide,
Une peste exécrable à tous les gens de bien,
Un sacrilége impie, en un mot, un chrétien.

PAULINE
Ce mot auroit suffi sans ce torrent d'injures.
STRATONICE
Ces titres aux chrétiens sont-ce des impostures?
PAULINE
Il est ce que tu dis, s'il embrasse leur foi;
Mais il est mon époux, et tu parles à moi.
STRATONICE
Ne considérez plus que ce Dieu qu'il adore.
PAULINE
Je l'aimai par devoir; ce devoir dure encore.
STRATONICE
Il vous donne à présent sujet de le haïr;
Qui trahit tous nos dieux auroit pu vous trahir.
PAULINE
Je l'aimerois encor, quand il m'auroit trahie;
Et si de tant d'amour tu peux être ébahie [1],
Apprends que mon devoir ne dépend point du sien :
Qu'il y manque, s'il veut; je dois faire le mien.
Quoi! s'il aimoit ailleurs, serois-je dispensée
A suivre, à son exemple, une ardeur insensée [2]?
Quelque chrétien qu'il soit, je n'en ai point d'horreur;
Je chéris sa personne, et je hais son erreur [3].
Mais quel ressentiment en témoigne mon père?
STRATONICE
Une secrète rage, un excès de colère,
Malgré qui toutefois un reste d'amitié
Montre pour Polyeucte encor quelque pitié.
Il ne veut point sur lui faire agir sa justice,

---

[1] *Ébahie* cesse d'être noble.

[2] *Dispensée à suivre* n'est pas français; elle veut dire, *serais-je autorisée à?* (VOLT.)

[3] C'est dans l'âme d'une païenne un sentiment admirable. On sent déjà que Pauline

. . . . . . A trop de vertu pour n'être pas chrétienne.

Que du traître Néarque il n'ait vu le supplice.

PAULINE

Quoi! Néarque en est donc?

STRATONICE

Néarque l'a séduit;
De leur vieille amitié c'est là le digne fruit.
Ce perfide tantôt, en dépit de lui-même,
L'arrachant de vos bras, le traînoit au baptême.
Voilà ce grand secret et si mystérieux
Que n'en pouvoit tirer votre amour curieux.

PAULINE

Tu me blâmois alors d'être trop importune.

STRATONICE

Je ne prévoyois pas une telle infortune.

PAULINE

Avant qu'abandonner mon âme à mes douleurs [1],
Il me faut essayer la force de mes pleurs;
En qualité de femme ou de fille, j'espère
Qu'ils vaincront un époux, ou fléchiront un père.
Que si sur l'un et l'autre ils manquent de pouvoir,
Je ne prendrai conseil que de mon désespoir.
Apprends-moi cependant ce qu'ils ont fait au temple.

STRATONICE

C'est une impiété qui n'eut jamais d'exemple.
Je ne puis y penser sans frémir à l'instant,
Et crains de faire un crime en vous la racontant.
Apprenez en deux mots leur brutale insolence.
　Le prêtre avoit à peine obtenu du silence,
Et devers l'orient assuré son aspect,
Qu'ils ont fait éclater leur manque de respect.
A chaque occasion de la cérémonie,
A l'envi l'un et l'autre étaloit sa manie,

---

[1] Il faudrait dire aujourd'hui *avant que d'abandonner*, ou *avant d'abandonner*.

Des mystères sacrés hautement se moquoit,
Et traitoit de mépris les dieux qu'on invoquoit.
Tout le peuple en murmure, et Félix s'en offense;
Mais tous deux s'emportant à plus d'irrévérence :
« Quoi! lui dit Polyeucte en élevant sa voix,
« Adorez-vous des dieux ou de pierre ou de bois ? »
   Ici dispensez-moi du récit des blasphèmes
Qu'ils ont vomis tous deux contre Jupiter mêmes [1].
L'adultère et l'inceste en étoient les plus doux.
« Oyez, dit-il ensuite, oyez, peuple; oyez tous :
« Le Dieu de Polyeucte et celui de Néarque
« De la terre et du ciel est l'absolu monarque,
« Seul être indépendant, seul maître du destin,
« Seul principe éternel, et souveraine fin.
« C'est ce Dieu des chrétiens qu'il faut qu'on remercie
« Des victoires qu'il donne à l'empereur Décie;
« Lui seul tient en sa main le succès des combats,
« Il le peut élever; il le peut mettre à bas;
« Sa bonté, son pouvoir, sa justice est immense;
« C'est lui seul qui punit, lui seul qui récompense :
« Vous adorez en vain des monstres impuissants. »
Se jetant à ces mots sur le vin et l'encens,
Après en avoir mis les saints vases par terre,
Sans crainte de Félix, sans crainte du tonnerre,
D'une fureur pareille ils courent à l'autel.
Cieux! a-t-on vu jamais, a-t-on rien vu de tel!
Du plus puissant des dieux nous voyons la statue
Par une main impie à leurs pieds abattue,
Les mystères troublés, le temple profané,
La fuite et les clameurs d'un peuple mutiné [2]

---

[1] Corneille emploie indifféremment cette adverbe *même* avec une *s* et sans *s*. (Volt.)

[2] *Voir des clameurs;* c'est une inadvertance qui n'empêche pas que ce récit ne soit bien fait. (Volt.)

Il n'y a point d'inadvertance. Le mot *clameurs,* placé comme il l'est, à la suite

Qui craint d'être accablé sous le courroux céleste.
Félix... Mais le voici qui vous dira le reste[1].

PAULINE

Que son visage est sombre et plein d'émotion !
Qu'il montre de tristesse et d'indignation !

SCÈNE III

FÉLIX, PAULINE, STRATONICE

FÉLIX

Une telle insolence avoir osé paroître !
En public ! à ma vue ! Il en mourra, le traître !

PAULINE

Souffrez que votre fille embrasse vos genoux.

FÉLIX

Je parle de Néarque et non de votre époux.
Quelque indigne qu'il soit de ce doux nom de gendre,
Mon âme lui conserve un sentiment plus tendre ;
La grandeur de son crime et de mon déplaisir
N'a pas éteint l'amour qui me l'a fait choisir.

PAULINE

Je n'attendois pas moins de la bonté d'un père.

FÉLIX

Je pouvois l'immoler à ma juste colère :
Car vous n'ignorez pas à quel comble d'horreur
De son audace impie a monté la fureur ;
Vous l'avez pu savoir du moins de Stratonice.

PAULINE

Je sais que de Néarque il doit voir le supplice.

---

de plusieurs mots qui sont tous régis par *nous voyons*, se dérobe, en quelque sorte, dans la foule, et l'art du poëte est d'avoir su le placer de manière que cette licence soit à peine remarquée : dans les récits vifs et animés, elle est familière à tous nos poëtes. (P.)

[1] Il y a là un grand intérêt : c'est là, encore une fois, ce qui fait le succès des pièces de théâtre. (Volt.)

FÉLIX

Du conseil qu'il doit prendre il sera mieux instruit,
Quand il verra punir celui qui l'a séduit.
  Au spectacle sanglant d'un ami qu'il faut suivre,
La crainte de mourir et le désir de vivre
Ressaisissent une âme avec tant de pouvoir,
Que qui voit le trépas cesse de le vouloir [1].
L'exemple touche plus que ne fait la menace :
Cette indiscrète ardeur tourne bientôt en glace,
Et nous verrons bientôt son cœur inquiété
Me demander pardon de tant d'impiété.

PAULINE

Vous pouvez espérer qu'il change de courage [2] ?

FÉLIX

Aux dépens de Néarque il doit se rendre sage.

PAULINE

Il le doit; mais, hélas! où me renvoyez-vous?
Et quels tristes hasards ne court point mon époux,
Si de son inconstance il faut qu'enfin j'espère
Le bien que j'espérois de la bonté d'un père?

FÉLIX

Je vous en fais trop voir, Pauline, à consentir
Qu'il évite la mort par un prompt repentir;
Je devois même peine à des crimes semblables,
Et, mettant différence entre ces deux coupables,
J'ai trahi la justice à l'amour paternel [3];
Je me suis fait pour lui moi-même criminel;
Et j'attendois de vous, au milieu de vos craintes,

---

[1] Voilà où les maximes générales sont bien placées : elles ne sont point ici dans la bouche d'un homme passionné, qui doit parler avec sentiment, et éviter les sentences et les lieux communs; c'est un juge qui parle, et qui dit des raisons prises dans la connaissance du cœur humain. (VOLT.)

[2] Nous avons déjà vu ce mot *courage* pris dans le sens de *pensée, intention, résolution*.

[3] Cette phrase est plus latine que française; Corneille a employé *trahir* comme on emploie en latin *prodere*, qui signifie à la fois *trahir* et *livrer à*.

Plus de remercîments que je n'entends de plaintes.

PAULINE

De quoi remercier qui ne me donne rien ?
Je sais quelle est l'humeur et l'esprit d'un chrétien.
Dans l'obstination jusqu'au bout il demeure :
Vouloir son repentir, c'est ordonner qu'il meure.

FÉLIX

Sa grâce est en sa main, c'est à lui d'y rêver.

PAULINE

Faites-la tout entière.

FÉLIX

     Il la peut achever.

PAULINE

Ne l'abandonnez pas aux fureurs de sa secte.

FÉLIX

Je l'abandonne aux lois qu'il faut que je respecte.

PAULINE

Est-ce ainsi que d'un gendre un beau-père est l'appui ?

FÉLIX

Qu'il fasse autant pour soi comme je fais pour lui[1].

PAULINE

Mais il est aveuglé !

FÉLIX

     Mais il se plaît à l'être.
Qui chérit son erreur ne la veut pas connoître.

PAULINE

Mon père, au nom des dieux...

FÉLIX

      Ne les réclamez pas,
Ces dieux dont l'intérêt demande son trépas.

PAULINE

Ils écoutent nos vœux.

---

[1] On disait alors *autant comme*, et cette manière de parler n'est pas particulière à Corneille, et surtout n'était pas fautive, comme l'insinue Voltaire.

FÉLIX
Eh bien! qu'il leur en fasse.
PAULINE
Au nom de l'empereur dont vous tenez la place...
FÉLIX
J'ai son pouvoir en main; mais s'il me l'a commis,
C'est pour le déployer contre ses ennemis.
PAULINE
Polyeucte l'est-il?
FÉLIX
Tous chrétiens sont rebelles.
PAULINE
N'écoutez point pour lui ces maximes cruelles;
En épousant Pauline il s'est fait votre sang.
FÉLIX
Je regarde sa faute, et ne vois plus son rang.
Quand le crime d'État se mêle au sacrilége,
Le sang ni l'amitié n'ont plus de privilége.
PAULINE
Quel excès de rigueur!
FÉLIX
Moindre que son forfait [1].
PAULINE
O de mon songe affreux trop véritable effet!
Voyez-vous qu'avec lui vous perdez votre fille?
FÉLIX
Les dieux et l'empereur sont plus que ma famille.
PAULINE
La perte de tous deux ne vous peut arrêter!

---

[1] Le lecteur voit sans doute combien ce dialogue est vif, pressé, naturel, intéressant; c'est un chef-d'œuvre. (VOLT.)

Si le rôle de Félix était fait de manière que l'on pût croire qu'il est de bonne foi, l'effet de la scène répondrait à la beauté du dialogue; mais dans les scènes avec son confident il s'est montré à découvert, et l'on ne peut s'y tromper. (LA HARPE.)

FÉLIX

J'ai les dieux et Décie ensemble à redouter.
Mais nous n'avons encore à craindre rien de triste :
Dans son aveuglement pensez-vous qu'il persiste ?
S'il nous sembloit tantôt courir à son malheur,
C'est d'un nouveau chrétien la première chaleur.

PAULINE

Si vous l'aimez encor, quittez cette espérance
Que deux fois en un jour il change de croyance :
Outre que les chrétiens ont plus de dureté [1],
Vous attendez de lui trop de légèreté.
Ce n'est point une erreur avec le lait sucée,
Que sans l'examiner son âme ait embrassée :
Polyeucte est chrétien parce qu'il l'a voulu,
Et vous portoit au temple un esprit résolu.
Vous devez présumer de lui comme du reste :
Le trépas n'est pour eux ni honteux ni funeste;
Ils cherchent de la gloire à mépriser nos dieux;
Aveugles pour la terre, ils aspirent aux cieux;
Et, croyant que la mort leur en ouvre la porte,
Tourmentés, déchirés, assassinés, n'importe,
Les supplices leur sont ce qu'à nous les plaisirs,
Et les mènent au but où tendent leurs désirs :
La mort la plus infâme ils l'appellent martyre.

FÉLIX

Eh bien donc ! Polyeucte aura ce qu'il désire :
N'en parlons plus.

PAULINE

Mon père...

---

[1] On peut demander pourquoi elle dit que Polyeucte sera inébranlable, quand elle espère le fléchir par ses pleurs. (VOLT.)
Son premier mouvement est et doit être de l'espérer; elle en doute ensuite par un sentiment plus réfléchi. (P.)

SCÈNE IV

FÉLIX, ALBIN, PAULINE, STRATONICE

FÉLIX

Albin, en est-ce fait?

ALBIN

Oui, seigneur; et Néarque a payé son forfait.

FÉLIX

Et notre Polyeucte a vu trancher sa vie?

ALBIN

Il l'a vu, mais, hélas! avec un œil d'envie.
Il brûle de le suivre, au lieu de reculer;
Et son cœur s'affermit, au lieu de s'ébranler.

PAULINE

Je vous le disois bien. Encore un coup, mon père,
Si jamais mon respect a pu vous satisfaire,
Si vous l'avez prisé, si vous l'avez chéri...

FÉLIX

Vous aimez trop, Pauline, un indigne mari.

PAULINE

Je l'ai de votre main [1] : mon amour est sans crime;
Il est de votre choix la glorieuse estime [2];
Et j'ai, pour l'accepter, éteint le plus beau feu
Qui d'une âme bien née ait mérité l'aveu.
  Au nom de cette aveugle et prompte obéissance
Que j'ai toujours rendue aux lois de la naissance,
Si vous avez pu tout sur moi, sur mon amour,
Que je puisse sur vous quelque chose à mon tour!
Par ce juste pouvoir à présent trop à craindre,
Par ces beaux sentiments qu'il m'a fallu contraindre,
Ne m'ôtez pas vos dons; ils sont chers à mes yeux,

---

[1] *Je l'ai de votre main* est admirable. (VOLT.)
[2] *La glorieuse estime de votre choix* paraît peu français.

Et m'ont assez coûté pour m'être précieux.

FÉLIX

Vous m'importunez trop : bien que j'aie un cœur tendre,
Je n'aime la pitié qu'au prix que j'en veux prendre [1] :
Employez mieux l'effort de vos justes douleurs ;
Malgré moi m'en toucher, c'est perdre et temps et pleurs :
J'en veux être le maître, et je veux bien qu'on sache
Que je la désavoue alors qu'on me l'arrache.
Préparez-vous à voir ce malheureux chrétien,
Et faites votre effort quand j'aurai fait le mien.
Allez ; n'irritez plus un père qui vous aime,
Et tâchez d'obtenir votre époux de lui-même,
Tantôt jusqu'en ce lieu je le ferai venir :
Cependant quittez-nous, je veux l'entretenir.

PAULINE

De grâce, permettez...

FÉLIX

Laissez-nous seuls, vous dis-je :
Votre douleur m'offense autant qu'elle m'afflige.
A gagner Polyeucte appliquez tous vos soins ;
Vous avancerez plus en m'importunant moins.

SCÈNE V

FÉLIX, ALBIN

FÉLIX

Albin, comme est-il mort?

ALBIN

En brutal, en impie,
En bravant les tourments, en dédaignant la vie,
Sans regret, sans murmure, et sans étonnement,
Dans l'obstination et l'endurcissement,

---

[1] Que veut dire *aimer la pitié au prix qu'on veut en prendre ?* qu'est-ce que ce prix ? Cette phrase était autrefois triviale, et jamais noble ni exacte. (V.)

ACTE III, SCÈNE V

Comme un chrétien enfin, le blasphème à la bouche.

FÉLIX

Et l'autre?

ALBIN

Je l'ai dit déjà, rien ne le touche;
Loin d'en être abattu, son cœur en est plus haut;
On l'a violenté pour quitter l'échafaud :
Il est dans la prison où je l'ai vu conduire;
Mais vous êtes bien loin encor de le réduire.

FÉLIX

Que je suis malheureux!

ALBIN

Tout le monde vous plaint.

FÉLIX

On ne sait pas les maux dont mon cœur est atteint;
De pensers sur pensers mon âme est agitée,
De soucis sur soucis elle est inquiétée[1];
Je sens l'amour, la haine, et la crainte, et l'espoir,
La joie et la douleur tour à tour l'émouvoir[2] :
J'entre en des sentiments qui ne sont pas croyables;
J'en ai de violents, j'en ai de pitoyables;
J'en ai de généreux qui n'oseroient agir;
J'en ai même de bas, et qui me font rougir.
J'aime ce malheureux que j'ai choisi pour gendre,
Je hais l'aveugle erreur qui le vient de surprendre;
Je déplore sa perte, et, le voulant sauver,
J'ai la gloire des dieux ensemble à conserver;
Je redoute leur foudre, et celui de Décie;
Il y va de ma charge, il y va de ma vie.
Ainsi tantôt pour lui je m'expose au trépas,
Et tantôt je le perds pour ne me perdre pas.

---

[1] Il n'y a pas là d'élégance; mais il y a de la vivacité de sentiment. (VOLT.)

[2] *La joie :* ce mot ne découvre-t-il pas trop la bassesse de Félix? Quel moment pour sentir de la joie! (VOLT.)

Le caractère de Félix une fois donné, il n'y a rien là qui nous choque.

ALBIN

Décie excusera l'amitié d'un beau-père;
Et d'ailleurs Polyeucte est d'un sang qu'on révère.

FÉLIX

A punir les chrétiens son ordre est rigoureux¹;
Et plus l'exemple est grand, plus il est dangereux.
On ne distingue point quand l'offense est publique :
Et lorsqu'on dissimule un crime domestique,
Par quelle autorité peut-on, par quelle loi,
Châtier en autrui ce qu'on souffre chez soi?

ALBIN

Si vous n'osez avoir d'égard à sa personne,
Écrivez à Décie afin qu'il en ordonne.

FÉLIX

Sévère me perdroit, si j'en usois ainsi.
Sa haine et son pouvoir font mon plus grand souci.
Si j'avois différé de punir un tel crime,
Quoiqu'il soit généreux, quoiqu'il soit magnanime,
Il est homme et sensible, et je l'ai dédaigné;
Et de tant de mépris son esprit indigné,
Que met au désespoir cet hymen de Pauline,
Du courroux de Décie obtiendroit ma ruine.
Pour venger un affront tout semble être permis,
Et les occasions tentent les plus remis².
Peut-être, et ce soupçon n'est pas sans apparence,
Il rallume en son cœur déjà quelque espérance;
Et, croyant bientôt voir Polyeucte puni,
Il rappelle un amour à grand'peine banni.
Juge si sa colère, en ce cas implacable,
Me feroit innocent de sauver un coupable,
Et s'il m'épargneroit, voyant par mes bontés
Une seconde fois ses desseins avortés.

---

1 Un *ordre à punir* est un solécisme. (VOLT.)
2 *Remis*, dans le sens du latin *remissus*, doux, paisible.

Te dirai-je un penser indigne, bas et lâche?
Je l'étouffe, il renaît; il me flatte, et me fâche :
L'ambition toujours me le vient présenter ;
Et tout ce que je puis, c'est de le détester.
Polyeucte est ici l'appui de ma famille;
Mais si, par son trépas, l'autre épousoit ma fille,
J'acquerrais bien par là de plus puissants appuis [1],
Qui me mettroient plus haut cent fois que je ne suis.
Mon cœur en prend par force une maligne joie :
Mais que plutôt le Ciel à tes yeux me foudroie,
Qu'à des pensers si bas je puisse consentir,
Que jusque-là ma gloire ose se démentir!

ALBIN

Votre cœur est trop bon, et votre âme trop haute.
Mais vous résolvez-vous à punir cette faute?

FÉLIX

Je vais dans la prison faire tout mon effort
A vaincre cet esprit par l'effroi de la mort;
Et nous verrons après ce que pourra Pauline.

ALBIN

Que ferez-vous enfin si toujours il s'obstine?

FÉLIX

Ne me presse point tant; dans un tel déplaisir,
Je ne puis que résoudre, et ne sais que choisir.

---

[1] Voilà le sentiment le plus bas qu'on puisse jamais développer; mais il est ménagé avec art... J'ai toujours remarqué qu'on n'écoutait pas sans plaisir l'aveu de ces sentiments, tout condamnables qu'ils sont : on aimait en secret le développement honteux du cœur humain; on sentait qu'il n'est que trop vrai que souvent les hommes sacrifient tout à leur propre intérêt. Enfin Félix dit au moins qu'il déteste ces pensers si lâches; on lui pardonne un peu : mais pardonne-t-on à Albin, qui lui dit qu'il a *l'âme trop haute?* C'est ici le lieu d'examiner si on peut mettre sur la scène tragique des caractères bas et lâches. Le public en général ne les aime pas...; cependant, puisque ces caractères sont dans la nature, il semble qu'il soit permis de les peindre; et l'art de les faire contraster avec les personnages héroïques peut quelquefois produire des beautés. (V.) — A quoi aboutissent donc toutes les amères critiques qui précèdent?

ALBIN

Je dois vous avertir, en serviteur fidèle,
Qu'en sa faveur déjà la ville se rebelle [1],
Et ne peut voir passer par la rigueur des lois
Sa dernière espérance et le sang de ses rois.
Je tiens sa prison même assez mal assurée;
J'ai laissé tout autour une troupe éplorée;
Je crains qu'on ne la force.

FÉLIX

     Il faut donc l'en tirer,
Et l'amener ici pour nous en assurer.

ALBIN

Tirez-l'en donc vous-même, et d'un espoir de grâce
Apaisez la fureur de cette populace.

FÉLIX

Allons; et, s'il persiste à demeurer chrétien,
Nous en disposerons sans qu'elle en sache rien.

---

[1] Comment cette ville païenne peut-elle se révolter en faveur d'un chrétien, après que l'on a dit que ce même peuple a été indigné de son sacrilége, et qu'il s'est enfui du temple si épouvanté, qu'il a craint d'être écrasé par la foudre? Il eût donc fallu expliquer comment on a passé sitôt de l'exécration pour l'action de Polyeucte à l'amour pour sa personne. (VOLT.)

FIN DU TROISIÈME ACTE

ACTE QUATRIÈME

SCÈNE I

POLYEUCTE, CLÉON, TROIS AUTRES GARDES

POLYEUCTE

Gardes, que me veut-on?

CLÉON

Pauline vous demande.

POLYEUCTE

O présence, ô combat que surtout j'appréhende!
Félix, dans la prison j'ai triomphé de toi,
J'ai ri de ta menace, et t'ai vu sans effroi :
Tu prends pour t'en venger de plus puissantes armes ;
Je craignois beaucoup moins tes bourreaux que ses larmes.
 Seigneur, qui vois ici les périls que je cours,
En ce pressant besoin redouble ton secours !
Et toi qui, tout sortant encor de la victoire,
Regardes mes travaux du séjour de la gloire,
Cher Néarque, pour vaincre un si fort ennemi,
Prête du haut du ciel la main à ton ami !
 Gardes, oseriez-vous me rendre un bon office?
Non pour me dérober aux rigueurs du supplice,
Ce n'est pas mon dessein qu'on me fasse évader;
Mais comme il suffira de trois à me garder,
L'autre m'obligeroit d'aller querir Sévère [1] ;
Je crois que sans péril on peut me satisfaire :
Si j'avois pu lui dire un secret important,

---

[1] *Querir* ne s'emploie qu'à l'infinitif, et avec les verbes *aller, venir, envoyer;* il a vieilli. (ACAD.)

Il vivroit plus heureux, et je mourrois content.
CLÉON
Si vous me l'ordonnez, j'y cours en diligence.
POLYEUCTE
Sévère à mon défaut fera ta récompense.
Va, ne perds point de temps, et reviens promptement.
CLÉON
Je serai de retour, seigneur, dans un moment.

SCÈNE II [1]

POLYEUCTE

(Les gardes se retirent au coin du théâtre.)

Source délicieuse, en misères féconde,
Que voulez-vous de moi, flatteuses voluptés ?
Honteux attachement de la chair et du monde,
Que ne me quittez-vous quand je vous ai quittés ?
Allez, honneurs, plaisirs, qui me livrez la guerre :
    Toute votre félicité,
    Sujette à l'instabilité,
    En moins de rien tombe par terre ;
    Et comme elle a l'éclat du verre,
    Elle en a la fragilité [2].

---

[1] Quatre ans après *Polyeucte*, Rotrou, qui était devenu le disciple de Corneille après avoir été son maître, donna sa tragédie de *Saint Genêt*. Au cinquième acte, il imita ces stances de Polyeucte. Genêt en prison chante comme le héros chrétien de Corneille :

    O fausse vanité du monde,
    Vaine promesse d'un trompeur, etc.

[2] Corneille traduit ce vers de Publius Syrus :

    Fortuna vitrea est ; tum cum splendet frangitur.

Il s'est rencontré avec Godeau, très-médiocre poëte du temps, qui, dans une ode à Louis XIII, ode antérieure aux premières représentations de *Polyeucte*, avait dit :

    Mais leur gloire tombe par terre ;
    Et comme elle a l'éclat du verre,
    Elle en a la fragilité.

Ainsi n'espérez pas qu'après vous je soupire.
Vous étalez en vain vos charmes impuissants;
Vous me montrez en vain par tout ce vaste empire
Ces ennemis de Dieu pompeux et florissants.
Il étale à son tour des revers équitables
      Par qui les grands sont confondus;
      Et les glaives qu'il tient pendus [1]
      Sur les plus fortunés coupables
      Sont d'autant plus inévitables,
      Que leurs coups sont moins attendus.
Tigre altéré de sang, Décie impitoyable,
Ce Dieu t'a trop longtemps abandonné les siens :
De ton heureux destin vois la suite effroyable,
Le Scythe va venger la Perse et des chrétiens.
Encore un peu plus outre, et ton heure est venue [2];
      Rien ne t'en sauroit garantir;
      Et la foudre qui va partir,
      Toute prête à crever la nue,
      Ne peut plus être retenue
      Par l'attente du repentir.
Que cependant Félix m'immole à ta colère;
Qu'un rival plus puissant éblouisse ses yeux;
Qu'aux dépens de ma vie il s'en fasse beau-père,
Et qu'à titre d'esclave il commande en ces lieux :
Je consens, ou plutôt j'aspire à ma ruine.
      Monde, pour moi tu n'as plus rien :
      Je porte en un cœur tout chrétien
      Une flamme toute divine;
      Et je ne regarde Pauline
      Que comme un obstacle à mon bien.
Saintes douceurs du ciel, adorables idées,

---

[1] *Qu'il tient suspendus* serait mieux. *Pendus* n'est pas agréable. (VOLT.)
[2] *Outre, plus outre,* ultra, ulterius.

Vous remplissez un cœur qui vous peut recevoir :
De vos sacrés attraits les âmes possédées
Ne reçoivent plus rien qui les puisse émouvoir.
Vous promettez beaucoup, et donnez davantage :
    Vos biens ne sont point inconstants,
    Et l'heureux trépas que j'attends
    Ne vous sert que d'un doux passage
    Pour nous introduire au partage
    Qui nous rend à jamais contents.
C'est vous, ô feu divin que rien ne peut éteindre,
Qui m'allez faire voir Pauline sans la craindre.
  Je la vois; mais mon cœur, d'un saint zèle enflammé,
N'en goûte plus l'appas dont il étoit charmé;
Et mes yeux, éclairés des célestes lumières,
Ne trouvent plus aux siens leurs grâces coutumières [1].

SCÈNE III

POLYEUCTE, PAULINE, GARDES

POLYEUCTE

Madame, quel dessein vous fait me demander?
Est-ce pour me combattre, ou pour me seconder?
Cet effort généreux de votre amour parfaite
Vient-il à mon secours, vient-il à ma défaite [2]?
Apportez-vous ici la haine, ou l'amitié,
Comme mon ennemie, ou ma chère moitié?

PAULINE

Vous n'avez point ici d'ennemi que vous-même;

---

[1] *Coutume* aurait dû conserver *coutumier*. (LA BRUYÈRE.)
Voltaire a donné un mot d'éloge aux stances du *Cid*. Il ne dit rien ou peu de choses de celles-ci, qui sont, selon nous, bien au-dessus des premières, et qui respirent un enthousiasme vraiment lyrique. Mais on a remarqué déjà que le commentateur de Corneille, souvent sévère dans la critique des autres pièces, avait de plus des préventions particulières contre *Polyeucte*.

[2] On ne dit point *aller à la défaite*, comme on dit *aller au secours de quelqu'un*.

Seul vous vous haïssez, lorsque chacun vous aime;
Seul vous exécutez tout ce que j'ai rêvé :
Ne veuillez pas vous perdre, et vous êtes sauvé.
A quelque extrémité que votre crime passe,
Vous êtes innocent si vous vous faites grâce.
Daignez considérer le sang dont vous sortez,
Vos grandes actions, vos rares qualités;
Chéri de tout le peuple, estimé chez le prince,
Gendre du gouverneur de toute la province,
Je ne vous compte à rien le nom de mon époux :
C'est un bonheur pour moi qui n'est pas grand pour vous;
Mais après vos exploits, après votre naissance,
Après votre pouvoir, voyez notre espérance [1],
Et n'abandonnez pas à la main d'un bourreau
Ce qu'à nos justes vœux promet un sort si beau.

POLYEUCTE

Je considère plus; je sais mes avantages,
Et l'espoir que sur eux forment les grands courages [2].
Ils n'aspirent enfin qu'à des biens passagers,
Que troublent les soucis, que suivent les dangers.
La mort nous les ravit, la fortune s'en joue;
Aujourd'hui dans le trône [3], et demain dans la boue;
Et leur plus haut éclat fait tant de mécontents,
Que peu de vos Césars en ont joui longtemps.
 J'ai de l'ambition, mais plus noble et plus belle :
Cette grandeur périt, j'en veux une immortelle,

---

[1] On ne peut dire *après votre naissance, après votre pouvoir*, comme on dit *après vos exploits. Voyez notre espérance* est le contraire de ce qu'elle entend, car elle entend, *Voyez la juste terreur qui nous reste, voyez où vous nous réduisez, vous d'une si grande naissance, vous qui avez tant de pouvoir !* (VOLT.)

[2] Cela n'est pas bien écrit : la raison en est qu'il ne faut pas un grand courage pour espérer une grande fortune quand on est gendre du gouverneur de *toute la province*, et *estimé chez le prince*. (VOLT.)

[3] *Dans le trône.* Cette locution était usitée au XVIIe siècle : on la trouve fréquemment dans Bossuet.

Un bonheur assuré, sans mesure et sans fin,
Au-dessus de l'envie, au-dessus du destin.
Est-ce trop l'acheter que d'une triste vie
Qui tantôt, qui soudain me peut être ravie;
Qui ne me fait jouir que d'un instant qui fuit,
Et ne peut m'assurer de celui qui le suit?

PAULINE

Voilà de vos chrétiens les ridicules songes [1];
Voilà jusqu'à quel point vous charment leurs mensonges :
Tout votre sang est peu pour un bonheur si doux !
Mais pour en disposer, ce sang est-il à vous?
Vous n'avez pas la vie ainsi qu'un héritage;
Le jour qui vous la donne en même temps l'engage :
Vous la devez au prince, au public, à l'État.

POLYEUCTE

Je la voudrois pour eux perdre dans un combat;
Je sais quel en est l'heur et quelle en est la gloire.
Des aïeux de Décie on vante la mémoire;
Et ce nom, précieux encore à vos Romains,
Au bout de six cents ans lui met l'empire aux mains.
Je dois ma vie au peuple, au prince, à sa couronne;
Mais je la dois bien plus au Dieu qui me la donne :
Si mourir pour son prince est un illustre sort,
Quand on meurt pour son Dieu, quelle sera la mort !

PAULINE

Quel Dieu !

POLYEUCTE

Tout beau [2], Pauline : il entend vos paroles,
Et ce n'est pas un Dieu comme vos dieux frivoles.

---

[1] C'est ici que le mot *ridicule* est bien placé dans la bouche de Pauline. Les termes les plus bas, employés à propos, s'ennoblissent. (Volt.)

[2] *Tout beau* ne peut jamais être ennobli, parce qu'il ne peut être accompagné de rien qui le relève; mais presque tout ce que dit Polyeucte dans cette scène est du genre sublime. (Volt.) — Sur ce mot *tout beau*, voyez *Cinna*, acte 1er, scène II.

Insensibles et sourds, impuissants, mutilés,
De bois, de marbre, ou d'or, comme vous les voulez :
C'est le Dieu des chrétiens, c'est le mien, c'est le vôtre;
Et la terre et le ciel n'en connoissent point d'autre.

PAULINE

Adorez-le dans l'âme, et n'en témoignez rien.

POLYEUCTE

Que je sois tout ensemble idolâtre et chrétien !

PAULINE

Ne feignez qu'un moment : laissez partir Sévère,
Et donnez lieu d'agir aux bontés de mon père.

POLYEUCTE

Les bontés de mon Dieu sont bien plus à chérir :
Il m'ôte des périls que j'aurois pu courir [1],
Et, sans me laisser lieu de tourner en arrière,
Sa faveur me couronne entrant dans la carrière;
Du premier coup de vent il me conduit au port,
Et, sortant du baptême, il m'envoie à la mort.
Si vous pouviez comprendre, et le peu qu'est la vie,
Et de quelles douceurs cette mort est suivie !...
Mais que sert de parler de ces trésors cachés
A des esprits que Dieu n'a pas encor touchés [2] ?

PAULINE

Cruel ! car il est temps que ma douleur éclate [3],
Et qu'un juste reproche accable une âme ingrate;
Est-ce là ce beau feu, sont-ce là tes serments ?

---

[1] On n'ôte point *des périls;* on vous sauve d'un péril, on détourne un péril, on vous arrache à un péril. (VOLT.)

[2] Rotrou s'est encore souvenu de cette petite tirade. Adrien, dont le rôle est joué par Genêt, dit à Nathalie :

> Oh ! si de mon désir l'effet pouvoit éclore !
> Ma sœur, c'est le seul nom dont je te puis nommer,
> Que sous de douces lois nous pourrions nous aimer !
> Tu saurois que la mort par qui l'âme est ravie
> Est la fin de la mort et non pas de la vie. (*Act. III.*)

[3] Il me semble que ce couplet est tendre, animé, douloureux, naturel et très à sa place. (VOLT.)

Témoignes-tu pour moi les moindres sentiments?
Je ne te parlois point de l'état déplorable
Où ta mort va laisser ta femme inconsolable;
Je croyois que l'amour t'en parleroit assez,
Et je ne voulois pas de sentiments forcés;
Mais cette amour si ferme et si bien méritée
Que tu m'avois promise, et que je t'ai portée,
Quand tu me veux quitter, quand tu me fais mourir,
Te peut-elle arracher une larme, un soupir?
Tu me quittes, ingrat, et le fais avec joie;
Tu ne la caches pas, tu veux que je la voie;
Et ton cœur, insensible à ces tristes appas,
Se figure un bonheur où je ne serai pas!
C'est donc là le dégoût qu'apporte l'hyménée?
Je te suis odieuse après m'être donnée!

POLYEUCTE

Hélas!

PAULINE

Que cet hélas [1] a de peine à sortir!
Encor s'il commençoit un heureux repentir,
Que, tout forcé qu'il est, j'y trouverois de charmes!
Mais, courage, il s'émeut, je vois couler des larmes.

POLYEUCTE

J'en verse, et plût à Dieu qu'à force d'en verser,
Ce cœur trop endurci se pût enfin percer!
Le déplorable état où je vous abandonne
Est bien digne des pleurs que mon amour vous donne;
Et si l'on peut au ciel sentir quelques douleurs,
J'y pleurerai pour vous l'excès de vos malheurs :
Mais si, dans ce séjour de gloire et de lumière,
Ce Dieu tout juste et bon peut souffrir ma prière;
S'il y daigne écouter un conjugal amour,
Sur votre aveuglement il répandra le jour.

---

[1] Cet *hélas!* est un peu familier; mais il est attendrissant, quoique le mot *sortir* ne soit pas noble. (VOLT.)

ACTE IV, SCÈNE III

Seigneur, de vos bontés il faut que je l'obtienne ;
Elle a trop de vertus pour n'être pas chrétienne [1].
Avec trop de mérite il vous plut la former,
Pour ne vous pas connoître et ne vous pas aimer,
Pour vivre des enfers esclave infortunée,
Et sous leur triste joug mourir comme elle est née.

PAULINE

Que dis-tu, malheureux ? qu'oses-tu souhaiter ?

POLYEUCTE

Ce que de tout mon sang je voudrois acheter.

PAULINE

Que plutôt !...

POLYEUCTE

C'est en vain qu'on se met en défense :
Ce Dieu touche les cœurs lorsque moins on y pense.
Ce bienheureux moment n'est pas encor venu ;
Il viendra, mais le temps ne m'en est pas connu.

PAULINE

Quittez cette chimère, et m'aimez.

POLYEUCTE

Je vous aime,
Beaucoup moins que mon Dieu, mais bien plus que moi-même.

PAULINE

Au nom de cet amour, ne m'abandonnez pas.

POLYEUCTE

Au nom de cet amour, daignez suivre mes pas.

PAULINE

C'est peu de me quitter, tu veux donc me séduire ?

POLYEUCTE

C'est peu d'aller au ciel, je vous y veux conduire.

PAULINE

Imaginations !

POLYEUCTE

Célestes vérités !

---

[1] Ce vers est admirable. (Volt.)

PAULINE

Étrange aveuglement!

POLYEUCTE

Éternelles clartés!

PAULINE

Tu préfères la mort à l'amour de Pauline!

POLYEUCTE

Vous préférez le monde à la bonté divine!

PAULINE

Va, cruel, va mourir, tu ne m'aimas jamais.

POLYEUCTE

Vivez heureuse au monde, et me laissez en paix [1].

PAULINE

Oui, je t'y vais laisser; ne t'en mets plus en peine;
Je vais...

SCÈNE IV

POLYEUCTE, PAULINE, SÉVÈRE, FABIAN, GARDES

PAULINE

Mais quel dessein en ce lieu vous amène,
Sévère? auroit-on cru qu'un cœur si généreux
Pût venir jusqu'ici braver un malheureux?

POLYEUCTE

Vous traitez mal, Pauline, un si rare mérite;
A ma seule prière il rend cette visite.

---

[1] Le caractère de Polyeucte n'est ni moins bien connu ni moins bien traité que celui de Pauline. Il est plein de cet enthousiasme religieux, nécessaire pour justifier ses violences, et qui convient parfaitement à un chrétien qui court au martyre. (La Harpe.)

Voilà ces admirables dialogues à la manière de Corneille, où la franchise de la repartie, la rapidité du tour et la hauteur des sentiments ne manquent jamais de ravir le spectateur. Que Polyeucte est sublime dans cette scène! Quelle grandeur d'âme! quel divin enthousiasme, quelle dignité! La gravité et la noblesse du caractère chrétien sont marquées jusque dans ces *vous* opposés aux *tu* de la fille de Félix : cela seul met déjà tout un monde entre le martyr Polyeucte et la jeune païenne Pauline. (Chateaubriand.)

Je vous ai fait, seigneur, une incivilité,
Que vous pardonnerez à ma captivité.
Possesseur d'un trésor dont je n'étois pas digne,
Souffrez avant ma mort que je vous le résigne [1].
Et laisse la vertu la plus rare à nos yeux
Qu'une femme jamais pût recevoir des cieux
Aux mains du plus vaillant et du plus honnête homme
Qu'ait adoré la terre et qu'ait vu naître Rome.
Vous êtes digne d'elle, elle est digne de vous;
Ne la refusez pas de la main d'un époux;
S'il vous a désunis, sa mort va vous rejoindre.
Qu'un feu jadis si beau n'en devienne pas moindre;
Rendez-lui votre cœur, et recevez sa foi :
Vivez heureux ensemble, et mourez comme moi;
C'est le bien qu'à tous deux Polyeucte désire.
Qu'on me mène à la mort, je n'ai plus rien à dire [2].
Allons, gardes, c'est fait.

SCÈNE V

SÉVÈRE, PAULINE, FABIAN

SÉVÈRE

Dans mon étonnement,

---

[1] Voltaire trouve ridicule la conduite de Polyeucte. Il oublie donc qu'il a imité ce qu'il critique. Dans *Alzire*, Gusman, touché de la grâce, cède aussi sa femme à son ennemi, à son assassin, et, qui pis est, à un idolâtre, au risque de compromettre le salut d'Alzire; ce qui est une imprudence très-criminelle de la part d'un homme qui a fait une si sainte mort. (GEOFFROY.)

Dans *Saint Genêt*, Adrien veut de même *résigner* Nathalie. Mais les vers de Rotrou sont bas, tandis que ceux de Corneille sont pleins de noblesse.

[2] Genêt, dans le quatrième acte de la pièce de Rotrou, parle ainsi à ses persécuteurs :

    Je vous ai divertis, j'ai chanté vos louanges,
    Il est temps maintenant de réjouir les anges;
    Il est temps de prétendre à des prix immortels;
    Il est temps de passer du théâtre aux autels.
    Si je l'ai mérité, qu'on me mène au martyre,
    Mon rôle est achevé, je n'ai plus rien à dire.

Je suis confus pour lui de son aveuglement [1] ;
Sa résolution a si peu de pareilles,
Qu'à peine je me fie encore à mes oreilles.
Un cœur qui vous chérit (mais quel cœur assez bas
Auroit pu vous connoître et ne vous chérir pas?);
Un homme aimé de vous, sitôt qu'il vous possède,
Sans regret il vous quitte : il fait plus, il vous cède;
Et, comme si vos feux étoient un don fatal,
Il en fait un présent lui-même à son rival [2] !
Certes, ou les chrétiens ont d'étranges manies,
Ou leurs félicités doivent être infinies,
Puisque, pour y prétendre, ils osent rejeter
Ce que de tout l'empire il faudroit acheter.
  Pour moi, si mes destins, un peu plus tôt propices,
Eussent de votre hymen honoré mes services,
Je n'aurois adoré que l'éclat de vos yeux,
J'en aurois fait mes rois, j'en aurois fait mes dieux;
On m'auroit mis en poudre, en m'auroit mis en cendre [3],
Avant que...

PAULINE

          Brisons là; je crains de trop entendre,
Et que cette chaleur, qui sent vos premiers feux [4],
Ne pousse quelque suite indigne de tous deux.
Sévère, connoissez Pauline tout entière.
  Mon Polyeucte touche à son heure dernière [5];

---

1 Cette résignation de Polyeucte fait naître une des plus belles scènes qui soient au théâtre. (Volt.)

2 C'est dommage qu'*un présent de vos feux* gâte un peu ces vers excellents. (Volt.)

3 *En poudre, en cendre*, c'est une petite négligence qui n'affaiblit point les sublimes et pathétiques beautés de cette scène. (Volt.)

4 Cela est mal écrit, d'accord : mais le sentiment l'emporte ici sur les termes, et le reste est d'une beauté dont il n'y eut jamais d'exemple. (Volt.)

5 Ce cri du cœur prouve que ce n'est pas seulement par dévouement, mais que c'est aussi par amour pour Polyeucte que Pauline refuse de consentir à la proposition de ce dernier. C'est donc bien à tort que madame la Dauphine s'écriait en admirant Pauline : « Eh bien! voilà la plus honnête femme du

Pour achever de vivre il n'a plus qu'un moment;
Vous en êtes la cause, encor qu'innocemment.
Je ne sais si votre âme, à vos désirs ouverte,
Auroit osé former quelque espoir sur sa perte :
Mais sachez qu'il n'est point de si cruel trépas
Où d'un front assuré je ne porte mes pas,
Qu'il n'est point aux enfers d'horreurs que je n'endure,
Plutôt que de souiller une gloire si pure,
Que d'épouser un homme, après son triste sort [1],
Qui de quelque façon soit cause de sa mort :
Et, si vous me croyiez d'une âme si peu saine,
L'amour que j'eus pour vous tourneroit tout en haine.
Vous êtes généreux, soyez-le jusqu'au bout.
Mon père est en état de vous accorder tout :
Il vous craint; et j'avance encor cette parole,
Que, s'il perd mon époux, c'est à vous qu'il l'immole.
Sauvez ce malheureux, employez-vous pour lui;
Faites-vous un effort pour lui servir d'appui.
Je sais que c'est beaucoup que ce que je demande;
Mais plus l'effort est grand, plus la gloire en est grande.
Conserver un rival dont vous êtes jaloux,
C'est un trait de vertu qui n'appartient qu'à vous;
Et si ce n'est assez de votre renommée,
C'est beaucoup qu'une femme autrefois tant aimée,
Et dont l'amour peut-être encor vous peut toucher,
Doive à votre grand cœur ce qu'elle a de plus cher :
Souvenez-vous enfin que vous êtes Sévère.
Adieu. Résolvez seul ce que vous devez faire;

---

monde qui n'aime point du tout son mari [*]. » — Elle aima autrefois Sévère par inclination, mais plus tard Polyeucte par devoir; ce qui n'empêche pas que cet amour ne soit très-sincère et très-fort.

[1] Par la construction, c'est le triste sort de cet homme qu'elle épouserait en secondes noces; et par le sens, c'est le triste sort de Polyeucte dont il s'agit. (VOLT.)

[*] Voyez Mme de Sévigné, lettre du 28 août 1680.

Si vous n'êtes pas tel que je l'ose espérer,
Pour vous priser encor je le veux ignorer ¹.

SCÈNE VI

SÉVÈRE, FABIAN

SÉVÈRE

Qu'est-ceci, Fabian ? Quel nouveau coup de foudre
Tombe sur mon bonheur et le réduit en poudre !
Plus je l'estime près, plus il est éloigné ;
Je trouve tout perdu quand je crois tout gagné ;
Et toujours la fortune, à me nuire obstinée,
Tranche mon espérance aussitôt qu'elle est née ;
Avant qu'offrir des vœux je reçois des refus :
Toujours triste, toujours et honteux et confus
De voir que lâchement elle ait osé renaître,
Qu'encor plus lâchement elle ait osé paroître,
Et qu'une femme enfin dans la calamité
Me fasse des leçons de générosité.

Votre belle âme est haute autant que malheureuse,
Mais elle est inhumaine autant que généreuse,
Pauline ; et vos douleurs avec trop de rigueur
D'un amant tout à vous tyrannisent le cœur.
C'est donc peu de vous perdre, il faut que je vous donne,
Que je serve un rival lorsqu'il vous abandonne ;

---

1 Les larmes de Pauline n'ont pu rien sur Polyeucte ; elle s'adresse pour le sauver à celui même qui est le plus intéressé à ce qu'il meure, à son rival. Elle croit qu'un homme qui lui a paru digne d'elle doit être capable de ce trait de générosité. C'étaient là des beautés neuves et originales dont personne n'avait donné l'idée. Cette délicatesse de sentiment ne se trouvait ni dans les théâtres des anciens, ni dans ceux des modernes ; elle était dans l'âme du grand Corneille. (LA HARPE.)

On ne sait qui l'on doit plus admirer de Pauline ou de Sévère. « C'est un trait de génie d'avoir placé à côté de l'héroïsme surnaturel, inspiré par une religion divine, ce que la nature et l'humanité ont de plus parfait et de plus sublime. » (GEOFFROY.)

Et que, par un cruel et généreux effort,
Pour vous rendre en ses mains je l'arrache à la mort.

FABIAN

Laissez à son destin cette ingrate famille;
Qu'il accorde, s'il veut, le père avec la fille,
Polyeucte et Félix, l'épouse avec l'époux :
D'un si cruel effort quel prix espérez-vous?

SÉVÈRE

La gloire de montrer à cette âme si belle
Que Sévère l'égale et qu'il est digne d'elle;
Qu'elle m'étoit bien due, et que l'ordre des cieux
En me la refusant est trop injurieux.

FABIAN

Sans accuser le sort ni le Ciel d'injustice,
Prenez garde au péril qui suit un tel service;
Vous hasardez beaucoup, seigneur, pensez-y bien.
Quoi! vous entreprenez de sauver un chrétien!
Pouvez-vous ignorer pour cette secte impie
Quelle est et fut toujours la haine de Décie?
C'est un crime vers lui si grand, si capital,
Qu'à votre faveur même il peut être fatal.

SÉVÈRE

Cet avis seroit bon pour quelque âme commune.
S'il tient entre ses mains ma vie et ma fortune,
Je suis encor Sévère; et tout ce grand pouvoir
Ne peut rien sur ma gloire, et rien sur mon devoir.
Ici l'honneur m'oblige, et j'y veux satisfaire;
Qu'après le sort se montre ou propice ou contraire,
Comme son naturel est toujours inconstant,
Périssant glorieux, je périrai content.
Je te dirai bien plus, mais avec confidence :
La secte des chrétiens n'est pas ce que l'on pense :
On les hait; la raison, je ne la connois point;
Et je ne vois Décie injuste qu'en ce point.

Par curiosité j'ai voulu les connoître ;
On les tient pour sorciers dont l'enfer est le maître ;
Et sur cette croyance on punit du trépas
Des mystères secrets que nous n'entendons pas.
Mais Cérès Éleusine et la Bonne Déesse
Ont leurs secrets comme eux à Rome et dans la Grèce ;
Encore impunément nous souffrons en tous lieux,
Leur Dieu seul excepté, toute sorte de dieux :
Tous les monstres d'Égypte ont leurs temples dans Rome ;
Nos aïeux à leur gré faisoient un dieu d'un homme ;
Et, leur sang parmi nous conservant leurs erreurs,
Nous remplissons le ciel de tous nos empereurs ;
Mais, à parler sans fard de tant d'apothéoses,
L'effet est bien douteux de ces métamorphoses.
 Les chrétiens n'ont qu'un Dieu, maître absolu de tout,
De qui le seul vouloir fait tout ce qu'il résout :
Mais, si j'ose entre nous dire ce qu'il me semble,
Les nôtres bien souvent s'accordent mal ensemble ;
Et, me dût leur colère écraser à tes yeux,
Nous en avons beaucoup pour être de vrais dieux.
Peut-être qu'après tout ces croyances publiques [1]
Ne sont qu'inventions de sages politiques
Pour contenir un peuple, ou bien pour l'émouvoir,
Et dessus sa foiblesse affermir leur pouvoir.
Enfin chez les chrétiens les mœurs sont innocentes,
Les vices détestés, les vertus florissantes ;
Jamais un adultère, un traître, un assassin ;
Jamais d'ivrognerie, et jamais de larcin ;

---

[1] Ces réflexions païennes de Sévère étaient tolérées même au xviie siècle. C'est qu'elles étaient peu dangereuses alors, et que d'ailleurs l'éloge des chrétiens qui vient aussitôt après servait de contre-poison. Cependant « le sublime auteur de *Polyeucte* eut quelque scrupule d'avoir fourni cette pâture aux esprits faibles qui se disent forts ; son génie était assez fort pour n'avoir pas besoin de faire entrer l'impiété dans les éléments de sa renommée : il est si facile, si dangereux et si bas d'insulter la religion de son pays qu'il eût rougi d'une gloire achetée à ce prix. Corneille supprima donc ces vers dans l'édition de 1664. » (Geoffroy.) — Le xviiie siècle n'a pas manqué de les rétablir.

Ce n'est qu'amour entre eux, que charité sincère.
Chacun y chérit l'autre, et le secourt en frère :
Ils font des vœux pour nous qui les persécutons [1] ;
Et, depuis tant de temps que nous les tourmentons,
Les a-t-on vus mutins? les a-t-on vus rebelles?
Nos princes ont-ils eu des soldats plus fidèles?
Furieux dans la guerre, ils souffrent nos bourreaux ;
Et, lions au combat, ils meurent en agneaux.
J'ai trop de pitié pour ne les pas défendre.
Allons trouver Félix ; commençons par son gendre ;
Et contentons ainsi, d'une seule action,
Et Pauline, et ma gloire, et ma compassion.

---

[1] Remarquez ici que Racine, dans *Esther,* exprime la même chose en cinq vers :

> Tandis que votre main sur eux appesantie
> A leurs persécuteurs les livrait sans secours,
> Ils conjuraient ce Dieu de veiller sur vos jours,
> De rompre des méchants les trames criminelles,
> De mettre votre trône à l'ombre de ses ailes.
>
> (Acte III, sc. IV.)

Sévère, qui parle en homme d'État, ne dit qu'un mot, ce mot est plein d'énergie : Esther, qui veut toucher Assuérus, étend davantage cette idée. Sévère ne fait qu'une réflexion ; Esther fait une prière : ainsi, l'un doit être concis, et l'autre déployer une éloquence attendrissante. Ce sont des beautés différentes, et toutes deux à leur place. On peut souvent faire de ces comparaisons ; rien ne contribue davantage à épurer le goût. (VOLT.)

FIN DU QUATRIÈME ACTE

ACTE CINQUIÈME

SCÈNE I

FÉLIX, ALBIN, CLÉON

FÉLIX

Albin, as-tu bien vu la fourbe de Sévère [1] ?
As-tu bien vu sa haine? et vois-tu ma misère?

ALBIN

Je n'ai rien vu dans lui qu'un rival généreux,
Et ne vois rien en vous qu'un père rigoureux.

FÉLIX

Que tu discernes mal le cœur d'avec la mine!
Dans l'âme il hait Félix et dédaigne Pauline;
Et, s'il l'aima jadis, il estime aujourd'hui
Les restes d'un rival trop indignes de lui.
Il parle en sa faveur, il me prie, il menace,
Et me perdra, dit-il, si je ne lui fais grâce;
Tranchant du généreux, il croit m'épouvanter.
L'artifice est trop lourd pour ne pas l'éventer.
Je sais des gens de cour quelle est la politique;
J'en connois mieux que lui la plus fine pratique [2].

---

[1] Je ne doute pas que Corneille n'ait voulu faire contraster la bassesse de Félix avec la grandeur de Sévère. Les oppositions sont belles en peinture, en poésie, en éloquence... Il n'en est pas ainsi au théâtre, les caractères lâches n'y sont presque jamais tolérés : on ne veut pas voir ce qu'on méprise. Non-seulement Félix est méprisable, mais il se trompe toujours dans ses raisonnements. (VOLT.) — C'est précisément ce qui décèle le pinceau du maître dans le caractère de Félix. On aime à voir sa politique basse et artificieuse toujours trompée : c'est un homme vicieux puni par son propre vice. (PALISSOT.)

[2] Tout cela est bourgeois et comique. (VOLT.)

C'est en vain qu'il tempête [1] et feint d'être en fureur,
Je vois ce qu'il prétend auprès de l'empereur.
De ce qu'il me demande il m'y feroit un crime ;
Épargnant son rival, je serois sa victime ;
Et s'il avoit affaire à quelque maladroit,
Le piége est bien tendu, sans doute il le perdroit.
Mais un vieux courtisan est un peu moins crédule :
Il voit quand on le joue et quand on dissimule ;
Et moi j'en ai tant vu de toutes les façons,
Qu'à lui-même au besoin j'en ferois des leçons [2].

ALBIN

Dieux ! que vous vous gênez par cette défiance !

FÉLIX

Pour subsister en cour c'est la haute science.
Quand un homme une fois a droit de nous haïr,
Nous devons présumer qu'il cherche à nous trahir ;
Toute son amitié nous doit être suspecte.
Si Polyeucte enfin n'abandonne sa secte,
Quoi que son protecteur ait pour lui dans l'esprit,
Je suivrai hautement l'ordre qui m'est prescrit.

ALBIN

Grâce, grâce, seigneur ! que Pauline l'obtienne !

FÉLIX

Celle de l'empereur ne suivroit pas la mienne ;
Et, loin de le tirer de ce pas hasardeux,
Ma bonté ne feroit que nous perdre tous deux.

ALBIN

Mais Sévère promet...

FÉLIX

Albin, je m'en défie,
Et connois mieux que vous la haine de Décie :
En faveur des chrétiens s'il choquoit son courroux,

---

[1] *Tempête* est trop familier.
[2] Toute cette tirade est d'un ton trop bourgeois.

Lui-même assurément se perdroit avec nous.
Je veux tenter pourtant encore une autre voie.
Amenez Polyeucte ; et si je le renvoie,
S'il demeure insensible à ce dernier effort,
Au sortir de ce lieu qu'on lui donne la mort.

ALBIN

Votre ordre est rigoureux.

FÉLIX

Il faut que je le suive,
Si je veux empêcher qu'un désordre n'arrive.
Je vois le peuple ému pour prendre son parti,
Et toi-même tantôt tu m'en as averti :
Dans ce zèle pour lui qu'il fait déjà paroître [1],
Je ne sais si longtemps j'en pourrois être maître.
Peut-être dès demain, dès la nuit, dès ce soir,
J'en verrois des effets que je ne veux pas voir ;
Et Sévère aussitôt, courant à sa vengeance,
M'iroit calomnier de quelque intelligence [2].
Il faut rompre ce coup, qui me seroit fatal [3].

ALBIN

Que tant de prévoyance est un étrange mal !
Tout vous nuit, tout vous perd, tout vous fait de l'ombrage.
Mais voyez que sa mort mettra ce peuple en rage :
Que c'est mal le guérir que le désespérer.

FÉLIX

En vain après sa mort il voudra murmurer :
Et s'il ose venir à quelque violence,
C'est à faire à céder deux jours à l'insolence :
J'aurai fait mon devoir, quoi qu'il puisse arriver.

---

[1] Voir la scène v de l'acte III.

[2] *Calomnier de* n'est pas français. (VOLT.) — Il nous semble qu'il devrait l'être ; car il exprime d'une manière plus concise, quoique aussi précise et aussi claire, l'idée *d'accuser faussement*.

[3] On a pu voir déjà que l'emploi de ce verbe *rompre* n'est pas toujours heureux dans Corneille.

Mais Polyeucte vient, tâchons à le sauver.
Soldats, retirez-vous, et gardez bien la porte.

SCÈNE II

FÉLIX, POLYEUCTE, ALBIN

FÉLIX

As-tu donc pour la vie une haine si forte,
Malheureux Polyeucte? et la loi des chrétiens
T'ordonne-t-elle ainsi d'abandonner les tiens?

POLYEUCTE

Je ne hais point la vie, et j'en aime l'usage,
Mais sans attachement qui sente l'esclavage,
Toujours prêt à la rendre au Dieu dont je la tiens;
La raison me l'ordonne, et la loi des chrétiens;
Et je vous montre à tous par là comme il faut vivre,
Si vous avez le cœur assez bon pour me suivre.

FÉLIX

Te suivre dans l'abîme où tu veux te jeter?

POLYEUCTE

Mais plutôt dans la gloire où je m'en vais monter.

FÉLIX

Donne-moi pour le moins le temps de la connoître;
Pour me faire chrétien, sers-moi de guide à l'être;
Et ne dédaigne pas de m'instruire en ta foi,
Ou toi-même à ton Dieu tu répondras de moi.

POLYEUCTE

N'en riez point, Félix, il sera votre juge;
Vous ne trouverez point devant lui de refuge;
Les rois et les bergers y sont d'un même rang :
De tous les siens sur vous il vengera le sang.

FÉLIX

Je n'en répandrai plus, et, quoi qu'il en arrive,
Dans la foi des chrétiens je souffrirai qu'on vive;

J'en serai protecteur.

POLYEUCTE

Non, non ; persécutez ;
Et soyez l'instrument de nos félicités ;
Celle d'un vrai chrétien n'est que dans les souffrances ;
Les plus cruels tourments lui sont des récompenses.
Dieu, qui rend le centuple aux bonnes actions,
Pour comble donne encor les persécutions :
Mais ces secrets pour vous sont fâcheux à comprendre [1] ;
Ce n'est qu'à ses élus que Dieu les fait entendre.

FÉLIX

Je te parle sans fard et veux être chrétien.

POLYEUCTE

Qui peut donc retarder l'effet d'un si grand bien ?

FÉLIX

La présence importune...

POLYEUCTE

Et de qui ? de Sévère ?

FÉLIX

Pour lui seul contre toi j'ai feint tant de colère :
Dissimule un moment jusques à son départ.

POLYEUCTE

Félix, c'est donc ainsi que vous parlez sans fard ?
Portez à vos païens, portez à vos idoles
Le sucre empoisonné que sèment vos paroles [2].
Un chrétien ne craint rien, ne dissimule rien ;
Aux yeux de tout le monde il est toujours chrétien.

FÉLIX

Ce zèle de ta foi ne sert qu'à te séduire,
Si tu cours à la mort plutôt que de m'instruire.

---

[1] Ce mot *fâcheux* n'est pas le mot propre, c'est *difficile*. (VOLT.) — Il nous semble que Corneille a voulu dire quelque chose de plus que *difficile*. Les vérités et les préceptes de la religion sont *fâcheux* à comprendre pour ceux qui ne veulent pas s'y soumettre, ils trouvent *ces choses dures*.

[2] Ce mot de *sucre* n'est admis que dans le discours familier. (VOLT.)

POLYEUCTE
Je vous en parlerois ici hors de saison ;
Elle est un don du Ciel, et non de la raison ;
Et c'est là que bientôt, voyant Dieu face à face,
Plus aisément pour vous j'obtiendrai cette grâce.

FÉLIX
Ta perte cependant ma va désespérer.

POLYEUCTE
Vous avez en vos mains de quoi la réparer :
En vous ôtant un gendre on vous en donne un autre
Dont la condition répond mieux à la vôtre :
Ma perte n'est pour vous qu'un change avantageux.

FÉLIX
Cesse de me tenir ce discours outrageux.
Je t'ai considéré plus que tu ne mérites ;
Mais, malgré ma bonté, qui croît plus tu l'irrites,
Cette insolence enfin te rendroit odieux,
Et je me vengerois aussi bien que nos dieux.

POLYEUCTE
Quoi ! vous changez bientôt d'humeur et de langage !
Le zèle de vos dieux rentre en votre courage !
Celui d'être chrétien s'échappe ! et par hasard
Je vous viens d'obliger à me parler sans fard !

FÉLIX
Va, ne présume pas que, quoi que je te jure,
De tes nouveaux docteurs je suive l'imposture.
Je flattois ta manie, afin de t'arracher
Du honteux précipice où tu vas trébucher :
Je voulois gagner temps pour ménager ta vie
Après l'éloignement d'un flatteur de Décie ;
Mais j'ai trop fait d'injure à nos dieux tout-puissants :
Choisis de leur donner ton sang, ou de l'encens.

POLYEUCTE
Mon choix n'est point douteux. Mais j'aperçois Pauline ;
O Ciel !

SCÈNE III

FÉLIX, POLYEUCTE, PAULINE, ALBIN

PAULINE

Qui de vous deux aujourd'hui m'assassine ?
Sont-ce tous deux ensemble, ou chacun à son tour ?
Ne pourrai-je fléchir la nature ou l'amour ?
Et n'obtiendrai-je rien d'un époux ni d'un père ?

FÉLIX

Parlez à votre époux.

POLYEUCTE

Vivez avec Sévère.

PAULINE

Tigre, assassine-moi du moins sans m'outrager.

POLYEUCTE

Mon amour, par pitié, cherche à vous soulager,
Il voit quelle douleur dans l'âme vous possède,
Et sait qu'un autre amour en est le seul remède.
Puisqu'un si grand mérite a pu vous enflammer,
Sa présence toujours a droit de vous charmer :
Vous l'aimiez, il vous aime ; et sa gloire augmentée...

PAULINE

Que t'ai-je fait, cruel, pour être ainsi traitée,
Et pour me reprocher, au mépris de ma foi,
Un amour si puissant que j'ai vaincu pour toi ?
Vois, pour te faire vaincre un si fort adversaire,
Quels efforts à moi-même il a fallu me faire,
Quels combats j'ai donnés pour te donner un cœur [1]
Si justement acquis à son premier vainqueur ;
Et, si l'ingratitude en ton cœur ne domine,
Fais quelque effort sur toi pour te rendre à Pauline :
Apprends d'elle à forcer ton propre sentiment ;
Prends sa vertu pour guide en ton aveuglement ;

---

[1] *Donnés pour te donner*, répétition vicieuse. (VOLT.)

ACTE V, SCÈNE III 369

Souffre que de toi-même elle obtienne ta vie,
Pour vivre sous tes lois à jamais asservie.
Si tu peux rejeter de si justes désirs,
Regarde au moins ses pleurs, écoute ses soupirs;
Ne désespère pas une âme qui t'adore.

POLYEUCTE

Je vous l'ai déjà dit, et vous le dis encore,
Vivez avec Sévère, ou mourez avec moi [1].
Je ne méprise point vos pleurs ni votre foi;
Mais, de quoi que pour vous notre amour m'entretienne [2],
Je ne vous connois plus si vous n'êtes chrétienne.

C'en est assez : Félix, reprenez ce courroux,
Et sur cet insolent vengez vos dieux et vous.

PAULINE

Ah! mon père, son crime à peine est pardonnable;
Mais, s'il est insensé, vous êtes raisonnable :
La nature est trop forte, et ses aimables traits
Imprimés dans le sang ne s'effacent jamais;
Un père est toujours père; et sur cette assurance
J'ose appuyer encore un reste d'espérance.

Jetez sur votre fille un regard paternel :
Ma mort suivra la mort de ce cher criminel;
Et les dieux trouveront sa peine illégitime,
Puisqu'elle confondra l'innocence et le crime,
Et qu'elle changera, par ce redoublement [3],

---

[1] L'obstination de Polyeucte, sa résignation, son transport divin, plaisent beaucoup. (VOLT.)

[2] Ce vers, dit Voltaire, est un barbarisme. *Un amour qui entretient, et qui entretient pour!* et *de quoi qu'il entretienne!* Il n'est pas permis de parler ainsi. — Voltaire n'a pas repris ce *barbarisme* dans le *Cid,* où Rodrigue et Chimène disent tour à tour :

De quoi qu'en ta faveur notre amour m'entretienne.

Ce qui était français dans le *Cid* ne l'est-il plus dans *Polyeucte?*

[3] Il est triste que *redoublement* ne puisse se dire en cette occasion : le sens est beau; mais on n'a jamais appelé *redoublement* la mort d'un mari et d'une femme. (VOLT.)

En injuste rigueur un juste châtiment :
Nos destins, par vos mains rendus inséparables,
Nous doivent rendre heureux ensemble, ou misérables ;
Et vous seriez cruel jusques au dernier point
Si vous désunissiez ce que vous avez joint.
Un cœur à l'autre uni jamais ne se retire ;
Et pour l'en séparer il faut qu'on le déchire.
Mais vous êtes sensible à mes justes douleurs,
Et d'un œil paternel vous regardez mes pleurs.

FÉLIX

Oui, ma fille, il est vrai qu'un père est toujours père :
Rien n'en peut effacer le sacré caractère ;
Je porte un cœur sensible, et vous l'avez percé.
Je me joins avec vous contre cet insensé.

Malheureux Polyeucte, es-tu seul insensible ?
Et veux-tu rendre seul ton crime irrémissible ?
Peux-tu voir tant de pleurs d'un œil si détaché ?
Peux-tu voir tant d'amour sans en être touché ?
Ne reconnois-tu plus ni beau-père ni femme,
Sans amitié pour l'un, et pour l'autre sans flamme ?
Pour reprendre les noms et de gendre et d'époux,
Veux-tu nous voir tous deux embrasser tes genoux ?

POLYEUCTE

Que tout cet artifice est de mauvaise grâce !
Après avoir deux fois essayé la menace,
Après m'avoir fait voir Néarque dans la mort,
Après avoir tenté l'amour et son effort,
Après m'avoir montré cette soif du baptême,
Pour opposer à Dieu l'intérêt de Dieu même,
Vous vous joignez ensemble ! Ah ! ruses de l'enfer !
Faut-il tant de fois vaincre avant que triompher [1] !
Vos résolutions usent trop de remise ;
Prenez la vôtre enfin, puisque la mienne est prise.

---

[1] *Enfer* ne rime avec *triompher* qu'à l'aide d'une prononciation vicieuse : grande preuve que l'on ne doit rimer que pour les oreilles. (VOLT.)

Je n'adore qu'un Dieu, maître de l'univers,
Sous qui tremblent le ciel, la terre et les enfers ;
Un Dieu qui, nous aimant d'une amour infinie,
Voulut mourir pour nous avec ignominie,
Et qui, par un effort de cet excès d'amour,
Veut pour nous en victime être offert chaque jour.
Mais j'ai tort d'en parler à qui ne peut m'entendre.
Voyez l'aveugle erreur que vous osez défendre :
Des crimes les plus noirs vous souillez tous vos dieux ;
Vous n'en punissez point qui n'ait son maître aux cieux ;
La prostitution, l'adultère, l'inceste,
Le vol, l'assassinat, et tout ce qu'on déteste,
C'est l'exemple qu'à suivre offrent vos immortels.
J'ai profané leur temple et brisé leurs autels ;
Je le ferois encor, si j'avois à le faire [1],
Même aux yeux de Félix, même aux yeux de Sévère,
Même aux yeux du sénat, aux yeux de l'empereur.

FÉLIX

Enfin ma bonté cède à ma juste fureur :
Adore-les, ou meurs.

POLYEUCTE

Je suis chrétien.

FÉLIX

Impie !
Adore-les, te dis-je, ou renonce à la vie.

POLYEUCTE

Je suis chrétien [2].

FÉLIX

Tu l'es ? O cœur trop obstiné !

---

[1] Ce vers est dans le *Cid*, et est à sa place dans les deux pièces. (VOLT.)

[2] Ce mot, *je suis chrétien*, deux fois répété, égale les plus beaux mots des *Horaces*. Corneille, qui se connaissait si bien en sublime, a senti que l'amour de la religion pouvait élever au dernier degré d'enthousiasme, puisque le chrétien aime Dieu comme la souveraine beauté, et le ciel comme sa patrie. (CHATEAUBRIAND.)

Soldats, exécutez l'ordre que j'ai donné.

PAULINE

Où le conduisez-vous?

FÉLIX

A la mort.

POLYEUCTE

A la gloire.
Chère Pauline, adieu; conservez ma mémoire.

PAULINE

Je te suivrai partout, et mourrai si tu meurs.

POLYEUCTE

Ne suivez point mes pas, ou quittez vos erreurs¹.

FÉLIX

Qu'on l'ôte de mes yeux, et que l'on m'obéisse.
Puisqu'il aime à périr, je consens qu'il périsse.

SCÈNE IV

FÉLIX, ALBIN

FÉLIX

Je me fais violence, Albin, mais je l'ai dû ;
Ma bonté naturelle aisément m'eût perdu.
Que la rage du peuple à présent se déploie,
Que Sévère en fureur tonne, éclate, foudroie,
M'étant fait cet effort, j'ai fait ma sûreté.
Mais n'es-tu point surpris de cette dureté?
Vois-tu comme le sien des cœurs impénétrables²,
Ou des impiétés à ce point exécrables?
Du moins j'ai satisfait mon esprit affligé :
Pour amollir son cœur je n'ai rien négligé ;
J'ai feint même à ses yeux des lâchetés extrêmes ;
Et certes, sans l'horreur de ses derniers blasphèmes,

---

1 Dialogue admirable et toujours applaudi.

2. *Impénétrable* signifie ordinairement *caché, dissimulé ;* ici il est pris dans le sens d'*inflexible*.

ACTE V, SCÈNE IV

Qui m'ont rempli soudain de colère et d'effroi,
J'aurois eu de la peine à triompher de moi.

ALBIN

Vous maudirez peut-être un jour cette victoire,
Qui tient je ne sais quoi d'une action trop noire,
Indigne de Félix, indigne d'un Romain,
Répandant votre sang par votre propre main.

FÉLIX

Ainsi l'ont autrefois versé Brute et Manlie [1];
Mais leur gloire en a crû, loin d'en être affoiblie;
Et quand nos vieux héros avoient de mauvais sang,
Ils eussent, pour le perdre, ouvert leur propre flanc [2].

ALBIN

Votre ardeur vous séduit; mais, quoi qu'elle vous die,
Quand vous la sentirez une fois refroidie,
Quand vous verrez Pauline, et que son désespoir
Par ses pleurs et ses cris saura vous émouvoir [3]...

FÉLIX

Tu me fais souvenir qu'elle a suivi ce traître,
Et que ce désespoir qu'elle fera paroître
De mes commandements pourra troubler l'effet.
Va donc, cours y mettre ordre, et voir ce qu'elle fait;
Romps ce que ses douleurs y donneroient d'obstacle;
Tire-la, si tu peux, de ce triste spectacle :
Tâche à la consoler. Va donc : qui te retient?

ALBIN

Il n'en est pas besoin, seigneur, elle revient.

---

[1] On est un peu surpris que Félix se compare à Brutus et à Manlius.

[2] Cette fausse métaphore a été souvent employée, et on la retrouve dans la tragédie de *Don Carlos* sous le nom d'*Andronis :*

Quand j'ai de mauvais sang, je me le fais tirer.

[3] Nous employons souvent ce mot *savoir* en poésie assez mal à propos : *j'ai su lui plaire,* au lieu de *je lui ai plu.* Il ne faut employer ce mot que quand il marque quelque dessein. (VOLT.)

SCÈNE V

FÉLIX, ALBIN, PAULINE

PAULINE

Père barbare, achève, achève ton ouvrage;
Cette seconde hostie est digne de ta rage[1] :
Joins ta fille à ton gendre; ose : que tardes-tu?
Tu vois le même crime, ou la même vertu :
Ta barbarie en elle a les mêmes matières[2].
Mon époux en mourant m'a laissé ses lumières;
Son sang, dont tes bourreaux viennent de me couvrir,
M'a dessillé les yeux, et me les vient d'ouvrir[3].
Je vois, je sais, je crois, je suis désabusée :
De ce bienheureux sang tu me vois baptisée;
Je suis chrétienne enfin, n'est-ce point assez dit?
Conserve en me perdant ton rang et ton crédit;
Redoute l'empereur, appréhende Sévère[4] :
Si tu ne veux périr, ma perte est nécessaire;
Polyeucte m'appelle à cet heureux trépas;
Je vois Néarque et lui qui me tendent les bras.
Mène, mène-moi voir tes dieux que je déteste;
Ils n'en ont brisé qu'un, je briserai le reste.
On m'y verra braver tout ce que vous craignez,
Ces foudres impuissants qu'en leurs mains vous peignez,
Et, saintement rebelle aux lois de la naissance,
Une fois envers toi manquer d'obéissance.
Ce n'est point ma douleur que par là je fais voir,

---

1 Ce mot *hostie* signifie alors *victime*.

2 Ce vers est trop négligé. (VOLT.)

3 Pléonasme. (VOLT.)

4 D'où sait-elle que Félix a sacrifié Polyeucte à la crainte qu'il a de Sévère? (VOLT.) — D'où elle le sait? Des sentiments bas et lâches que son père lui a fait voir dans la quatrième scène du premier acte. Félix ne lui dissimule ni la peur qu'il a de Sévère, ni le regret que lui donne cette peur de lui avoir préféré Polyeucte. (PALISSOT.)

C'est la grâce qui parle, et non le désespoir.
Le faut-il dire encor? Félix, je suis chrétienne;
Affermis par ma mort ta fortune et la mienne;
Le coup à l'un et l'autre en sera précieux,
Puisqu'il t'assure en terre en m'élevant aux cieux.

SCÈNE VI

FÉLIX, SÉVÈRE, PAULINE, ALBIN, FABIAN

SÉVÈRE

Père dénaturé, malheureux politique,
Esclave ambitieux d'une peur chimérique;
Polyeucte est donc mort! et par vos cruautés
Vous pensez conserver vos tristes dignités!
La faveur que pour lui je vous avois offerte,
Au lieu de le sauver précipite sa perte!
J'ai prié, menacé, mais sans vous émouvoir;
Et vous m'avez cru fourbe, ou de peu de pouvoir!
Eh bien! à vos dépens vous verrez que Sévère
Ne se vante jamais que de ce qu'il peut faire;
Et par votre ruine, il vous fera juger
Que qui peut bien vous perdre eût pu vous protéger.
Continuez aux dieux ce service fidèle;
Par de telles horreurs montrez-leur votre zèle.
Adieu; mais quand l'orage éclatera sur vous,
Ne doutez point du bras d'où partiront les coups.

FÉLIX

Arrêtez-vous, seigneur, et d'une âme apaisée
Souffrez que je vous livre une vengeance aisée.
Ne me reprochez plus que par mes cruautés
Je tâche à conserver mes tristes dignités;
Je dépose à vos pieds l'éclat de leur faux lustre.
Celle où j'ose aspirer est d'un rang plus illustre;

Je m'y trouve forcé par un secret appas ;
Je cède à des transports que je ne connois pas [1] ;
Et, par un mouvement que je ne puis entendre,
De ma fureur je passe au zèle de mon gendre.
C'est lui, n'en doutez point, dont le sang innocent
Pour son persécuteur prie un Dieu tout-puissant ;
Son amour épandu sur toute la famille
Tire après lui le père aussi bien que la fille.
J'en ai fait un martyr, sa mort me fait chrétien :
J'ai fait tout son bonheur, il veut faire le mien.
C'est ainsi qu'un chrétien se venge et se courrouce ;
Heureuse cruauté dont la suite est si douce !
Donne la main, Pauline. Apporte des liens ;
Immolez à vos dieux ces deux nouveaux chrétiens.
Je le suis, elle l'est ; suivez votre colère.

PAULINE

Qu'heureusement enfin je retrouve mon père !
Cet heureux changement rend mon bonheur parfait.

FÉLIX

Ma fille, il n'appartient qu'à la main qui le fait.

SÉVÈRE

Qui ne seroit touché d'un si tendre spectacle !
De pareils changements ne vont point sans miracle.
Sans doute vos chrétiens qu'on persécute en vain
Ont quelque chose en eux qui surpasse l'humain ;
Ils mènent une vie avec tant d'innocence,
Que le Ciel leur en doit quelque reconnoissance :
Se relever plus forts, plus ils sont abattus,
N'est pas aussi l'effet des communes vertus.
Je les aimai toujours, quoi qu'on m'en ait pu dire ;
Je n'en vois point mourir que mon cœur n'en soupire ;

---

[1] Félix, au dire de Voltaire, est trop vil pour se faire chrétien. Il faut convenir que cette conversion est moins vraisemblable et surtout moins touchante que celle de Pauline. Voltaire a seulement le tort d'oublier que son Gusman, qui se convertit aussi, est encore plus vil que Félix.

ACTE V, SCÈNE VI

Et peut-être qu'un jour je les connoîtrai mieux.
J'approuve cependant que chacun ait ses dieux [1],
Qu'il les serve à sa mode, et sans peur de la peine.
Si vous êtes chrétien, ne craignez plus ma haine :
Je les aime, Félix, et de leur protecteur
Je n'en veux pas sur vous faire un persécuteur.
 Gardez votre pouvoir, reprenez-en la marque;
Servez bien votre Dieu, servez notre monarque [2],
Je perdrai mon crédit envers sa majesté,
Ou vous verrez finir cette sévérité :
Par cette injuste haine il se fait trop d'outrage.

FÉLIX

Daigne le Ciel en vous achever son ouvrage,
Et, pour vous rendre un jour ce que vous méritez,
Vous inspirer bientôt toutes ses vérités!
 Nous autres bénissons notre heureuse aventure :
Allons à nos martyrs donner la sépulture,
Baiser leurs corps sacrés, les mettre en digne lieu,
Et faire retentir partout le nom de Dieu [3].

---

[1] Sévère parle ici en philosophe païen qui regarde la religion du même œil qu'un règlement de police. Quand chacun a ses dieux, il n'y a de Dieu pour personne. (GEOFFROY.)

[2] La manière dont le fameux Baron récitait ces vers en appuyant sur *servez notre monarque* était reçue avec transport. (VOLT.)

[3] *Polyeucte* est unique entre les chefs-d'œuvre de Corneille par l'art et la régularité de la conduite, par le naturel et la vérité du dialogue, mais surtout par ces sentiments doux et tendres, par ces bienséances fines et délicates que le sublime Corneille dédaigne souvent dans ses autres ouvrages, et qu'il a su rendre héroïques dans celui-ci. (GEOFFROY.)

FIN DE POLYEUCTE

EXAMEN DE POLYEUCTE

Ce martyre est rapporté par Surius au 9 janvier. Polyeucte vivoit en l'année 250, sous l'empereur Decius. Il étoit Arménien, ami de Néarque, et gendre de Félix, qui avoit la commission de l'empereur de faire exécuter ses édits contre les chrétiens. Cet ami l'ayant décidé à se faire chrétien, il déchira ces édits qu'on publioit, arracha les idoles des mains de ceux qui les portoient sur les autels pour les adorer, les brisa contre terre, résista aux larmes de sa femme Pauline, que Félix employa auprès de lui pour le ramener à leur culte, et perdit la vie par l'ordre de son beau-père, sans autre baptême que celui de son sang. Voilà ce que m'a prêté l'histoire; le reste est de mon invention.

Pour donner plus de dignité à l'action, j'ai fait Félix gouverneur d'Arménie, et ai pratiqué un sacrifice public afin de rendre l'occasion plus illustre et donner un prétexte à Sévère de venir en cette province, sans faire éclater son amour avant qu'il en eût l'aveu de Pauline. Ceux qui veulent arrêter nos héros dans une médiocre bonté, où quelques interprètes d'Aristote bornent leur vertu, ne trouveront pas ici leur compte, puisque celle de Polyeucte va jusqu'à la sainteté, et n'a aucun mélange de foiblesse. J'en ai déjà parlé ailleurs ; et pour confirmer ce que j'en ai dit par quelques autorités, j'ajouterai ici que Minturnus, dans son *Traité du poëte*, agite cette question : *Si la Passion de Jésus-Christ et les martyres des saints doivent être exclus du théâtre, à cause qu'ils passent cette médiocre bonté*, et résout en ma faveur. Le célèbre Heinsius, qui non-seulement a traduit la *Poétique* de notre philosophe, mais a fait un *Traité de la constitution de la tragédie* selon sa pensée, nous en a donné une sur le martyre des Innocents. L'illustre Grotius a mis sur la scène la passion même de Jésus-Christ et l'histoire de Joseph; et le savant Buchanan a fait la même chose de celle de Jephté, et de la mort de saint Jean-Baptiste. C'est sur ces exemples que j'ai hasardé ce poëme, où je me suis donné des licences qu'ils n'ont pas prises, de changer l'histoire en quelque chose, et d'y mêler des épisodes d'invention : aussi m'étoit-il plus permis sur cette matière qu'à eux sur celle qu'ils ont choisie. Nous ne devons qu'une croyance pieuse à la vie des saints, et nous avons le même droit sur ce que nous en tirons pour le porter sur le théâtre que sur ce que nous empruntons des autres histoires; mais nous devons une foi chrétienne et indispensable à tout ce qui est dans la Bible, qui ne nous laisse aucune liberté d'y rien changer. J'estime toutefois qu'il ne nous est pas défendu d'y ajouter quelque chose, pourvu qu'il ne détruise rien de ces vérités dictées par le Saint-Esprit. Buchanan ni Grotius ne l'ont pas fait dans leurs poëmes; mais aussi ne les ont-ils pas rendus assez fournis pour notre théâtre, et ne s'y sont proposé pour exemple que la constitution la plus simple des anciens. Heinsius a plus osé qu'eux dans celui que j'ai nommé : les anges qui bercent l'enfant Jésus, et l'ombre de Mariamne avec les Furies qui agitent l'esprit d'Hérode, sont des agréments qu'il n'a pas trouvés dans l'Évangile. Je crois même qu'on en peut supprimer quelque chose quand il y a apparence qu'il ne plairoit pas sur le théâtre, pourvu qu'on ne mette rien en la place; car alors ce seroit changer l'histoire, ce que le respect que nous devons à l'Écriture ne permet point. Si j'avois à y exposer celle de David et de Bethsabée, je ne décrirois pas comme il en devint amoureux en la voyant se baigner dans une fontaine, de peur que l'image de cette nudité ne fît une impression trop chatouilleuse dans l'esprit de l'auditeur; mais je me contenterois de le peindre avec de l'amour pour elle, sans parler aucunement de quelle manière cet amour se serait emparé de son cœur.

Je reviens à *Polyeucte,* dont le succès a été très-heureux. Le style n'en est pas si fort ni si majestueux que celui de *Cinna* et de *Pompée;* mais il y a quelque chose de plus touchant, et les tendresses de l'amour humain y font un si agréable mélange avec la fermeté du divin, que sa représentation a satisfait tout ensemble les dévots et les gens du monde. A mon gré, je n'ai point fait de pièce où l'ordre du théâtre soit plus beau, et l'enchaînement des scènes mieux ménagé. L'unité d'action et celle de jour et de lieu y ont leur justesse; et les scrupules qui peuvent naître touchant ces deux dernières se dissiperont aisément, pour peu qu'on me veuille prêter de cette faveur que l'auditeur nous doit toujours, quand l'occasion s'en offre, en reconnoissance de la peine que nous avons prise à le divertir.

Il est hors de doute que si nous appliquons ce poëme à nos coutumes, le sacrifice se fait trop tôt après la venue de Sévère; et cette précipitation sortira du vraisemblable par la nécessité d'obéir à la règle. Quand le roi envoie ses ordres dans les villes pour y faire rendre des actions de grâces pour ses victoires, ou pour d'autres bénédictions qu'il reçoit du ciel, on ne les exécute pas dès le jour même; mais aussi il faut du temps pour assembler le clergé, les magistrats et les corps de ville, et c'est ce qui en fait différer l'exécution. Nos acteurs n'avaient ici aucune de ces assemblées à faire. Il suffisoit de la présence de Sévère et de Félix, et du ministère du grand prêtre; ainsi nous n'avons eu aucun besoin de remettre ce sacrifice à un autre jour. D'ailleurs, comme Félix craignoit ce favori, qu'il croyoit irrité du mariage de sa fille, il étoit bien aise de lui donner le moins d'occasion de tarder qu'il lui étoit possible, et de tâcher, durant son peu de séjour, de gagner son esprit par une prompte complaisance, et montrer tout ensemble une impatience d'obéir aux volontés de l'empereur.

L'autre scrupule regarde l'unité de lieu, qui est assez exacte, puisque tout s'y passe dans une salle ou antichambre commune aux appartements de Félix et de sa fille. Il semble que la bienséance y soit un peu forcée pour conserver cette unité au second acte, en ce que Pauline vient jusque dans cette antichambre pour trouver Sévère, dont elle devroit attendre la visite dans son cabinet. A quoi je réponds qu'elle a deux raisons de venir au-devant de lui : l'une, pour faire plus d'honneur à un homme dont son père redoutoit l'indignation, et qu'il lui avoit commandé d'adoucir en sa faveur; l'autre, pour rompre plus aisément la conversation avec lui, en se retirant dans ce cabinet s'il ne vouloit pas la quitter à sa prière, et se délivrer par cette retraite d'un entretien dangereux pour elle ; ce qu'elle n'eût pu faire si elle eût reçu sa visite dans son appartement.

Sa confidence avec Stratonice touchant l'amour qu'elle avoit eu pour ce cavalier me fait faire une réflexion sur le temps qu'elle prend pour cela. Il s'en fait beaucoup sur nos théâtres d'affections qui ont déjà duré deux ou trois ans, dont on attend à révéler le secret justement au jour de l'action qui se représente ; et non-seulement sans aucune raison de choisir ce jour-là plutôt qu'un autre pour le déclarer, mais lors même que vraisemblablement on s'en est dû ouvrir beaucoup auparavant avec la personne à qui on en fait confidence. Ce sont choses dont il faut instruire le spectateur, en les faisant apprendre par un des acteurs à l'autre ; mais il faut prendre garde avec soin que celui à qui on les apprend ait eu lieu de les ignorer jusque-là aussi bien que le spectateur, et que quelque occasion tirée du sujet oblige celui qui les récite à rompre enfin un silence qu'il a gardé si longtemps. L'Infante, dans le *Cid*, avoue à Léonor l'amour secret qu'elle a pour lui, et l'auroit pu faire un an ou six mois plus tôt. Cléopâtre, dans *Pompée*, ne prend pas des mesures plus justes avec Charmion : elle lui conte la passion de César pour elle, et comme

> . . . . . . Chaque jour ses courriers
> Lui portent en tribut ses vœux et ses lauriers.

Cependant, comme il ne paraît personne avec qui elle ait plus d'ouverture de cœur qu'avec cette Charmion, il y a grande apparence que c'était elle-même dont cette reine se servoit pour introduire ces courriers, et qu'ainsi elle devoit savoir déjà tout ce commerce entre César et sa maîtresse. Du moins il falloit marquer quelque raison qui lui eût laissé ignorer jusque-là tout ce qu'elle lui apprend et de quel autre ministère cette princesse s'étoit servie pour recevoir ces courriers. Il n'en va pas de même ici : Pauline ne s'ouvre avec Stratonice que pour lui faire entendre le songe qui la trouble, et les sujets qu'elle a de s'en alarmer ; et comme elle n'a fait ce songe que la nuit d'auparavant, et qu'elle ne lui eût jamais révélé son secret sans cette occasion qui l'y oblige, on peut dire qu'elle n'a point eu lieu de lui faire cette confidence plus tôt qu'elle ne l'a faite.

Je n'ai point fait de narration de la mort de Polyeucte, parce que je n'avois personne pour la faire ni pour l'écouter que des païens, qui ne la pouvoient ni écouter ni faire que comme ils avoient fait et écouté celle de Néarque, ce qui auroit été une répétition et marque de stérilité, et n'auroit pas d'ailleurs répondu à la dignité de l'action principale, qui est terminée par là. Ainsi j'ai mieux aimé la faire connoître par un saint emportement de Pauline, que cette mort a convertie, que par un récit qui n'eût point eu de grâce dans une bouche indigne de le prononcer. Félix son père se convertit après elle ; et ces deux conversions, quoique miraculeuses, sont si ordinaires dans les martyres, qu'elles ne sortent point de la vraisemblance, parce qu'elles ne sont pas de ces événements rares et singuliers qu'on ne peut tirer en exemples ; et elles servent à remettre le calme dans les esprits de Félix, Sévère et Pauline, que sans cela j'aurois bien eu de la peine à retirer du théâtre dans un état qui rendît la pièce complète, en ne laissant rien à souhaiter à la curiosité de l'auditeur.

FIN DE L'EXAMEN DE POLYEUCTE

TABLE

Histoire abrégée du théâtre français.	5
Biographie de l'auteur	18
LE CID	43
Examen du Cid	125
HORACE	135
Examen d'Horace.	212
CINNA.	219
Examen de Cinna.	291
POLYEUCTE	295
Examen de Polyeucte	378

BIBLIOTHÈQUE DE LA JEUNESSE CHRÉTIENNE

FORMAT IN-8° — 1re SÉRIE

RELIGION — MORALE

BIENFAITS DU CATHOLICISME dans la société, par M. l'abbé Pinard.
GÉNIE DU CATHOLICISME (le), par M. l'abbé Pinard.

LES APOLOGISTES DU CHRISTIANISME AU XVIIe SIÈCLE

Volumes publiés sous la direction de Mgr Dupanloup, évêque d'Orléans, par M. l'abbé V. Rocher, chanoine honoraire d'Orléans.

PENSÉES DE LEIBNITZ sur la religion et la morale, par M. Emery.
PENSÉES DE BACON, KEPLER, NEWTON ET EULER sur la religion et la morale.
PENSÉES DE DESCARTES sur la religion et la morale, recueillies p. M. Emery.
EXPOSITION DES PRINCIPALES VÉRITÉS DE LA FOI, tirée des ouvrages de Fénelon, par M. l'abbé Dupanloup.
  Ce volume n'est que la première partie du *Christianisme présenté aux hommes du monde* par Fénelon, ouvrage recueilli et mis en ordre par M. l'abbé Dupanloup, aujourd'hui évêque d'Orléans. (Rocher, éditeur à Paris.)
DÉMONSTRATION DU CHRISTIANISME, tirée des Œuvres de Bossuet; 2 vol.
LA DOCTRINE CATHOLIQUE, exposée par Bourdaloue et Massillon.

ŒUVRES LITTÉRAIRES

BOSSUET DE LA JEUNESSE, par Saucié.
BUFFON (Œuvres choisies).
P. CORNEILLE (chefs-d'œuvre).
FÉNELON (œuvres choisies).
FLEURS DE LA POÉSIE FRANÇAISE.
FLEURS DE L'ÉLOQUENCE.
LITTÉRATURE FRANÇAISE (histoire de la), par M. Saucié.
SÉVIGNÉ (choix de lettres de Mme de).
PIERRE SAINTIVE, par Louis Veuillot.
RACINE (œuvres choisies).
SILVIO PELLICO (œuvres choisies).
TABLEAU DE LA LITTÉRATURE ALLEMANDE, par Mme Amable Tastu.
TABLEAU DE LA LITTÉRATURE ITALIENNE, par Mme Amable Tastu.
TRÉSOR LITTÉRAIRE des jeunes personnes

HISTOIRE ET BIOGRAPHIE DE PERSONNAGES ILLUSTRES

ANGLETERRE SOUS LES TROIS ÉDOUARD, PREMIERS DU NOM (l').
BRETAGNE ANCIENNE ET MODERNE (hist. de la), par Ch. Barthélemy.
CHARLES VI, LES ARMAGNACS ET LES BOURGUIGNONS, par M. Todière.
CHINOIS (les), par M. de Chavannes.
CROISADES (histoire des), abrégé, par MM. Michaud et Poujoulat.
DUCS DE BOURGOGNE (les).
FRANÇAIS EN ALGÉRIE (les), par Louis Veuillot.
FRANÇOIS Ier ET LA RENAISSANCE, par M. de la Gournerie.
FRONDE (la) ET MAZARIN, par M. Todière.
HENRI IV (hist. de), par J.-J.-E. Roy.
HISTOIRE DE L'ALGÉRIE, par Roy.
IRLANDE (l'), par MM. H. de Chavannes et Huillard-Bréholles.
LOUIS XIV (hist. de), par A. Gabourd.
NAPOLÉON Ier, EMPEREUR DES FRANÇAIS (histoire de), par A. Gabourd.
PHILIPPE-AUGUSTE, par M. Todière.
QUATRE DERNIERS VALOIS (hist. des).
RÉVOLUTION FRANÇAISE (histoire de la), par M. Poujoulat; 2 volumes.
ROME ET LORETTE, par Louis Veuillot.
RUSSIE (hist. de), par Ch. Barthélemy.
SAINT AUGUSTIN (histoire de), par M. Poujoulat; 2 volumes.
THOMAS MORUS ET SON ÉPOQUE.
TURQUIE (histoire de), par Barthélemy.

VOYAGES

DEUX ANS DANS L'AFRIQUE ORIENTALE, par Emile Jonveaux.
NAPLES, LE VÉSUVE ET POMPEÏ, par l'abbé C. Chevalier.
PÈLERINAGES DE SUISSE (les), par Louis Veuillot.
SOUVENIRS ET IMPRESSIONS DE VOYAGE, par le vicomte Walsh.

OUVRAGES DE SCIENCE VULGARISÉE

ANIMAUX A MÉTAMORPHOSES (les), par Victor Meunier.
ANIMAUX D'AUTREFOIS (les), par Victor Meunier.
ARCHÉOLOGIE CHRÉTIENNE, par M. l'abbé J.-J. Bourassé.
BOTANIQUE ET PHYSIOLOGIE VÉGÉTALE, par M. Jéhan.
CHASSES DANS L'AMÉRIQUE DU NORD (les), par Bénédict-Henry Révoil.
CULTURE DE L'EAU (la), par C. Millet.
ENTRETIENS SUR LA CHIMIE, par M. Ducoin-Girardin.
ENTRETIENS SUR LA PHYSIQUE, par M. Ducoin-Girardin.
ESPRIT DES OISEAUX (l'), par Berthoud.
ESPRIT DES PLANTES (l'), par Grimard.
FERME-MODÈLE (une), par M. de Chavannes.
GÉOLOGIE CONTEMPORAINE (la), par M. l'abbé C. Chevalier.
LEÇONS D'ASTRONOMIE, par Desdouits.
PÊCHES DANS L'AMÉRIQUE DU NORD, par Bénédict-Henry Révoil.
PIERRES ET MÉTAUX, par A. Mangin.
PLANTES UTILES (les), par A. Mangin.
POISONS (les), par A. Mangin.
SCIENCE ET LES SAVANTS AU XVIe SIÈCLE (la), par Paul-Antoine Cap.
SERVITEURS ET COMMENSAUX DE L'HOMME, par Saint-Germain Leduc.
TABLEAU DE LA CRÉATION, par M. Jéhan; 2 volumes.

www.ingramcontent.com/pod-product-compliance
Lightning Source LLC
Chambersburg PA
CBHW052035230426
43671CB00011B/1661